Considération

nietzschéenne

Olivier BIZOLON
2018

Remerciement :

    Je t'adresse un merci ému chère Marie pour ta contribution toujours riche en nourriture intellectuelle. Les nombreux échanges que nous avons partagés régulièrement durant deux années et sans cesse alimentés de ton esprit ouvert sur le monde, demeureront une richesse pour moi.

    Je t'adresse également tous mes remerciements chère Marine pour avoir fortement contribué à la publication de ce livre par ton brillant travail de correction. Je n'oublie pas non plus nos trop rares échanges toujours orientés sous les aspects profonds de la pensée.

    Merci Serge pour ta complicité extra-littéraire...

A mes filles Marie-Clotilde,
Anne-Clémence.

Et aussi à

« *L'homme de belle venue, celui qui plaît à mon cœur, celui qui est taillé en plein bois, dans un bois dur, de fibre délicate et odorante, où le nez lui-même trouve son plaisir, voilà l'homme à qui ce livre est dédié...* »[1]

---

1 F. NIETZSCHE : La Volonté de Puissance, 1888 (16 & 1003).

TABLE

AVANT-PROPOS --- 5

NAISSANCE -- 11

PIC EXISTENTIEL ET CONATUS ---------------------------------- 17

CORPUS CHRISTIS --- 35

LE SENS DE L'ART --- 53

LE MIROIR DE LA MORALE -- 76

L'INNOCENCE DU DEVENIR -- 101

GEOPOLITIQUE DE L'EFFROI -------------------------------------- 126

ELECTION PRIMAIRE -- 161

MEZZA-VOCE --- 173

LA VOLONTE DE PUISSANCE -- 193

ABSURDE, SUICIDE ET TRANSCENDANCE ---------------------- 219

METAPHYSIQUE D'UNE CONTRE-VIE --------------------------- 253

SIX LIGNES DE CORDE POUR ATTEINDRE LES HAUTEURS ! ---- 277
(Extraits et citations de Friedrich Nietzsche)

INDEX DES AUTEURS -- 307

AVANT-PROPOS

« Les convictions sont des ennemis de la vérité plus dangereux que les mensonges. »[2]

---

[2] F. NIETZSCHE : Humain trop Humain, chapitre 9, "L'homme avec lui-même", aphorisme 483.

Ce matin d'été 2006, j'étais allongé au bord de la piscine familiale sous l'ombre d'un palmier grandissant d'année en année dont les feuilles en éventail claquaient sous l'effet d'une brise chaude et légère. L'atmosphère prenait une tournure "componctive", une gravité cérémoniale, doublée d'une inextinguible stimulation à l'idée d'ouvrir enfin ce livre que je tenais du bout de mon regard impatient. Je pressentais déjà en lui, ou plutôt en étais-je persuadé à la manière de Spinoza et de sa connaissance intuitive des choses, qu'il m'ouvrirait la porte d'un nouveau monde semblable à celui d'un Christophe Colomb que j'imagine à la fois conquérant et abasourdi face au continent jaillissant à sa vue. De ce nouveau monde, j'en attendais un par-delà de ce monde futile, foulé des hommes calculables, vibrionnistes et trop sûrs d'eux-mêmes. De ce monde en devenir palpé du bout de mes doigts turgescents, je savais déjà qu'il était un astre solaire capable d'éclairer toute ma vie antérieure et future, capable de résoudre l'entropie d'un Soi que l'on croit connaître. Moi, grain stellaire de poussière, ignorant, je contemplais cet objet de tout mon désir, de toute ma volonté d'en finir avec mes interrogations, mes doutes, mes craintes, mes convictions aussi, pour enfin accéder à la connaissance du réel absolu, du vrai sens de la vie, une sorte de phénoménologie cartographiée de cette chose nommée "néant" dans laquelle nous évoluons tous sans savoir d'où l'on vient, vers quoi l'on tend, sans même savoir quelle définition donner à cette action qui tragiquement nous échappe. De toute mon insatiable vaillance, j'entrepris donc de fondre sur ce bréviaire à la manière de l'aigle de Zarathoustra[3], planant d'une ménagerie très nietzschéenne, en quête d'expérimenter la dimension du rapace, glorieux archonte en l'art de pratiquer les pointes ontologiques avec allégresse. Néanmoins pour atteindre cet objectif, il me fallut déchiffrer l'interface nécessaire à l'accès de cet espace inconnu fait de suprême et impérieuse vérité d'un réel qui dit tout. Aussi, une fois la mystérieuse Notarique assimilée, me promettrai-je de laisser derrière moi l'ancien monde peuplé de ses hommes perfusés de fictions, de mensonges, d'illusions et

---

3 F. NIETZSCHE : "Ainsi parlait Zarathoustra" 1883-1885.

d'incertitudes vacillantes de leurs horizons protozoaires. Car nous devons admettre qu'au fond de notre âme, nous haïssons la vérité à cause de son insupportable précision d'où surgit le vertige de l'abîme entre la croyance et le savoir. Pourquoi donc les hommes craignent-ils secrètement que l'on fasse tomber sur eux cette intense lumière de la vérité que j'appelais désormais de tous mes vœux ? Craignent-ils l'horreur d'un jour trop clair à laquelle leur âme de chauve-souris crépusculaire et facile à éblouir n'est pas habituée de sorte qu'il leur faut haïr ce jour ? Qu'importe, moi j'étais prompt à être ébloui du grand voyage initiatique qui me conduirait au Graal de la vérité du monde et des hommes, autrement dit de moi-même.

Si Dieu existe, il s'appelle Friedrich Nietzsche ! Ce philosophe allemand du 19ème siècle à qui, allez savoir pourquoi, j'ai donné rendez-vous ce matin d'été sans même le connaître, apparaissait soudainement dans ma cosmologie avec cette certitude qu'il serait l'homme providentiel ! J'en fus tellement certain, que j'entrepris deux années de travail entières pour être à la hauteur de cette rencontre que je désirais sous les hospices de la polymathie, rien de moins ! Durant cette période probatoire, je lus avec enthousiasme beaucoup de philosophes et déjà en moi, émergeait la délicieuse mécanique fébrile d'une sustentation naissante. Sur les conseils de Michel Onfray, parangon de la philosophie française contemporaine, tombé dans le chaudron nietzschéen jusqu'à s'en faire calciner les synapses, je découvrais donc mon premier Nietzsche : "La Naissance de la Tragédie" de 1872, qui fut aussi pour le philosophe allemand, son premier ouvrage. Cependant, en parcourant les premières lignes de ce miracle d'écriture, je fus surpris et un peu contrarié de devoir digérer un très long prolégomènes de Philippe Lacoue-Labarthe, habile traducteur du philosophe semble-t-il. Pour autant, je savais cette introduction importante à la compréhension de cette œuvre majeure et me rangeais à la cause de cet exercice "méandresque" en y portant toute mon incoercible motivation. Puis vint l'œuvre elle-même, ce fameux saint Graal qui offre les clefs du monde. Et là, je dois bien avouer que toutes mes dents s'y sont fracassées, et même tous mes neurones, force est de conclure de ce prêchi-prêcha, que je n'avais pas compris grand chose ! Et pourtant, j'eus ce sentiment très étrange, d'être en présence d'un monument impérieux, d'une toile de maître digne des plus belles expositions, un chef-d'œuvre absolu, dont l'aveugle que j'étais ne pouvait s'enquérir de sa subtile préciosité ; un peu à la manière de la jeune étudiante Hannah Arendt sortant d'un cours d'Heidegger en maugréant : "je n'ai rien compris, mais c'est grandiose ! " Comme il est stupéfiant parfois de constater que nous sommes capables d'exactes certitudes avant même leur moindre validation concrète. Remerciement donc pour ces conseils : "la Naissance de la Tragédie" est de loin l'ouvrage de Nietzsche le plus difficile à saisir ! D'ailleurs, les philosophes de l'époque l'ont pour la plupart rejeté, jugeant le thème trop audacieux, l'écriture écheveau, le développement trop novateur ; tout ce qui signale en somme, les premiers indices qui caractérisent le génie en gésine.

Dix ans se sont écoulés depuis cet été 2006 aux cours desquels, j'ai découvert avec une dithyrambique passion l'intégralité des écrits de Nietzsche, qui désormais pour moi, représentent le "Pantocrator" de la philosophie, et dont les répercussions sur mon existence sont architectoniques, bien au-delà même de mes premières espérances. Nietzsche ? "Un alcool fort, une drogue dure" comme aime à le déclarer Onfray ! Aussi, me pardonnera-t-on cette touche de prosélytisme en conseillant la lecture de ce génie dont les textes sont d'une sidérante actualité, mais dont il est toutefois sage de préciser, puisqu'il est question d'alcool et de drogue, qu'ils se destinent aux estomacs solides. Car à force d'ôter les voiles douces et sucrées de l'illusion, on finit par y découvrir des vérités amères voire d'une puissante causticité de nature à pulvériser ce que l'on croyait être nos plus sûr fondements.

Cependant, *"Le serpent périt lorsqu'il ne peut pas changer de peau. De même, les esprits que l'on empêche de changer d'opinion cessent d'être des esprits."* [4]

Mais il n'est pas question ici de faire l'apologue d'une philosophie matérialiste telle que je la conçois et la vis, moins encore de verser dans le scriptorium nietzschéen, ce qui n'aurait aucun sens. Tout juste m'est-il possible de grommeler quelques verbiages au gré de sujets qui ne me laissent pas de glace, tout en observant à l'écriture

---

4 F. NIETZSCHE : Aurore, aphorisme 573.

les contours d'une pudeur presque prude que certains semblent m'attribuer. Parce que ma vie se balance actuellement au dessus d'un giron borné de quelques trop rares corèmes, je compense les affres d'une immobilité physique par l'appétence d'une mobilité intellectuelle, du moins psychique.

Il est vrai, la lecture exige la posture passive. On lit (au lit pour beaucoup d'entre-nous), on saisit, on s'approprie, on s'identifie, on voyage, on s'évade, on s'absente, le tout dans un statisme intégral. Et je n'aime guère l'idée d'un esprit qui s'évade sans son corps, en l'oubliant. Sans doute, cela me rappelle t-il trop la "décorporation" chrétienne mortifère et fictionnée qui impose à tous d'admettre corps et esprit comme deux entités opposées et bellicistes de surcroît, puisque si l'une exprime le "bien", l'autre représente le "mal". Or, la philosophie lorsqu'elle est matérialiste, permet l'irénisme des deux pour ne faire qu'un dans l'harmonie visée. Ainsi, est-on en droit d'affirmer sans contrition aucune que : un plus un égale un, au grand dam de tous les "monachistes", fussent-ils mathématiciens ! J'exige donc de mes lectures, qu'elles soient une "permanence initiatique", suscitant certes le voyage, mais d'une réflexion toujours plongée dans un corps martelé lui-même de mes propres expériences. Ainsi pour moi, la lecture s'inscrit dans le cadre de ces tâches que l'on dit studieuses, par ailleurs nommées "otium" par les romains, "scholé" par les grecs.

Quand à l'écriture, l'exercice est tout autre. Elle est un art qui contraint à la maitrise d'une technique, l'exigence de codes, le respect de la métrique, si l'on admet bien entendu, que cet art ne puisse s'en affranchir comme le ferait tout autre art, car après tout, les structuralistes en leur temps, sont allés jusqu'à publier un livre noirci d'une seule phrase de quelques centaines de pages, pour certaines blanches, sans aucune ponctuation ! L'histoire ne dit pas si l'éditeur a fait fortune ! Assurément disais-je, l'écriture est un art en échos de ce double phénomène qui valide sa définition ; pour l'un, l'écrivain, la décharge d'énergie suscitée par la création originale, pour l'autre, le lecteur, l'interpellation des sens qui suscite l'émotion ; les deux devant être consubstantielles. Encore que, le créateur capable de vivre en solipsiste ces deux phénomènes, ne suffirait-il pas à la seule signification de l'art ?

Enfin, puisqu'il n'est possible de m'affranchir des contraintes vécues en ces temps isolés, somme toute favorables à l'art épistémologique, m'assurerai-je, pour cet écrit, d'un axe roide structuré de quelques vertèbres nietzschéenne.

*****

« Nous ne nous ferions pas brûler pour nos opinions, tant nous sommes peu sûrs d'elles. Mais peut-être pour le droit d'avoir nos opinions et de pouvoir en changer. »[5]

---

5   F. NIETZSCHE : Humain trop Humain, Le Voyageur et son ombre, aphorisme 333 (Mourir pour la "vérité").

NAISSANCE

« Aller par-delà moi-même et toi-même, éprouvé d'une manière cosmique. »[6]

---

6   F. NIETZSCHE : La Volonté de Puissance, livre 4, 1881-1882 (12, 1ère partie &248), aphorisme 613, Éditions Gallimard 1995.

Du jour de ma naissance, je me souviens de tout dans les moindres détails.

Je me souviens de cette atmosphère saturée de moiteur qui condense dans les plus fins interstices de la peau, de cette lumière scialytique qui percute la rétine jusqu'à l'amaurose, de ces sons jusqu'à lors éthérés dont je perçois désormais la prégnance de l'euphonie. Je me souviens parfaitement de ma chair turgide qui fouaille jusqu'à la dernière molécule, de ces odeurs absconses convolutées aux creux des narines, incapables de distinction entre remugles ou douceurs astringentes, mais aussi de la motilité des membres, du poids réplétif de l'atmosphère, du déploiement de mes poumons dans un vagissement par-delà jouissance et douleur, de la stridence de l'influx sanguin qui parcourt mon corps ébranlé, des battements affolés de mon cœur qui pulsent l'hémoglobine, exhortant mes muscles au tonus. Je me souviens de ce ballet séraphique : théâtre du monde, face à mon corps : expression du chaos.

Si je me souviens avec autant d'acuité du jour de ma naissance, c'est parce que mon corps a imprimé en un instant la matière du monde. Et si j'en ai la mémoire précellente, c'est parce que je suis né à l'âge de neuf ans.

La première contradiction de ma vie est celle de mon livret de famille qui indique un lieu de naissance dont je n'ai aucun souvenir et sur lequel je ne suis jamais retourné à ce jour, l'un de ces lieux qui ne donne pas envie d'être élu pour y passer des vacances en famille. Si Douai (département du Nord) est administrativement ce lieu, je sais quant à moi, que je suis né dans un secteur géographique radicalement opposé : dans le sud de la France, sur une merveilleuse corniche surplombant la Méditerranée, lovée quelque part entre la ville de Cannes, objet symbolique qui soutient le vieux créateur de l'univers diront d'aucuns, et la ville de Saint Raphaël, un de ses anges dévolu.

Douze Juin 1990...

Tiraillé par un sentiment très humain, celui de vouloir retourner sur un lieu qui métamorphose à tout jamais une vie, j'organisai des retrouvailles avec celle qui me mit au monde, celle qui s'est glissée

dans mon ADN depuis dix ans, celle qui à l'oreille me murmure des mots d'amour depuis si longtemps mais dont les puissantes effluves sont devenues évanescentes, celle dont les inflexions de voix parfois fracassantes se sont transformées en un (une) vague souvenir.
Pour rejoindre mon berceau, il me faudra parcourir quatre cent vingt kilomètres, distance qui sépare la ville de Lyon, à la majestueuse corniche de l'Esterel. Bien avant l'heure prévue, trépidant d'impatience, je décide de sonner le départ. Tel un missile guidé par la fournaise d'une turbine en vol, je dessine des arabesques au sol au gré de l'autoroute du sud serpentueuse, n'ayant pour unique objectif que la cible qui m'obsède un peu plus chaque minute. Je m'étonne d'ailleurs de constater au fil des kilomètres parcourus, que les histones de ma mémoire se réactivent dans une célérité vertigineuse. En effet, l'émotion submerge déjà mon corps dans sa totalité, m'obligeant à exercer ma conscience à plus de lucidité, mais rien n'y fait, je ressens que la belle sirène à qui j'ai donné rendez-vous après tant d'années d'absence, brûle aussi d'impatience à l'idée de me retrouver. Dès lors, un large sourire gélasin illumine mon visage, je sais désormais avec certitude, que nos retrouvailles vont être puissantes, brûlantes, que les mots d'amour vont fuser de toute part, que nous allons nous empaler l'un l'autre sous des instances extatiques.
Cannes, Mandelieu la Napoule, puis Théoule-sur-Mer, la voilà ! Elle est en vue !
Ses mamelons volcaniques faits de rhyolite rouge hématite irradiés par la fournaise du soleil, contrastent avec le bleu profond de la Méditerranée. L'émotion redouble d'intensité car sa majesté radieuse attend là paisiblement allongée au bord de l'eau, s'étirant de ses vingt kilomètres d'une beauté sidérante. Je ne tarde pas, et c'est dans une brume de genèse que je m'introduis en elle pour atteindre sa côte la plus sauvage presque vierge. Mon amour conjugue harmonieusement toutes les variations sur le thème de la grâce, son imposante puissance est chthonienne, ses mystères vieux de trente millions d'années. C'est en descendant enfin de voiture que sa chaleur tellurique m'enveloppe instantanément, laissant s'échapper pour mon plus grand bonheur les fragrances des rares pins mésogéens mêlées à celles de quelques oliviers qui s'agrippent aux rochers surplombant les criques désertes.

Puis, vient se mêler l'iode aux effluves des bouquets puissants qui fermentent en secret la charpente des senteurs de son intimité.

Je tourne sur moi-même tel un derviche ébaubi par sa splendide plastique minérale d'un lendemain de chaos, d'un jour qui suit la création du monde, et je vois que ce minéral si particulier cristallise la longue mémoire du temps, que nous venons tous de cette géologie du passé qui pétrifie la temporalité de la roche silencieuse. Puis je poursuis de quelques pas en direction de l'eau, pénétrant ma belle en sa gorge profonde, penniforme et rougeoyante. Dans ce ballet des corps harmonieux, un nouveau sentiment m'enveloppe, me caresse, je ne suis en effet plus que sensation, une étrange euphorie qui relève de l'apesanteur, comme si je me délestais instantanément de quelques fardeaux encombrants. Dans cette atmosphère de chaude moiteur, plus rien ne pèse, tout y plane. Tout en m'approchant au plus près de l'eau, je pense à mon prophète chevalier de Dionysos, qui chemine lui aussi à l'orée du monde, non loin d'ici sur des terres fécondes, dans les ruelles du fabuleux village d'Ezes, poursuivant de sa vindicte le nihilisme chrétien au gré de ses pérégrinations solitaires. L'ombre de Nietzsche m'obsède. Je comprends que ces lieux d'où fomentaient les humus mentaux du philosophe puissent être propices aux fulgurances poétiques en accord avec son génie. Je comprends aussi que ces situations contemplatives vécues par un corps hyperesthésique relèvent d'une densité métaphysique produisant une matière ontique avec laquelle nous pouvons tous construire un empire.

Soudain, un choc fracasse toutes les molécules de mon corps comme transpercé par une rafale de particules atomiques. La raison elle-même vacille, ma conscience essaie dans la plus grande inanité de congédier cet état d'un temps inconnu dont elle-même se trouve paralysée, mon cœur se fait entendre comme relié à mes tympans, je perds pied, je me sens m'écrouler au sol comme foudroyé. Cependant dans un illogisme absolu, un puissant sentiment de pur Sublime s'empare instantanément de moi, déclenchant un flot continu de larmes qui coulent sur mon visage tendu, je gémis sans aucun contrôle, sans même pouvoir m'entendre. Une étrange force indicible prend dès lors l'ascendant sur mon être entier dans un fugace écho d'harmonie rassurant. Je ne comprends plus, je ne réfléchis plus, je ne suis plus moi, mais pourtant, je suis plus que jamais. Je vis ma propre combustion dans une célérité incandescente introduisant l'éternité, du moins l'illusion que je puisse en avoir dans le registre des possibles. Je perçois sans encore pouvoir nommer cet événement majeur, que l'énergie inouïe des lieux m'envahit et me transporte vers le point zénithal d'où jaillira un hurlement piaculaire d'une jouissance quintessenciée. Pourtant, dans une impossible logique, je reprends la marche vers le bleu saphir de l'eau, comme dans un réflexe de respiration, apprenant le pavage irrégulier de la roche tourmentée qui contrarie l'équilibre. Sans savoir pourquoi, je lève la tête pour y découvrir une fauvette Orphée en vol linéaire, dont le bref chant de cet oiseau solitaire, déchire l'éther d'un paysage infini fait d'azur alcyonien. Je comprends alors que la sollicitation de mes sens est si forte, si dense, que plus rien n'existe sinon cet état aigu de la perception, je comprends aussi que les atomes de ma chair ont une mémoire car ils retrouvent des humeurs connues, ils savent la parenté et la proximité complices des éléments premiers, bruts et naturels pratiqués dix ans plus tôt.

La mer et le ciel ne font qu'un, seuls leurs dégradés de bleu trahissent leur propre texture. Face à la mer, la vastitude est impressionnante, elle me renvoie au plus profond de mon âme, d'où je perçois l'esprit qui flotte aux dessus des eaux, épouser le secret du silence et des ébranlements de ma chair. Sur cette ligne d'épousailles entre une minéralité presque permanente et ce bleu liquide à la surface contingente, ma belle se pare de fines dentelles brodées par le ressac incessant des vagues qui se fracassent parfois avec violence. Et ce triomphe des équilibres se repaît d'excellence lorsque j'aperçois tapie, là, sur la ligne d'horizon, la venue d'une vague qui s'annonce discrète presque sournoise, puis dans un dernier galop en ma direction, se campe de toute sa hauteur, méprisant la pesanteur d'une rectitude altière pour asséner d'un ultime coup de rein la porphyre qui l'accueille indolente. De ce va-et-vient naturel et répété, naît le fracas d'une vague qui éclate en milliard de particules qui sont autant de miroirs diffractant la lumière aux couleurs d'un arc-en-ciel furtif et désordonné. Ce corps à corps merveilleux produit un ultime spasme de la vague qu'on nomme embrun, ce jet de blancheur virginale et odorant s'élevant au ciel et qui, poussé par une brise chaude et marine, transforme mon visage en palimpseste pour la jouissance d'un bonheur aulique.

Cet après midi là, j'ai pénétré ma belle resplendissante qui, se mouvant dans une sublime élégance, m'a pénétré à son tour. Nos corps transfigurés en un seul, nous tentons des cimes, nous cherchons des hauteurs toujours plus insensées dans le dessein de se perdre jusqu'à ne plus vouloir retrouver le chemin du sol. En nous s'accomplit cette fusion, nous sommes prêts à saisir pour l'éternité le prétexte de cette émotion métamorphosée en jouissance éternelle.

A cet instant, je m'effondre le souffle coupé sur le corps minéral de ma gracile corniche de l'Esterel. Nous continuons en complices à partager quelques heures durant cette douce et impérieuse ivresse de la tiédeur vespérale d'un soir saturé de quiétude, tout en nous nourrissant d'atomes de mer, de végétal, de minéral, de soleil et d'air iodé.

Je suis exsangue ou bien mort je ne sais plus. Tel un soldat de retour de front, il me faudra tituber pour rejoindre mon véhicule.

J'apprendrai de nombreuses années plus tard, que cet après midi du douze Juin 1990 porte un nom, car d'autres vivent ces sublimes phénomènes existentiels depuis toujours, et il faudrait être un talentueux compositeur de haïku pour prétendre transcrire même superficiellement la densité des émotions vécues. J'ai aussi appris depuis ce jour que ce n'est pas uniquement la conscience qui relie notre corps au monde, car ce corps est matière du monde, plus encore il est monde lui-même, et la conscience fait pleinement partie de ce corps.

Après cette foudre qui m'a transpercé, cette connexion au cosmos qui ne dura que quelques heures, je retournerai régulièrement sur ces lieux devenus désormais sanctifiés, dans une béatitude mille fois renouvelée par la puissante énergie de cette si merveilleuse corniche de l'Esterel.

PIC EXISTENTIEL ET CONATUS

« Il y a plus de raison dans ton corps, que dans l'essence même de ta sagesse. »[7]

---

[7] F. NIETZSCHE : Ainsi parlait Zarathoustra, "Des contempteurs du corps."

Ce n'est que de nombreuses années plus tard que j'ai pu comprendre et verbaliser cette prodigieuse énergie qui m'a traversé sur la corniche de l'Esterel. J'ai appris que d'autres avaient vécu des expériences similaires, qu'elles étaient sinon communes à toute vie, au moins en corrélation avec ce que nous recherchons pour beaucoup tout au long de notre vie : l'élévation de conscience. J'ai à ce sujet constaté peu à peu que l'homme était toujours dans les limbes éthologiques, mais que le Sapiens Sapiens aspirait à un décollage vertical qui ferait de sa terre d'origine un désert lointain. En d'autres termes plus triviaux, nous partons du plancher, pour ne pas dire des fosses abyssales, et cherchons à nous élever, nous affranchir de l'animalité en domestiquant notre conscience conformément au paradigme dont nous hypostasions les linéaments au gré de notre ascension psychique. Le pilier fondateur de ce cheminement que l'homme s'est imposé est la morale qui procède des religions mais qui selon Nietzsche, devient un obstacle qu'il est indispensable de dépasser incoerciblement à la possibilité d'une élévation de conscience. Cependant, pour le philosophe allemand du 19ème siècle : "Dieu est mort !" dans notre cosmologie humaine. Pour lui, cela représente la première condition de possibilité de la mise à feu d'une fusée dont les pièces sont désormais en notre possession, car pour le philosophe fils de pasteur, *"l'homme est quelque chose qui doit être surmonté."[8]* et que *"vouloir libère, car la volonté est création."[9]*.

Reste pour que l'opération de métamorphose soit possible, à réaliser un plan de construction, une forme aérodynamique, un contenant qui fendra l'atmosphère avec le moins de résistance possible, autrement dit une éthique qui procède d'une nouvelle morale qui est un principe par lequel une volonté de conversion est définie et exprimée, ce que Nietzsche tout au long de son œuvre, propose par la Transvaluation de toutes les valeurs.

A nous l'immensité des possibles du ciel ! Finie la reptation percluse par la pesanteur ! Dieu est mort et sans lui, le ciel se vide de facto de

---

8   F. NIETZSCHE : Ainsi parlait Zarathoustra, "Des joies et des passions."
9   F. NIETZSCHE : Ainsi parlait Zarathoustra, "Des vieilles et des nouvelles tables."

tous ses tétramorphes. « *Maintenant, le grand frisson nous reprend.* »[10] La galaxie nous est enfin offerte, à nous d'en jouir sans limite, sans relâche, sans arrière-pensée, sans culpabilité, sans contrition aucune. Les cadavres terrestres ne sont plus, les sycophantes de la vie, les sectateurs de la mort ne sont plus, il n'est plus question d'avoir à être, mais d'être... des êtres jouissants, d'être jouissance... à l'image du tant attendu Surhumain de Nietzsche.

L'homme a désormais les mains libres, car il est vrai, il a brisé une partie de ses chaînes qui le maintenait dans un statisme mortel. A lui maintenant de se désentraver complètement pour s'élever mirifiquement. De cette opération de dégagement naîtra non plus la génuflexion mais la flexion suivie d'une extension héliotrope. De ce mouvement agoniste et iconoclaste, s'affranchira t-il de cette pesanteur exerçant en fardeau, contraignant aux mouvements motiles, maladroits, désordonnés. Enfin, pourra-t-il expérimenter les hautes cimes, les pics qui agiront comme des androphores en direction du ciel.

Dans son aphorisme de " la maxime dorée ", Nietzsche fait le constat de cette possible conversion de l'humanité :

« *On a mis beaucoup de chaînes à l'homme pour qu'il désapprenne de se comporter comme un animal : et en vérité, il est devenu plus doux, plus spirituel, plus joyeux, plus réfléchi que ne sont tous les animaux. Dès lors, il souffre encore d'avoir manqué si longtemps d'air pur et de mouvements libres. Ces chaînes, je le répète encore et toujours, sont cependant ces erreurs lourdes et significatives des représentations religieuses et métaphysiques. C'est seulement quand la maladie des chaînes sera surmontée que le premier grand but sera entièrement atteint : la séparation de l'homme et de l'animal. Or, nous nous trouvons au milieu de notre travail pour enlever les chaînes, et il nous faut les plus grandes précautions.*

Ce n'est qu'à l'homme anobli que la liberté d'esprit peut être donnée ; lui seul est touché par l'allègement de la vie qui met du baume dans ses blessures ; il est le premier à pouvoir dire qu'il vit à cause de la joie et de nul autre but et dans toute autre bouche, la devise serait

---

10 F. NIETZSCHE : Fragments Posthumes (05, 352). Extrait du livre de Karl JASPERS : "Nietzsche, Introduction à sa philosophie" Gallimard 1950.

dangereuse : "paix autour de moi et bonne volonté à l'égard de toutes les choses prochaines". Cette devise pour les individus lui rappelle une parole ancienne magnifique et touchante à la fois, qui était faite pour tous et qui est demeurée au-dessus de l'humanité comme une devise et un avertissement dont périront tous ceux qui en orneront trop tôt leur bannière ; une devise qui fit périr le christianisme. Il semble bien que les temps ne soient pas encore venus où tous les hommes pourront avoir le sort de ces bergers qui virent le ciel s'illuminer au-dessus d'eux et qui entendirent ces paroles : "paix sur terre, bonne volonté envers les hommes."
Le temps appartient encore aux individus.»[11]

Force est de constater malheureusement, que cent quarante ans après l'écriture de ces lignes, le grand but de l'homme est loin d'être atteint, l'indifférence face aux inégalités mortelles, nous le prouve partout, tous les jours. L'homme devra encore faire preuve de sapience tout en induisant le mouvement car face au côté obscur de nos valeurs obsolètes et délétères auxquelles nous semblons nous agripper comme un oiseau crispé sur sa branche par la crainte d'un premier vol, l'hominien devra néanmoins sortir de sa fondrière boueuse. Pour cela, le besoin d'indicateurs de direction lui est plus que jamais nécessaire. Nietzsche relève cependant, qu'ils ne peuvent procéder de la collectivité mais plutôt de l'individu lui-même, de "l'en-soi". En effet, pour le philosophe allemand, la société génère la morale du troupeau qui ne peut en rien être à l'origine de l'élévation de conscience, bien au contraire.

Nietzsche : « *[...] Ma découverte, c'est que toutes les forces et les instincts qui rendent possibles la vie et la croissance sont condamnés par la morale. La morale est l'instinct négateur de la vie. Il faut détruire la morale pour libérer la vie.* »[12]

Voilà qui est clairement exprimé ! Nous sommes donc encore des animalcules, et vouloir se hisser le long d'un "axis mundis" rédempteur

---
11 F. NIETZSCHE : Par delà Bien et Mal : "La Maxime Dorée".
12 F. NIETZSCHE : La Volonté de Puissance, 1er livre 1883-88 (15&343), "De la nocivité et de l'utilité de la morale pour la vie", aphorisme 299, Éditions Gallimard 1995.

et salvateur implique au préalable une propension au solipsisme, à la capacité d'agir par nous-mêmes, pour nous-mêmes. Car chacun de nous est une couleur du réel et c'est seulement par la somme de toutes nos individualités équilibrées qu'un paysage collectif moins belliciste, voire ataraxique pourrait aboutir pour le bien de tous. Pour induire un premier pas dans cette direction, Nietzsche nous suggère de prendre conscience que nous ne vivons pas dans la nature, que nous ne vivons pas plus avec la nature car nous sommes nous-mêmes nature. Et la nature dit le réel du monde quand la culture des hommes aussi élaborée soit-elle ne peut que balbutier des commentaires de ce réel. Pour lui, nous restons des primates grimés par l'art de la culture dont la nécessité consubstantielle à notre singulière conscience est indispensable il est vrai, mais toutes les sophistications sociétales, dirons-nous "bling-bling" de nos jours, ne peuvent en aucun cas engendrer notre salut face aux leçons métaphysiques que tout homme peut tirer par l'observation de la fonctionnalité d'une ruche comme le précise Virgile. Assister au spectacle des cycles naturels, percevoir le champ de l'éternel recommencement cher à Nietzsche, c'est se révéler à soi-même en fragment du Grand Tout et accepter dans la grâce de "l'Amor Fati" nietzschéen notre destin de venir de la terre et d'y retourner. Il est vrai, la vérité du monde n'est pas dans les livres qui disent le monde, pas plus que dans les valeurs morales et religieuses, mais dans le monde lui-même, donc en nous-mêmes.

Nietzsche : « *La vie sur terre est un instant, un accident, une exception sans suite.* »[13]

Parce que nous sommes nature, naturée et naturante pour reprendre Spinoza, parce que nous sommes à la fois fragments et connectés à cette toute puissance du Tout, en prendre la simple conscience au gré des événements de notre vie, c'est déjà expérimenter ce qu'il convient de nommer : un pic existentiel.
Avant de souhaiter réaliser la maxime dorée de Nietzsche pour le bien de l'humanité… le philosophe nous suggère donc avant tout, de travailler à des états de conscience individuels en accord avec la

---
13 F. NIETZSCHE : Fragments Posthumes (13, 364). Extrait du livre de Karl JASPERS : "Nietzsche, Introduction à sa philosophie" Gallimard 1950.

nature, une sorte de pacte synallagmatique signé avec elle d'où s'instaure peu à peu une dialectique où il serait question d'émotion, de tension résolue, "d'hyper-présence" d'avec soi-même, d'extase vécue comme mode d'accès à une réalité plus profonde et féconde.

Nietzsche : «*En guise de récompense pour beaucoup de dégoût, de découragement, d'ennui – tels que les apporte nécessairement une solitude sans amis, sans livres, sans obligations et sans passions – on recueille des quarts d'heure de profonde communion avec soi-même et la nature. Qui se gare complètement de la nature se gare aussi de lui-même : il ne lui sera jamais donné de boire à la coupe la plus vivifiante que l'on puisse emplir à sa source intérieure.* »[14]

Un pic existentiel permet de vivre des états d'hyper-conscience qui deviennent prodigieusement rentables dans la sphère ontologique. Ce phénomène s'obtient en creusant l'écart entre la petitesse, fragment moléculaire du cosmos que nous sommes, et l'immensité de l'univers avec lequel nous sommes reliés. C'est cette différence entre le microscopique et l'infini qui potentiellement génère ce type d'expérience. Vivre un pic existentiel, c'est s'offrir l'opportunité de faire sourdre en nous ce sentiment océanique grandiose par l'écrasement, la dilution et la perte momentanée de soi face à l'éternité du Grand Tout. C'est un état dans lequel nous ne pensons plus, nous ne verbalisons pas, nous recevons comme passifs, nous subissons et pourtant nous sommes plus que jamais. Ce phénomène donne un accès concentré et presque immédiat au réel du monde révélé par la grande puissance d'une scène dont nous sommes spectateurs. Face à cet écart entre notre petitesse observatrice et la vastitude de ce qui nous entoure, notre conscience augmente au point d'avoir le sentiment de coïncider avec le monde comme totalité. Nous avons cet étrange sentiment d'être au monde avec une intensité décuplée. Cependant nous sommes incapables d'en prendre la mesure exacte. C'est notre corps qui relaye l'émotion en sismographe en manifestant une réaction anatomique comme l'augmentation du rythme cardiaque, de la pression sanguine, la sudation… Dans un premier temps, le cerveau ne

---

14 F. NIETZSCHE : Humain trop Humain, "Le solitaire parle" aphorisme 200.

peut effectuer son travail de raison car c'est le corps entier qui domine par ce débordement d'énergie géré lui-même par le système neurovégétatif. L'expérience d'un pic existentiel révèle l'homme dans son immanence, il augmente sa présence au monde, produit une situation ontologique qu'il vit au plus proche de l'instant. C'est avant tout une situation d'excellence qui révèle une densité métaphysique au-delà du dicible où "toute tentative de verbalisation devient une déperdition" pour citer Richard Geoffroy. L'émotion y est exacerbée et semble aussi proche du réel que possible, tout en emportant les suffrages de la raison. Husserl nous précise le phénomène en nous décrivant une dynamique d'ouverture vers le monde et du monde vers l'être, le mettant en rapport avec sa propre extériorité et tout ce qui n'est pas lui.

De ces évènements individuels, restent des impressions délicates, évanescentes, astringentes, efflorescentes, avec lesquelles nous avons le sentiment de pouvoir construire un édifice par les points d'ancrages structurants qu'elles apportent. Cette énergie concentrée qui permet le mouvement vers un palier supérieur de la conscience nous fait sourdre peu à peu de l'informe, de l'entropie, de la matière brute qui prend forme progressivement jusqu'à l'obtention d'une singularité. Dans le domaine purement médical, il semblerait que nous disposions de deux cent mille connexions nerveuses dévolues à la conscience de notre présence au monde (cent mille connexions nerveuses pour l'audition, cinquante mille pour l'olfaction, dix mille pour le goût...). Les effets du pic existentiel qui ébranlent la chair sont donc physiologiques, c'est notre corps qui enregistre cette réjouissance. En multipliant ces expériences, nous mettons le cap en direction de ce qui permet la conversion si chère à Nietzsche. Ces expériences avec le réel du monde nous structurent de la façon la plus stable, nous offrent un sens architectonique, généalogique. De leurs singularités extatiques naît la cohérence de notre vie qui permet son projet puis sa réalisation dans les meilleures conditions possibles.

Cette hyper-présence, cet hyper-ravissement est déjà l'alpha et l'oméga de la philosophie gréco-antique initiée au 5ème siècle avant notre ère. Il s'agit à cette époque de faire un bon usage de soi en accord avec la nature, ses formes, ses sons, ses chromatismes, ses mouvements... qui sont autant de leviers de ces parenthèses existentielles, exprimant la forme la plus aiguë de la conscience de l'instant. Iceux (nature, présent) sont les seuls aspects qui nous soient accessibles eu égard au réel du monde. Le pic existentiel forme donc l'accord inédit entre la nature et le présent fuyant qui devient un état quintessencié. Car le passé n'est qu'un ersatz du présent, quand au futur le produit d'un imaginaire fantasmé, seul le présent est la pointe existentielle du temps et ses corrélats (passé, futur) ne sont là que pour en préciser l'existence puisque le futur qui lui n'est pas encore sera automatiquement dissout dans un passé qui lui n'est plus, si bien qu'un pic existentiel est l'événement le plus pertinent qui donne accès à la conscience la plus vive par un présent vécu de la manière la plus intense.

L'observation de la voûte étoilée ou les ailes d'un papillon, la caudalie d'un vin, la rencontre inopinée avec une escouade de cétacés, l'architecture antique, la forme d'un minéral, voir son cœur battre à l'échographie, les aurores boréales pourquoi pas... sont autant d'éléments déclencheurs possibles de ces instants inédits. Expérimenter ces moments intenses, c'est à coup sûr se révéler dans son unicité, dans son immanence, c'est aussi et avant tout célébrer son corps dans une joie exacerbée.

Mais à certaines périodes de notre vie, le corps peut être traversé par cette énergie fulgurante qui résout une tension presque instantanément. C'est le point d'acmé du pic existentiel qui devient une abréaction, une catharsis, ce que Bergson nomme : supra-conscient, Aristote par d'autres angles : "Entéléchie", Spinoza en fait un concept : "Conatus". Quand à Nietzsche, il désigne ce phénomène sous le vocable de : "hapax", dont il est question dans la "Naissance de la Tragédie", son premier livre de 1872 qui traite de la Tragédie grecque à l'époque des hellènes donc. J'élirai le néologisme de "Conatus" tant sa phonétique rappelle la connexion.

De tout temps cette énergie fascine, et ce n'est pas un hasard si au début de la Renaissance Copernic et Vésale écrivent leur livre majeur la même année. En fouaillant pour l'un dans la chair des corps en quête d'explication sur l'énergie qui en procède ou en ayant pour l'autre recours à l'observation du cosmos et à la mathématique pour tenter de comprendre l'énergie qui pousse aux révolutions en ellipse, on pourrait croire que les disciplines s'opposent tant s'opposent leurs univers pour l'un microscopique, pour l'autre infini. Et pourtant, les mécanismes observés sont les mêmes, les causes induisent les mêmes effets dans une nécessité universelle, le jeu des motifs génère les mêmes conséquences car l'énergie est la même partout à toutes les échelles du cosmos. Sa nature est une seule et même essence. Elle est ubiquiste, omniprésente, omnipotente, agit simultanément partout dans toutes les directions, ce que Nietzsche désigne par : "Volonté de Puissance".

Nietzsche : « *Les forces qui agissent dans l'histoire sont bien reconnaissables si l'on dépouille toute espère de téléologie morale et religieuse. Ce doivent être les mêmes forces qui agissent dans le phénomène d'ensemble de la vie organique. Plus évidentes qu'ailleurs dans le règne végétal.* »[15]

Ainsi, le cœur d'une étamine de fleur se comporte de la même manière que le cœur d'une supernova. Il y a donc ce qu'il est convenu d'appeler : fractalité à toutes les échelles du Grand Tout.

Nos ancêtres lointains pressentaient cette énergie fractale de l'univers avec sans doute la même heuristique que Démocrite d'Abdère (4ème siècle av. JC) révélant déjà l'atome à l'époque antique. Plus encore, nos ancêtres pressentaient la consubstantialité de l'énergie fractale au temps. Ainsi convié aux rituels païens, un haruspice était chargé, après dissection d'un cadavre, de faire l'interprétation de ses entrailles dans le but de prédire l'avenir de la communauté dans la célérité d'une glossolalie adressée en direction de la voûte étoilée. Dialectique ascendante entre l'univers infini et les replis viscéraux d'un cadavre qui retournent à la terre, dialectique toujours de l'instant solennel et du devenir incertain, voilà matière à parentés entre le microscopique et le macroscopique propre à l'émergence d'un pic existentiel... Cette énergie métaphysique dont l'acception peut être superposée à celle de la vie au sens large, plus large que celle apprise par cœur dans un cours de SVT de collège, j'aime à la nommer "système de forces cosmiques organisées", a de tout temps éveillé les fantasmes humains

---

15 F. NIETZSCHE : La Volonté de Puissance : 3ème livre, 1883-1887 (14, 1er partie, &453, 1er alinéa) "La rédemption de tous les péchés" aphorisme 469, Éditions Gallimard 1995.

les plus tenaces dans le désir de reproduction. Faute d'assouvir cet objectif autrement que par la reproduction sexuée, l'homme en a plus ou moins bien simulé les effets : les automates de nos grands parents ou l'intelligence artificielle d'aujourd'hui en sont des exemples. Mais malgré les progrès fulgurants de la science, le mystère demeure, et dans le domaine anthropologique, le corps, la chair sont tout au long de notre vie traversés sous des formes diverses par cette énergie produisant ainsi des effets très variables : apaisement, enthousiasme, désordre, folie, soulagement, extase, vision, ravissement... Le corps est ce lieu où circulent ces influx qui à force d'effets, produisent des tensions, des énigmes voire des conflits intérieurs parfois larvés durant des années et dont la conscience ne prend pas forcément la mesure tant ils peuvent paraître imperceptibles par la raison fût-elle résonnante.

Cependant, à de rares occasions de la vie, ses tensions se résorbent en un instant d'une stupéfiante densité. C'est à cet instant qu'il y a Conatus.

Nietzsche : « *L'aiguillon furieux de ces tourments nous transperce dans le temps même où nous ne faisons pour ainsi dire plus qu'un avec l'incommensurable et originel plaisir d'exister et où, ravis dans l'extase dionysiaque, nous pressentons l'indestructible éternité de ce plaisir – où, nonobstant terreur et pitié, nous connaissons la félicité de vivre, non pas comme individus, mais en tant que ce vivant unique qui engendre et procrée, et dans l'orgasme duquel nous nous confondons* »[16]

S'il fallait jouer de la métaphore inorganique pour illustrer cet aphorisme, nous pourrions imaginer deux plaques tectoniques dans une phase de subduction. Les continents en dérives, la plaque océanique pacifique glisse sous la plaque sud-américaine, mais pas de manière régulière puisqu'il y a adhérence précaire donc résistance ; les forces de poussées s'accumulent en un point ou ligne de contact sans effet apparent d'où l'émergence d'une tension. C'est seulement au moment où l'énergie accumulée, les tensions emmagasinées dépassent le coefficient de résistance à la friction que les forces se libèrent en un instant et produisent leurs effets irréversibles aux conséquences

---
16 F. NIETZSCHE : La Naissance de la tragédie, paragraphe 24.

géologiques. Ces libérations instantanées de tensions sont chez l'être humain, des Conatus qui métamorphosent par leurs densités extrêmes, la perception de la vie, offrant de nouveaux chemins ontiques appelés plus tard à prendre forme dans des structures logiques ce que d'aucuns nomment la conversion.

Lisons Bergson un instant: *« L'énergie lancée à travers la matière et la vie qui remplissent le monde sont aussi bien en nous, les forces qui travaillent en toutes choses, nous les sentons en nous, quelle que soit l'essence intime de ce qui est et de ce qui se fait, nous en sommes. Descendre alors à l'intérieur de nous-mêmes, plus profond sera le point que nous aurons touché, plus forte sera la poussée qui nous renverra à la surface. »*[17]

Autrement dit, plus le corps est habité d'interrogations, de doutes, de questions, plus il est dans un état de tension, plus il met la chair en demeure de résoudre ces conflits. Bien évidement le cerveau joue un rôle déterminant dans la conscience de cet événement majeur. Il est de toute évidence l'instrument qui centralise les informations pour les mettre en forme. L'expression de son énergie est aussi le rêve, le songe, mais la conscience de la perception de notre présence au monde qui est régie par la somesthésie, on l'a dit, procède de nos cinq sens, c'est à dire que la conscience ne produit d'ordre que lorsque le corps a fourni le matériau. Nietzsche s'approche même du monisme en disant du cerveau que :
« C'est seulement un énorme appareil de concentration, car c'est le corps qui connaît l'enthousiasme, laissons l'âme en dehors de tout cela... » et de poursuivre sur le corps humain *« c'est un système beaucoup plus parfait que n'importe quel système de pensée ou de sentiment et même très supérieur à toute œuvre d'art tant il a cette capacité unique, à partir de lui-même à produire des potentialités. »*[18]
Le corps est donc à l'origine de toute pensée. Lisons-le dans un extrait de son Zarathoustra.
« cette petite raison que tu appelles ton esprit, ô frère, n'est qu'un

---
17 Henri BERGSON : "Matière et mémoire" (1896).
18 F. NIETZSCHE : La Volonté de Puissance, 1884 (13 & 600) 3ème livre "la Hiérarchie" aphorisme 653, Éditions Gallimard 1995.

instrument de ton corps et bien petit instrument, un jouet de ta grande raison... par-delà tes pensées et tes sentiments, mon frère, il y a un maître puissant, un sage inconnu qui s'appelle le Soi. Il habite ton corps, il est ton corps, il y a plus de raison dans ton corps que dans l'essence même de ta sagesse et qui sait pourquoi ton corps a besoin de l'essence de ta sagesse ? Le corps créature a formé l'esprit à son usage pour être la main de son vouloir.»[19]

Le corps est donc la grande raison pour Nietzsche. Il apparaît comme une mécanique inouïe à produire du sens en athanor qu'il est, au fond duquel se convertissent les tensions.

Ces tensions qui s'inscrivent dans notre corps ne se perdent jamais. Pendant des années parfois, l'organisme les gère, puis elles réapparaissent sous forme de résolutions sublimées au mieux, de "burn-out" ou de profonde mélancolie au pire. Mais lorsqu'il y a Conatus un phénomène actif résout ce conflit longuement fomenté comme une maturation inconsciente qui prépare le brusque jaillissement, l'abréaction qui conduit instantanément à ce qui semble être désormais l'unique vérité à laquelle certains consacrent leur vie. Précisons l'acception grecque de ces extases (Ek-stasis) signifiant, se tenir en dehors, être arraché à l'état statique, être hors de soi où la conscience déborde hors d'elle-même, permettant une autre perception du monde extérieur comme du monde de l'intériorité.

Les exemples célèbres de Conatus ne manquent pas. On connait les extases vécues par Socrate durant toute une nuit, planté debout sans bouger face à un problème mathématique placardé sur un mur proche de l'Agora. On connait les hydres des tensions de Saint Augustin qui échappe aux tourments et aux abîmes de la folie en entendant en compagnie de son ami Alypius, la ritournelle de l'Épitre aux Romains qui le transforme à tout jamais en Père de l'Église. Cette résolution quasi instantanée lors d'un après-midi d'Août 386 au cours duquel son corps connaît la libération, une apocalypse physiologique qui se manifeste par la motilité des gestes, surdité partielle, pareidolie auditive, spasmes, frissons, larmes, cris, modification de la voix, contorsions, convulsion... transforme son corps en d'authentiques

---

19 F. NIETZSCHE : Ainsi parlait Zarathoustra, "Des contempteurs du corps."

bouleversements furtifs avant de produire un ordre prolongé. De ce court moment, de cette pointe de Kairos, Augustin témoigne dans "Les Confessions" :

«... d'une clarté inédite semblable à un éclair qui n'est ni raisonnement, ni délire, mais la tangente intuition de l'intellect, à la fois dans le corps et hors de lui, en pleine capacité intellectuelle et incapable de penser, [...] envahi par des forces contraires où corps et esprit se sentent portés vers une vérité qui frémit dans la chair de façon fulgurante, telle une étreinte avec l'éternité de Dieu, cause et principe de toute chose. [...] De même qu'à présent la pensée se déploie, et dans une intuition rapide a atteint l'éternelle sagesse qui demeure au-dessus de tout, supposons que cette vision se prolonge, que toutes les autres visions inférieures se dérobent, que celle-ci soit seule à ravir son contemplateur, l'absorbe et le plonge en d'intimes délices [...] que la vie éternelle soit semblable à cette fugitive extase, qui me fait soupirer encore »[20]

On sait la nuit de Novembre 1619 durant laquelle Descartes connaît un Conatus grâce à la rencontre du charcutier Beckmann par ailleurs mathématicien avec lequel il était en émulation. Dans la nuit du 10 au 11, il subit de terribles douleurs suivies d'illumination, de catalepsie, puis expérimente ses fameux trois songes sans lesquelles le Cartésianisme n'aurait sans doute jamais existé.

Autre exemple : le Conatus vécu par Stendhal qui donne le nom de "syndrome de Stendhal". Alors que l'écrivain sort de l'église Santa Croce à Florence en 1813, au contact des œuvres d'art, il s'effondre exsangue, ébranlé, tétanisé d'émotions intenses manifestant sueurs, vertiges, tremblements, hallucinations... Stendhal parle de concrétion de temps donnant une sensation d'éternité dans une violence de désarroi tout en procurant une volupté qui tourne à l'effervescence d'un frisson démesuré qui propulse vers la fureur d'un état d'énergie brute.

Aujourd'hui encore, les surveillants de musée à Florence sont formés pour maîtriser les visiteurs qui seraient envahis par ce phénomène, pour lequel un protocole de protection des œuvres d'arts est déployé.

Le phénomène de Conatus suit systématiquement le même processus :

---

[20] Saint Augustin : "Les Confessions", livre IX, chapitre X, GF-Flammarion 1993.

tourment, tension, constitués sur un temps plus ou moins long et conscient, puis déclencheur par un intercédant, un événement, suivi d'un court moment d'une exceptionnelle densité, accompagné de manifestations physiologiques intenses qui libèrent la tension, et enfin apparition de la conversion par l'ordre rendu au corps réconcilié de l'énergie qui le traverse et qui change à jamais l'existence du sujet. Ces phénomènes sont synonymes de jouissance hallucinée de l'ivresse où l'instant est suspendu de toute réalité, de tout rapport avec le monde social du quotidien, c'est un vide triomphal, un saisissement immédiat de la chair sans aucun prodrome, sans aucun signe avant-coureur. Ils plongent parfois dans une plénitude extraordinaire qui révèle l'inanité de toute connaissance ouvrant à la joie dont parlent souvent les mystiques, (on l'a vu avec Augustin) en dehors de laquelle rien n'a véritablement d'existence. Beaucoup vivent un jour ces Conatus plus ou moins intensément probablement en proportion des tensions constituées en eux, nous l'avons vu avec Bergson. Nietzsche lui-même relate dans ses Fragments Posthumes ce qui de toute évidence a eu un impact majeur dans son œuvre. En effet, des premières maladies comme la syphilis contractée dans un lupanar d'arrière front de la guerre de 1870 durant laquelle il fut brancardier, jusqu'à la folie qu'il connaît les dix dernières années de sa vie et qui selon l'histoire populaire débute lorsqu'il fit preuve d'un condouloir extrême pour un cheval maltraité à la cravache par son cocher, le corps du philosophe sera traversé d'un nombre considérable de maux : migraines de deux jours contraignant à l'obscurité totale, typhus, dysenterie, zona, digestion insupportable, érysipèle facial, amaurose, agueusie... Cependant, Nietzsche se confie à ses médecins pour dire à quel point il pratique l'algodicée de la maladie qui lui fait connaître les plus grandes extases de son inspiration intellectuelle (algodicée à ne pas confondre avec celle de Pascal fondée sur l'idéal ascétique, tant les deux socles sont opposés.) Nul doute que la chair tourmentée à l'extrême connaisse à quelques reprises l'injonction au repos et aux états de consciences supérieurs par un relâchement brutal des tensions additionnées dans un corps parfois à l'agonie. En effet, dans les fragments posthumes du philosophe, nous avons retrouvé la description des conditions de rédaction de "Ainsi parlait Zarathoustra" œuvre majeure de la philosophie occidentale. En Août 1881, Nietzsche dit se rendre comme il se plaît à le faire régulièrement à Sils Maria en Suisse pour y séjourner quelques jours et pratiquer la marche, ce qu'il fait quotidiennement sur plusieurs kilomètres toute l'année. Il est, depuis longtemps déjà, attiré par ce décor de montagne parcouru de nombreux torrents impétueux, parsemé de lacs aux eaux noires et profondes. C'est lors d'une de ces sorties qu'il décrit une énergie toute particulière et étrange qui le traverse, l'ébranle dans une transe ineffable au cours de laquelle il pleure, chante, danse, ses douleurs s'envolent, ses pensées aussi qu'il griffonne en bribes incompréhensibles sur des bouts de papier: *"six mille pieds au dessus de l'homme et du temps"*[21], l'énergie de ses muscles se décuple, il court sur des sentiers qu'il choisit des plus pentus, atteint des sommets jamais expérimentés d'où il crie: *"plein d'idées que je dois proposer aux hommes"*[22] et quelles idées ! Rien de moins que l'un des concepts majeur de l'œuvre de toute une vie de génie : "l'Éternel Retour" et la Transvaluation des valeurs, concept majeur pour un livre majeur d'où il tire le "Surhumain". "Ainsi parlait Zarathoustra" fut rédigé pour ses vingt quatre premiers chapitres dans la foulée des dix jours qui suivirent ce Conatus. Après cette expérience extatique, le philosophe se décrit comme un visionnaire à l'œuvre nimbée d'une indicible finesse de ce qui le bouleverse au plus profond de lui-même.

Nietzsche : « *Si on a le moindre reste de superstition, on ne peut en fait se refuser qu'avec peine à l'idée d'être purement incarnation, purement porte-voix, purement médium des forces surpuissantes. Le concept de révélation, dans le sens que soudainement quelque chose devient visible, audible avec une sûreté et finesse indicibles, quelque chose qui émeut l'homme dans son fond le plus profond et le renverse, décrit seulement un fait. On entend, on ne cherche pas ; on prend, on ne demande pas qui est-ce qui donne. Comme un éclair une pensée jaillit, avec nécessité, sans hésitation sur la forme – je n'ai jamais eu à choisir. Un ravissement dont la tension immense se dissout parfois dans un flot de larmes, ravissement dont le pas tantôt*

---

21 F. NIETZSCHE : Ecce Homo, "pourquoi j'écris de si bons livres", (Ainsi parlait Zarathoustra) aphorisme 1.
22 Ibidem.

involontairement se précipite, tantôt devient lent, un être parfait au delà de soi avec la conscience la plus distincte d'innombrables frémissements et ruissellements délicats qui vont jusqu'à la pointe des pieds ; une profondeur de bonheur où ce qui est le plus douloureux et le plus obscur n'a pas un effet contraire [...] tout se passe au niveau le plus élevé, de façon involontaire, comme dans une tempête de sentiments de liberté, d'inconditionné, de puissance, de divinité...[23]

A n'en pas douter, la conjonction de toutes ces apocalypses, des maladies vécues au quotidien dans un corps d'une telle susceptibilité d'une pareille sensibilité, n'ont pu que produire des tensions et douleurs extrêmes génératrices de détentes extrêmes. Les caprices de son organisme qui ont généré les intuitions qui travaillent le caractère, produisent la matière avec laquelle Nietzsche constitue une vision du monde. L'organisme emmagasine une quantité d'énergie avec laquelle un corps peut être pulvérisé, mais le philosophe a su, ou subit ce génial interfaçage de cette énergie traduite en géniales pensées par des mots usuels.
Lorsqu'il écrit: « *on a nécessairement la philosophie de sa propre personne.* » il exprime la corrélation entre le corps et la pensée. Et qu'il poursuit « *je me demande si tout compte fait, la philosophie jusqu'à lors n'aurait pas absolument consisté à une exégèse du corps...*»[24] comment mieux exprimer encore que la pensée est un symptôme, les idées des preuves de l'existence du corps où le cortex pèse peu face au cerveau reptilien ?
Cette catégorie inédite des extases qu'on appelle Conatus révèle le moment à partir duquel la vie se structure voire bascule, on l'a dit. Sa modalité temporelle est l'instant d'excellence dont la duplication est impossible. Seule l'expérience du Conatus est imaginable, et par elle le verbe devient inepte. Pour autant, la conscience atteint son paroxysme dans son saisissement, elle est capable de ce double et étrange paradoxe, celui d'une présence à son propre ébranlement, au détachement de la spatialité physique et de la temporalité, et celui d'irradier le corps de bonheur tout en distillant de sombres douleurs,

---

23 F. NIETZSCHE : Ecce Homo, "pourquoi j'écris de si bons livres", (Ainsi parlait Zarathoustra) aphorisme 3.
24 F. NIETZSCHE : "Le Gai Savoir", préface à la seconde édition, aphorisme 2.

les deux ne faisant point contraste et aboutissent dans un débordement de lumière, une sorte d'eurythmie qui donne forme à une inspiration nouvelle et inattendue. Le caractère impérieux d'un Conatus est sa force qui contraint, soumet le corps aux impulsions qu'il suscite, aux exigences qu'il impose en dehors de toute volonté délibérée. Au cours de ce rapide processus d'explosion qui génère une formidable poussée d'énergie, le corps s'arrache au fruste pour aboutir à une vibration dont le rythme devient harmonieux. A la suite d'un Conatus, la justesse du réel devient résonnante avant d'être structurante d'images mentales, d'idées, de concepts dont les conditions de réalisation dépendent de ce bouleversement. Le Conatus est un voyage intérieur souvent très bref mu par l'énergie du Grand Tout, d'aucuns la nommerons du dieu de tous les dieux, détesté par les dieux eux-mêmes : Dionysos. J'adopte volontiers cette pseudo-personnification tant elle est la base de la pensée de Nietzsche, mon compagnon philosophe, mais aussi parce qu'au concept dionysien y est opposé celui d'Apollon : dieu des masques, de l'apparence, et si l'un représente la pure puissance dans la dépense d'énergie dispendieuse, l'autre la collige et la met en forme pour produire du style et des effets.
Aimons-nous à penser des Conatus qu'ils sont capables en un instant d'offrir l'expérience inouïe de l'association de ces deux puissances concentrées dans un corps aux linéaments étroits, où s'exerce l'expression même de la vie.

On l'aura compris, le réel demeure consubstantiel aux expériences phénoménales et corpusculaires. La seule idée d'une expérience n'a aucune parenté avec l'expérience elle-même, tout au plus s'apparente-t-elle au songe, au fantasme, au rêve. Le travail de la conscience dépend des effets physiologiques enregistrés par le corps traversé d'énergie que gère parfois brutalement la somesthésie. C'est cette évidence qui fait de Nietzsche le grand matérialiste que l'on connaît en guerre contre Platon pour qui l'idée était déesse de la conscience, ce qui est une aberration totale pour Nietzsche comme il nous l'exprime avec justesse dans cet aphorisme :

*****

« *[...] plus une chose ou un homme a été subtilisé, dilué, évaporé, plus sa valeur augmente; moins il est réel, plus il a de valeur. C'est du platonisme ; mais Platon a eu la hardiesse inverse, il mesurait le degré de réalité d'après le degré de valeur, et disait : "plus c'est une idée, plus cela est". Il retournait la notion de réalité et disait : "ce que vous tenez pour vrai est une erreur, et plus nous nous approchons de l'idée, plus nous nous approchons de la vérité". Comprend-on cela ? Jamais on n'avait si souverainement débaptisé les choses. Et comme le christianisme a accepté le fait accompli, nous ne voyons plus ce que cela a de stupéfiant. Artiste comme il l'était, Platon a préféré l'apparence à l'être ; il a préféré le mensonge et la fiction poétique à la vérité, l'irréel au présent. Mais il était si convaincu de la valeur de l'apparence qu'il lui a donné tous les attributs de l'être, de la causalité, de la bonté, de la vérité, bref, tout ce qui se passe pour avoir de la valeur. La notion de valeur elle-même, imaginée comme cause : c'est mon premier aperçu. L'idéal orné de tous les attributs qui confèrent de l'honneur : c'est mon deuxième aperçu.* »[25]

---

25 F. NIETZSCHE : La Volonté de Puissance, 1er livre, 1883-88 (16,&572) aphorisme 209, Éditions Gallimard 1995.

CORPUS CHRISTIS

« Il n'y a pas assez d'amour et de bonté dans ce monde pour devoir encore en prodiguer à des êtres imaginaires. »[26]

---

26 F. NIETZSCHE : Humain trop Humain, la vie religieuse, libéralité défendue, aphorisme 129.

Depuis toujours, je suis attiré par le corps, prodrome sans doute d'un matérialisme revendiqué adulte. Corps sculpté en marbre de Carrare, corps peint par Vinci ou Géricault, corps modelé par Milo, corps que l'on étreint, embrasse, caresse, pénètre, corps exercé à l'effort physique, corps souple du gymnaste, corps que la vie déserte peu à peu par les affres de l'inexorable vieillesse, corps endormi, corps pétrifié d'émotions singulières... Le corps que l'on côtoie ou pratique, demeure une modalité par laquelle nous nous convoquons de notre propre présence au monde ici et maintenant. Il nous rappelle la vie dans toute son immanence. Aussi, y a t-il moins de dilection pour un corps crispé par la maladie ou mutilé par le hasard d'une tératogenèse trop expressive, car il est commun et naturel de préférer la finitude d'un corps parménidien ou celui de l'authentique perfection antique. Soulignons du corps cet étrange oxymore exprimant une universalité singulière. En outre, me pardonnera-t-on ce truisme, mais je le pense nécessaire, de dire du corps qu'il reste l'unique lieu où l'appréhension, la perception du monde est possible.

Car en effet, les religions n'aiment pas le corps. Le christianisme en particulier, exècre, fustige, mutile, martyrise le corps ici-bas au profit d'entités séraphiques assurément asexuées. Depuis plus de vingt siècles, on a élu le fantasme d'une chair de l'au-delà en oubliant ainsi son immédiateté. Comment comprendre qu'on attribue au corps le déni de sa matérialité au profit d'une métamorphose idéaliste donc immatérielle et intemporelle ? Jusqu'au 14ème siècle avant JC, l'animisme, le polythéisme prenaient leurs sources d'inspiration dans la nature, A cette époque, la culture n'était pas séparée de l'agriculture et de ses païens. Le point de jonction semble être perçu avec Akhenaton célébrant le culte de la lumière, du soleil, de l'alternance des jours et des nuits, des solstices, des équinoxes... annonçant la sénescence progressive du paganisme. Puis les trois monothéismes se sont imposés à des époques, certes différentes, mais avec les mêmes récits métaphoriques et alambiqués vidant progressivement le ciel de ses constellations. Le but politique était, on le sait, de séduire un peuple en lui donnant la potion par clystère du judéo-christianisme, pour n'évoquer qu'elle, distillant la crainte de Dieu, la peur de l'au-delà pour justifier obéissance, docilité, soumission et servitude dans l'ici-bas. Avec les cinq livres du Pentateuque, les trois évangiles synoptiques ajoutés au moins officiel, celui de "Jean", les apocryphes, les six épîtres officielles sur treize de Paul de Tarse, le tout doxographié on ne sait combien de fois par les moines copistes dont on connaît les conséquences sur les textes princeps qui n'ont plus rien de commun aujourd'hui avec leurs origines, ainsi que quelques livres qui commentent les livres, les hommes sont devenus lettrés mais incultes. Ils n'ont plus vécu dans leur chair la sagesse de la nature, plus vu dans le ciel, plus observé autour d'eux, plus su le réel, mais ils ont appris à commenter, psalmodier, interpréter, analyser puis déclamer le catéchisme officiel sur un mode panurgique. Les hommes sont devenus aveugles, ils ne voient plus la structurante nature et lorsqu'ils lèvent les yeux pour regarder au ciel, ils n'y trouvent que les billevesées des bibelots bibliques.

Nietzsche : « *Le symbolisme chrétien repose sur le symbolisme juif qui avait déjà dissous toute la réalité (l'histoire de la nature) en une "anti-nature" et une irréalité sacrées... qui ne voulait plus voir l'histoire véritable, qui ne s'intéressait plus au succès naturel.* »[27]

Cependant, déjà sous l'antiquité le dualisme préexiste entre écoles philosophiques. D'un côté, les sectateurs de l'idée pure, concepteurs de mécaniques bien huilées aux complications extrêmes dont ils jouissent une première fois de les voir fonctionner et une deuxième de la production de leurs effets sur un public perclus aux basses fosses. Le maître absolu étant Platon, le thuriféraire de Socrate. De l'autre, des écoles philosophiques où l'on célèbre la vie, le réel, le matériel hic et nunc sous toutes les variations possibles du thème hédoniste ou eudémoniste, où l'on conceptualise toujours à partir de la matière, des molécules et des atomes ; Démocrite, Sapho, Aristippe de Cyrène, Lucrèce et bien d'autres sont davantage des compagnons de

---

27   F. NIETZSCHE : La Volonté de Puissance. 1887-1888 (15 & 183) 1er livre, "le manque de netteté intellectuelle", aphorisme 411, Gallimard 1995.

route iréniques et sains. Pour autant, pouvons-nous comprendre ceux qui ont recours au déambulateur "catholiciste" face à la conscience qu'ils devraient avoir de leur petitesse avec le déni dont ils font preuve, faute de pouvoir... de vouloir l'appréhender. Mais ne jetons pas l'opprobre sur ces gens préférant vivre un mensonge dans le but illusoire de conquérir une vérité pour reprendre les mots de Nietzsche. Force est de constater que le christianisme est une tendance décadente dont l'origine est fait d'un agrégat de tous les rebuts de tout ordre, une formation morbide qui se cherche. Il s'adresse aux déshérités perclus de rancune qui n'ont d'autre à faire que de fabriquer des symboles représentant la malédiction jetée sur les êtres épanouis et dominateurs. Le christianisme est en total opposition avec tout mouvement intellectuel car, prenant partie des philistins, il jette l'anathème sur l'esprit sans oublier de tancer le corps.

Nietzsche : « *Le chrétien n'a pas de système nerveux ; mépris, abstraction volontaire des exigences du corps, de la révélation du corps ; on affirme que ce mépris est conforme à la nature supérieure de l'homme, qu'il profite nécessairement à l'âme ; réduction systématique de tous les sentiments globaux du corps à des valeurs morales ; la maladie elle-même passe pour avoir des causes morales, c'est un châtiment ou une épreuve ou un éclat salutaire où l'homme se perfectionne plus qu'il ne le ferait étant en santé (pensée de Pascal) ; s'il le faut, aller jusqu'à se rendre malade exprès.* »[28]

Quiconque étudie un temps soit peu l'exégèse (aspect scientifique et historique du christianisme) se retrouve devant l'évidence du vide sidéral transformé en fiction pour enfant, et pour le coup devant l'évidence des atomes, la précellence de la nature, la prégnance du corps, en un mot le matérialisme, à la suite de quoi tout agnosticisme évolue assurément en athéisme. Car en cherchant les preuves de l'existence cachée de Dieu dans les convolutations du réel, nous avons appris que les trois monothéistes se sont perdues en ignorant le monde, préférant mettre en place la sophistique pernicieuse qui

---

28 F. NIETZSCHE : La Volonté de Puissance. 1888 (15 & 227) 1er livre, "le manque de netteté intellectuelle", aphorisme 410, Gallimard 1995.

consiste à imposer des fictions comme étant la vérité du monde. A ce petit jeu, le corps des promoteurs de l'idéal chrétien est un contre-corps tant ils sont soucieux d'y opposer une force négative dans le but de l'anéantir car à leurs yeux la chair est honteuse et méprisable. Ainsi, l'idéal ascétique consiste donc en une condamnation sans appel du désir, du plaisir, de la sexualité, de l'érotisme, pourtant essence de l'être. Pour les authentiques vrais faussaires du réel, l'âme qui reste à définir, doit être la belle âme supérieure de l'homme supérieur dans un corps abject qu'ils veulent avorton aux apparences de cadavre. Pour que le message soit clair et illustré, les saints font leur entrée dans cet idéal qui, rappelons-le une fois de plus, n'a rien de commun avec le réel. Ils deviennent la métaphore du corps aux contours éthérés polymorphes dont on a pris soin de couper les génitoires...
Décidément : « *On a enlevé à la vie son centre de gravité.* »[29]

On le sait, le programme théocratique se met en place dès 313 sous l'impulsion de l'Edit de Milan. L'empereur Constantin se range du côté de l'Église accordant aux chrétiens une telle tolérance qu'elle équivaut à la reconnaissance du christianisme comme religion d'Etat puis le Concile de Nicée la rendra officielle en 325. La mort de l'apostat Julien en 363 et son combat pour rétablir le paganisme sera vain car depuis longtemps déjà, les hommes de main de l'idéal chrétien, devrait-on dire de l'idéal neurasthénique, n'ont d'autre but que d'imposer le dégoût de la chair, peccamineuse bien entendu puisque le corps est une punition, la vie une catastrophe, le plaisir un pêché, la femme une malédiction, la volupté une damnation.
N'est-il pas risible, lorsque par un matin de dimanche, nous entendons vibrer les vieilles cloches ?! Est-ce possible ? Cela concerne un juif crucifié il y a deux mille ans qui se disait fils de Dieu. La preuve d'une pareille affirmation ne manque-t-elle pas indubitablement à l'heure où nous sommes devenus si sévères dans l'examen de toute assertion ? Quel vent de frisson nous arrive de toute cette mascarade, comme sortant du sépulcre de passés très antiques ! Croirait-on que l'on croie encore à pareille chose ? Rappelons pour la forme l'étymologie de Jésus : "Dieu a sauvé, Dieu sauve, Dieu sauvera" de quoi, de qui ?
Ainsi, l'heure déclinant du paganisme a sonné, les hommes ne vivent

---
29 F. NIETZSCHE : Fragments Posthumes (8, 271).

plus désormais avec la nature origine de l'agriculture et ses païens, car ne sachant plus qu'ils sont eux-mêmes nature. Les sophistes du ciel font désormais loi, avec eux, se constitue un cortège de débiles en ribambelle qui n'ont comme but ultime que de soumettre leur corps à des expressions de souffrances jamais atteintes. Dans l'ascétique folie, connaissions-nous déjà le cénobitisme et autres anachorètes, voici donc venu le temps des déserts égyptiens et syriens où des stylites préfèrent la morsure de la fournaise afin de dessécher leur corps de préférence plus près de l'astre incandescent, au sommet des portiques ou colonnes d'où ils élisent domicile pour prier toute la sainte journée. D'aucuns choisissent d'être emmurés vivant dans un espace qui ne dépasse pas celui d'un caveau de famille se faisant apporter de quoi manger pour survivre par de minuscules trous. Les gyrovagues préfèrent le voyage à pieds sans discontinuer jusqu'à épuisement, rechargeant leurs forces par de l'eau, de l'herbe et des racines. Les euchites, les gymnosophistes se mutilent dans le statisme, le sommeil pour les uns à vie ou plutôt à mort... la méditation nue seule activité envisageable pour les autres. Ces énergumènes ascétiques n'ont d'autre but que la glossolalie, le célibat, la haine de la vie, le dégoût de la chair qu'ils se plaisent à voir souffrir, dessécher, dépérir. Cet acharnement contre soi-même aux manifestations sublimes, ce besoin si grand d'exercer une force à la domination au dépend de portions de soi, ne trahit-il pas autre chose que l'échec permanent d'une vie mal assumée ?

Nietzsche : « *Ce sont justement ceux qui aspirent le plus à la puissance à qui il est infiniment agréable de se sentir violés... Être une fois entièrement sous puissance ! Un jouet entre les mains de forces primordiales !* »[30]

En effet, ne cédons pas aux apparences, tyranniser à ce point sa propre personne est de toute évidence une volonté de puissance prise sur soi-même pour l'accroissement de sa réputation, par le jugement nécessairement déconsidéré des autres ; sinon pourquoi donc les héros de l'ascétisme ne s'isoleraient-ils pas du regard de tous ? Ainsi,

---

30 F. NIETZSCHE : Fragments Posthumes (5, 239). Extrait du livre de Karl JASPERS: "Nietzsche, Introduction à sa philosophie" Gallimard 1950.

l'homme croit s'élever par des chemins odieux et dangereux aux plus hautes cimes pour rire de son angoisse et de ses genoux vacillants... Cet enlaidissement chrétien (crétin), cette torture de soi, cette raillerie de sa propre nature, cette délicieuse volupté à se faire violence, cette grande tyrannie de la chair, déifiés par la grande morale du Sermon de la Montagne, font jaillir sur le monde l'expression paroxysmique du plus haut degré de vanité de l'homme. Que l'homme adore une partie de soi comme une divinité, pourquoi pas ? Mais pourquoi donc rendre les autres parties diaboliques ?

Nietzsche : *« Ces petites vertus grégaires ne mènent nullement à la vie éternelle : les mettre en scène ainsi, et soi avec elle, c'est peut-être très malin, mais pour celui qui garde encore les yeux ouverts, c'est le plus ridicule de tous les spectacles. On ne s'acquiert aucun mérite sur la terre ni au ciel en parvenant à la perfection d'une gentille petite médiocrité moutonnière ; on reste, en étant tout au mieux, un gentil petit mouton stupide et cornu – à moins que l'on crève de vanité ou qu'on scandalise le public par des attitudes de justicier. Et la fantasmagorie colorée qui illumine ces petites vertus – comme si elles étaient le reflet de qualités divines ! »*[31]

Bien évidement, ceux qui tentent la rébellion métaphysique par des vertus ontologiques joyeuses telles que les gnostiques licencieux du deuxième siècle, les frères et sœurs du Libre Esprit pourfendeurs de toutes les perversions chrétiennes, célébrant le corps dans toute sa matérialité au monastère de Schweidnitz ou au château de la Coste par des cérémonies burlesques où sont célébrés le liquide spermatique, les menstrues, la bombance orgiaque, les chants, les allégresses, les voluptés... sont les premiers d'une longue série d'hérétiques aux conséquences que l'on sait...
Mais les zélotes du Christ préfèrent chérir Thomas d'Aquin, Saint Augustin, Paul de Tarse et bien d'autres, dont les messages délirants sur le corps deviennent délétères au point de déclencher une épidémie d'autocastration phallique aux lames d'onyx. En effet, pour ces

---

31   F. NIETZSCHE : La Volonté de Puissance. 1887-1888 (15 & 203) 1er livre, "le christianisme, forme décadente de l'antiquité", aphorisme 384, Gallimard 1995.

vecteurs d'arrière monde, le désir charnel, le stupre, la luxure, la fornication est le summum du négatif, car pour eux, il est malsain de céder au plaisir d'une chair terrestre, plutôt devrions-nous nous enquérir des joies de l'esprit... Dans cette logique très dualiste, le monde est une médaille avec son avers : ascétisme, prière, spiritualité, soumission dans la crainte de Dieu, et son revers : matérialité de la chair, culpabilité, ressentiment du péché, honte du corps terrestre. Le point d'appuis de ce manichéisme nauséabond est le péché originel que l'on sait, avec Ève qui n'était destinée qu'à distraire l'homme et qui voulut goûter aux fruits de l'arbre de la connaissance. Depuis la tradition judéo-chrétienne fustige la femme ; quel mésusage de la Genèse ! Car le désir de goûter à l'arbre de la connaissance, n'était-il pas mû par un syllogisme intellectuel, d'un désir d'évolution ontologique ? Là où précisément l'homme se contente béatement d'obéir ! Depuis cette saynète absconse et saugrenue qui en engendra bien d'autres, l'homme est devenu coupable avec ce qui le matérialise : son corps, sa chair, sont les premiers à en faire les frais. Dans le verbiage augustinien, le corps est investi par le mal, sa substance coupable terrestre chthonienne et réelle véhicule le point d'acmé de la négativité qui fomente contre l'esprit ouranien, désormais invité à soumettre, à contrôler, diriger la partie trop inférieure de l'homme de la cité terrestre et ses désirs coupables. Car les épanchements du corps pour le plaisir et toutes les modifications l'accompagnant entravent l'exercice de la raison. Les seules extases consenties par le christianisme sont celles dévolues à l'amour de Dieu, seul corrélat possible des soi-disant réalités célestes. Bien céleste, mal terrestre, ami éolien, ennemi tellurien, le décor est planté pour le début d'une guerre picrocholine sans pitié (sic) entre corps et esprit, chair et âme. Le combat sera victorieux lorsque le corps ne sera plus qu'une enveloppe charnelle, un sac vide de toutes les potentialités qui induisent pourtant la vie. Et puisque toutes réalisations de potentialité émanent du désir, alors il convient de le tuer sous toutes ses formes. Le désir sexuel, le désir matériel, le désir des plaisirs, tous les plaisirs, les passions, les émotions sont à anéantir par le contrôle d'un esprit supérieur tout dévolu au divin. Pour arriver à ses fins, l'institution christicole fait pression avec les conséquences historiques que l'on sait : croisades, inquisitions, haine, ressentiment... et ses victimes par million. Mieux, au fil du temps, l'arme s'aiguise dans toute sa perversité pour se transformer en suggestion d'auto-culpabilité pécheresse, une sorte de méthode Coué inversée ! Pour ne pas consentir au plaisir donc au péché, cette autosuggestion, cette entreprise d'automutilation de tous les instincts, est mise en place par les Pères de l'Église. Lisons Nietzsche qui donne les clefs précises et fines des techniques castratrices à mettre en œuvre pour anéantir tout désir :

« Je ne trouve pas moins de six méthodes profondément différentes pour combattre la violence d'un instinct. Premièrement, on peut se dérober aux motifs de satisfaire un instinct, affaiblir et dessécher cet instinct en s'abstenant de le satisfaire pendant des périodes de plus en plus longues. Deuxièmement, on peut se faire une loi d'un ordre sévère et régulier dans l'assouvissement de ses appétits : on les soumet ainsi à une règle, on enferme leur flux et leur reflux dans les limites stables, pour gagner les intervalles où ils ne gênent plus; en partant de là, on pourra peut-être passer à la première méthode. Troisièmement, on peut s'abandonner, avec intention à la satisfaction d'un instinct sauvage et effréné, jusqu'à en avoir le dégoût pour obtenir, par ce dégoût, une puissance sur l'instinct : en admettant toutefois que l'on ne fasse pas comme le cavalier qui, voulant éreinter son cheval se casse le cou, ce qui est malheureusement la règle en de pareilles tentatives. Quatrièmement, il existe une pratique intellectuelle qui consiste à associer à l'idée de satisfaire une pensée pénible et cela avec tant d'intensité qu'avec un peu d'habitude l'idée de satisfaction devient chaque fois pénible elle aussi. Par exemple lorsque le chrétien s'habitue à songer pendant la jouissance sexuelle, à la présence et au ricanement du diable ou à l'enfer éternel [...] Cinquièmement : on entreprend une dislocation de ses forces accumulées en se contraignant à un travail quelconque, difficile et fatigant, ou bien en se soumettant avec intention à des attraits et des plaisirs nouveaux, afin de diriger ainsi, dans des voies nouvelles, les pensées et le jeu des forces physiques. Il en est de même lorsque l'on favorise temporairement un autre instinct en lui donnant de

nombreuses occasions de se satisfaire pour le rendre dispensateur de cette force que dominerait, dans l'autre cas, l'instinct qui importune par sa violence, et que l'on veut réfréner. [...] Et enfin sixièmement, celui qui supporte et trouve raisonnable d'affaiblir et de déprimer toute son organisation physique et psychique parvient naturellement du même coup à affaiblir un instinct particulier trop violent : comme fait par exemple celui qui affame sa sensualité et qui détruit, il est vrai, en même temps sa vigueur et souvent aussi sa raison, à la manière de l'ascète.

Donc : éviter les occasions, implanter la règle dans l'instinct provoquer la satiété et le dégoût de l'instinct, amener l'association d'une idée martyrisante (comme celle de la honte, des suites néfastes ou de la fierté offensée) ensuite la dislocation des forces et enfin l'affaiblissement et l'épuisement général, ce sont là les six méthodes... »[32]

Voilà pour la méthode pratique, le vade-mecum que tout chrétien digne du divin doit avoir en tête pour qu'il puisse agir en viatique performatif. Sa première condition, pas des moindres, étant l'absolu virginal, l'abstention de tout rapport charnel et de ses délices qui aliènent l'esprit et rapprochent dangereusement l'homme de l'animal. Car en effet, toute dépense corporelle qui n'est pas orientée ou pensée en direction du ciel, est pour le chrétien synonyme de désordre, de remugles émétiques qui congédient la raison, seule pourvoyeuse de supériorité sur notre part animale maudite. Dans ce dessein, désir et plaisir sont concupiscents, pathogènes, une saleté, enfin une maladie dont il faut se soigner... On parle de l'amour des amants comme d'une atrabile aveugle en furie contagieuse qui rabaisse l'homme au rang de bête. La rhétorique du bestiaire va d'ailleurs bon train : cochonnerie, copuler comme des lapins, baiser comme des castors, monté comme un taureau... C'est ainsi que la sexualité dans le but du plaisir du corps et non de procréation devient une violence immorale à combattre, puisque l'homme abandonne sa raison en faisant un simple usage du soi, un outil pour décharger son énergie animale. L'acte sexuel ne sera donc plus pratiqué que dans le but de procréer et sera qualifié de

---

32 F. NIETZSCHE : Aurore (1881) "L'empire sur soi-même, la modération et leurs derniers motifs" aphorisme 109.

chaste s'il s'accompagne d'une volonté acharnée de ne pas céder à l'émotion du plaisir... Quelle méthode plus efficace pour expérimenter les voies qui conduisent à la frigidité ou celles de l'impuissance ? Ou même pire pour Nietzsche :

« *L'humanité aurait péri, si l'instinct sexuel n'avait ce caractère aveugle, imprudent, hâtif, irréfléchi. La satisfaction de cet instinct n'est nullement liée, en principe, à la reproduction de l'espèce. Qu'il est rare que le coït se propose pour fin la reproduction ! Et il en est de même du plaisir de la lutte et la rivalité. Que les instincts se refroidissent de quelques degrés, et la vie s'arrêtera. Elle est liée à une haute température, au point d'ébullition de la déraison.* »[33]

Le corps n'a point de raison, que la raison ne connaît pas !
C'est ainsi que le christianisme et ses rhéteurs hagiographiques ont réussi à transformer Éros et Aphrodite sublimes puissances capables de nobles grandeurs, comme le fait qu'un être donne du plaisir à un autre être par son propre plaisir, en génies infernaux et esprit salaces créant dans la conscience des croyants et à chaque excitation sexuelle des remords qui vont jusqu'à la torture. Tous n'ont pas comme Shakespeare dans ses sonnets le courage de dénoncer ce carnage infect... En objectant ainsi l'énergie de la chair dispendieuse, les prosélytes de la transcendance mutilent le corps en ne lui permettant qu'une expression exiguë, canalisée, estropiante, détumescente, valétudinaire, phtisique. Par l'enseignement à mépriser le corps, ces prosélytes du sabir ascétique ont partout détruit la force nerveuse de l'homme trop pourvoyeuse d'instincts incontrôlables à leurs yeux. Ce tourment de la chair d'un corps toujours trop florissant, produit des âmes assombries et oppressées qui croient connaître la cause de leur sentiment de misère tout en espérant la supprimer. Apprendre à connaître l'apanage de la joie sous forme d'extases impérieusement doloristes entraîne inévitablement le point d'apogée qui consiste à prendre en otage la vie et d'en faire un étalon pour condamner tout ce qui est terrestre. Ainsi, cette jouissance de la douleur, élue comme

---

33   F. NIETZSCHE : La Volonté de Puissance. 1881-82 (12, 1er parie & 397) 2ème livre, "L'infinie ressource du vouloir-vivre créateur", aphorisme 27, Gallimard 1995.

vertu prompte à l'invention insatiable de la cruauté devient peu à peu l'une des plus grandes réjouissances de l'humanité et aussi celle de Dieu qu'on estime être réconforté, réjoui au spectacle de cette cruauté de telle sorte que la souffrance volontaire et le martyre deviennent la valeur supérieure du monde pourtant déjà transformé en vallée des larmes. Dorénavant, on se méfiera de tout bien-être, suspect par nature, et on reprendra confiance dans un état de grande douleur pour être favorable à ce gadget métaphysique : les religions.
Mutilation du corps par abnégation de la chair, mutilation du corps au fil des fêtes canoniques comme celle de la Pâques où de nos jours encore et à tout endroit de la planète, certains se plaisent à revivre dans leur chair le calvaire de la crucifixion pour célébrer le personnage conceptuel de Jésus dont l'histoire reste une fiction manifeste.

Nietzsche : «*C'est lors des tragédies, des combats de taureaux et des crucifixions que l'homme s'inventa l'enfer, voyez, ce fut son paradis sur terre. [...] L'homme est à l'égard de lui-même l'animal le plus cruel et chez tout ce qui se nomme "pêcheur", "porteur de croix" ou "pénitent", que vos oreilles ne laissent pas échapper la volupté que recèlent cette plainte et cette accusation !*[34]

Mutilation toujours, par la pratique, plus grave encore car non consentie par l'intéressé lui-même, de l'excision et de la circoncision qui sont à considérer de la même manière, c'est à dire d'enfants en bonne santé qui n'ont rien demandé à personne. Et même si les conséquences de l'infibulation sont plus dramatiques faute de médicalisation appropriée, la circoncision quant à elle, est pratiquée en nombre bien supérieur. En effet, soixante-dix pour cent des Américains connaissent la "Brith-Mila" au nom d'un rituel religieux qui remonte à plus de vingt cinq siècles où l'on prend soin d'éviter la polémique par des thèses hygiénistes qui n'ont aucun fondement scientifique ou peut être très récent mais qui reste à prouver comme l'hypothétique baisse des maladies sexuellement transmissibles par la progressive kératinisation du gland phallique.

---

34 F. NIETZSCHE : Ainsi parlait Zarathoustra, "Le convalescent."

Dans cette expression de haine pour le corps, les sectateurs de l'idéal ascétique, les rompus aux mantras avouent finalement leur crainte, leur peur, leur angoisse, face au désordre du monde, face à leur propre désordre. Car l'ordre, la symétrie et l'histoire construite en pratiquant le déni cher à l'homme, le bovarysme hypo-intelligent, les rassurent face au réel incompris auquel ils s'acharnent à imprégner un sens rationaliste à la mesure de leur impuissance. En d'autres termes, ils ont le goût de l'irrationnel pour répondre au tragique du réel, c'est à dire d'avoir à mourir un jour, autrement dit encore, ils préfèrent ne pas être pour ne pas avoir à mourir.

Ce carnaval insane affecte même des êtres de raison, raisonnables, et résonnant ! Rousseau lui-même en est une illustration, lui qui fit constamment l'éloge de la nature et de ses lois, tomba dans le piège du culturalisme exacerbé dévolu à l'éradication de l'essence naturelle de l'homme qu'il convient d'arracher à ses désir coupables pour en faire un surhumain anti-Nietzschéen avant l'heure capable d'une seule volonté dominée par l'extra-conscience de soi.

Nietzsche : « *Tel a été jusqu'ici notre attentat le plus dangereux contre la vie.* »[35]

Pour Nietzsche, "Dieu est mort", mais force est de constater qu'une synergie produit encore et toujours des effets. Il s'agit en réalité d'une mort qui eut lieu à la révolution française, le point de départ de la laïcité. En faisant fonctionner la guillotine, en décapitant le descendant direct de Dieu sur terre : Louis XVI, en investissant les édifices religieux pour en faire des lazarets pour malades ou des écoles, en démontant les croix pour les remplacer par des drapeaux tricolores, l'eschatologie tant redoutée n'a pas eu lieu et pour cause... il ne s'est rien produit, aucun signe transcendantal. Comment pourrait-il en être autrement ?! Pour autant, la logique, l'intelligence et la science qui ramènent au matérialisme sont de tout temps un danger qu'il faut combattre pour les tenants du Christ car elles congédient de facto toutes fariboles célestes en pulvérisant l'édifice conceptuel sur le champ.

---
35 F. NIETZSCHE : Fragments Posthumes (16, 79). Extrait du livre de Karl JASPERS : "Nietzsche, Introduction à sa philosophie" Gallimard 1950.

Néanmoins, en 1340, Nicolas d'Autrecourt ose en lieu et place du papier-bible, la logique atomiste, résultat : il échappe au bûcher après avoir été contraint d'abjurer et d'entreprendre le nettoyage de sa pensée par un autodafé en règle bien entendu. Car l'évidence contre le fatras logomachique d'un Dieu créateur du monde en une semaine qui vaut vérité assertorique, est bien entendu frappée d'hérésie qui conduit le plus souvent au bûcher. Hérésie donc la théorie de l'héliocentrisme d'Aristarque de Samos, hérésie celle de Galilée, hérésie l'atome de Démocrite et Leucippe, hérésie encore les interrogations d'un Dieu corpusculaire de Giordano Bruno qui n'aura pas la chance d'Autrecourt en étant conduit directement au bûcher en 1600 pour avoir fustigé le sabir thaumaturgique, conspué la virginité aussi improbable que stupide de Marie, replacé les étoiles à leurs places. Hérésie toujours, la recette de cuisine de Lucrèce démontrant ainsi que l'hostie n'a rien de commun avec le corps du Christ et le fameux tour de passe-passe de la transsubstantiation. Ainsi, il faut attendre le 18ème siècle pour que le dernier feu purificateur soit allumé sous la personne de Maria Barbara Carrillo en 1721, une femme de préférence, symbole du vice... Jusqu'à cette date, le débat d'idée est évidement exclu, la logique la plus élémentaire congédiée, quant à l'intelligence, elle est condamnée par la mort de ceux qui la font fonctionner trop ouvertement. Malgré tout, les courageux s'élevant contre les rhéteurs chrétiens ne manquent pas, il en existe même au sein de l'église apostolique et romaine. Le plus célèbre d'entre-eux est l'abbé Meslier qui en 1729 achève son *Testament*, écrit étonnamment athéiste remettant en cause avec véhémence l'édifice chrétien au profit d'un matérialisme hédoniste. Il inaugure ainsi les prémices d'une voie athéiste qui est suivie par bon nombre, y compris par les plus rompus à l'exercice de la réflexion ! Comme Holbach, Feuerbach, Thoreau qui construit une cabane dans les bois pour y mener une vie philosophique indexée sur le matérialisme de la nature, Bachelard dont toute sa pensée sera issue de la nature bourguignonne, Wittgenstein et la logique qui publie le "Tractatus logico-philosophicus", ou la bombe atomique nietzschéenne, du philosophe au marteau, qui ne se contente pas de déconstruire chirurgicalement les cathédrales chrétiennes, mais propose aussi des solutions concrètes postchrétiennes comme la "Tetrapharmakon". Saluons donc toutes ces sommités, qui ont su interroger, dans un contexte encore houleux, une sagesse préchrétienne dans le but d'établir un savoir postchrétien.

Pour conclure, l'histoire de l'humanité enseigne la prospérité du vice et les valeurs de la vertu, or il n'existe pas plus de puissance transcendante qu'immanente. Les théistes ont désormais fort à faire en termes de métaphysique pour justifier le mal jeté sur la planète tout en affirmant encore l'existence d'un Dieu exprimé de manière trinitaire et anthropocentré. Les déistes paraissent moins aveugles, les athées plus lucides.

Face à ce constat, pour en finir avec les anathèmes castrateurs jetés sur l'homme, de cette ritournelle entre corps et esprit jouée par la manécanterie christianistique qui ne sera jamais euphonique, il est temps d'adhérer sans réserve à nous-mêmes, aux autres, au monde. Il est temps de réconcilier chair et esprit qui n'agissent que de concert puisque tous deux variation d'une même matière, celle de la vie. Il n'y a aucun accomplissement supérieur possible dans le renoncement, dans l'ascétisme radical, dans les retraites au désert, dans la propension à dupliquer le paradigme du gyrovague, de l'anachorète, du cénobite, du stylite, du gymnosophiste, dans l'oubli de soi. Ceux-là participent à la maigreur de la vie, aux passions tristes, à la pulsion de mort.

Nietzsche : « *[...] Au total, l'origine de la religion réside dans des sensations de puissance extrême qui prennent l'homme par surprise, et semblent lui être étrangères ; pareil au malade qui sent dans un de ses membres une étrange pesanteur et en vient à conclure qu'un autre homme est couché sur lui, "l'homo religiosus" naïf se décompose en plusieurs personnes. La religion est un cas d'altération de la personnalité. Un sentiment de crainte et de terreur de soi-même... Mais aussi une extraordinaire sensation de bonheur et d'altitude... Quand on est parmi des malades, il suffit de se sentir bien portant pour croire en Dieu, à la présence de Dieu.* »[36]

---

36 F. NIETZSCHE : La Volonté de Puissance. 1888 (15, & 135) 1er livre, "Psychologie de la création de dieux et du mensonge sacré", aphorisme 323, Gallimard 1995.

L'objectif indispensable serait d'investir de nouveau la matérialité, le sensible, le réel, la vérité donc de nous réapproprier nous-mêmes dans toute notre immanence, car "seule la manifestation du sensible est la réalité même" pour citer Feuerbach.

La recette est simple voir simpliste : ne plus consentir aux histoires pour enfants. Car comment prétendre quêter la réalité du monde et donc de nous-mêmes si nous ne congédions pas définitivement tous les colifichets célestes à la benne à ordures ? Si nous ne cessons pas de nous fracturer dans cette dualité fantasmée bâtie d'au-delà plutôt que d'ici-bas, de transcendance plutôt que d'immanence, de bonheur céleste plutôt que de joie terrestre, de l'abstrait des idées ineptes plutôt que du concret de nos sens ? Affirmer et célébrer nos cinq sens plutôt que de célébrer un cadavre en croix demeure la première condition de possibilité d'une conscience en devenir, seule pourvoyeuse de causalités rationnelles qui récusent toute fiction possible. Car nos sens sont les seuls lieux possibles où s'effectue l'alchimie de notre conscience sur la base de nos instincts : activité organique réelle, immanente et non transcendantale. Dans ce contexte, la matière n'est plus idée, mais elle est.

Lisons Feuerbach : « *L'homme n'est donc homme que parce qu'il n'est pas un sensualiste borné comme l'animal mais un sensualiste absolu : n'est objet de ses sens, de sa sensation, ni ce sensible-ci, ni ce sensible-là, mais tout le sensible, le monde, l'infini et cela en vérité uniquement pour l'amour de soi-même, c'est à dire pour l'amour de la jouissance esthétique.* »[37]

"Jouissance esthétique" voilà la formule clef du programme humain ! de sa direction, de son sens, du besoin indispensable pour l'homme de créer de l'art pour se libérer de la pesanteur qu'il s'est lui-même imposé par des charges qui lui sont étrangères.

Prenons garde, pour autant, le christianisme n'est pas l'inverse ou l'opposé d'un matérialisme hédoniste ou eudémoniste, c'est un substitut à l'intelligence, une voie à l'issue de laquelle un mirage délétère nous est proposé, autant dire une voie sans issue. Il ne

---
37 L. FEUERBACH : "L'Essence du christianisme" (1841).

convient donc pas de le congédier par le seul exercice de nos sens exacerbés qui pour le coup nous rabaisseraient dans la fange. La célébration de nos sens comme il est dit plus haut, fonctionne de concert avec notre conscience corpusculaire qui à elles deux développent l'intelligence : "jouissance sans conscience n'est donc bien que ruine de l'âme". C'est bien par l'exercice répété du palais que le plaisir d'une dégustation de Richebourg 1976 devint de plus en plus quintessenciée, mais c'est la conscience qui fait de sa caudalie un objet philosophique dont on aura plaisir à jouir mainte fois.
Multiplier les occasions de jouissance par ce qu'autorisent nos sens : émotion, vibration, sensation, passion, sentiment... c'est consentir à la toute puissance de l'instant, à la toute puissance de cette énergie instinctuelle qui nous veut, cette énergie galactique gérée par notre conscience qui fait de notre corps le lieu de possibles pics existentiels et donc une matière à éthique. Notre chair y trouve son monde, celui de l'ataraxie, de la paix avec elle-même, celui de l'harmonie avec le réel du monde, le seul existant. Alléluia !!

Nietzsche : « *La quantité de croyance dont quelqu'un a besoin pour se développer, la quantité de "stable" auquel il ne veut pas qu'on touche parce qu'il y prend appui, offre une échelle de mesure de sa force (ou pour m'exprimer plus clairement, de sa faiblesse). Il me semble qu'aujourd'hui encore, dans la vieille Europe, la plupart des gens ont besoin de christianisme : c'est pourquoi aussi, on continue de lui accorder foi. Car l'homme est ainsi fait : on peut bien lui avoir réfuté à mille reprises un article de foi, à supposer qu'il lui soit nécessaire, il continuera toujours à le tenir pour "vrai" conformément à cette célèbre "épreuve de force" dont parle la Bible.*
[...] On désire toujours la croyance de la manière la plus vive, on en a toujours besoin de la manière la plus pressante là où l'on manque de volonté : car la volonté est en tant qu'affect du commandement, le signe le plus décisif de la maîtrise de soi et de la force. C'est à dire

que moins quelqu'un sait commander, plus il désire de manière pressante quelqu'un qui commande, qui commande avec autorité, un dieu, un prince, un état, un médecin, un confesseur, un dogme, une conscience de parti. D'où il faudrait peut-être conclure, que les deux religions universelles, le bouddhisme et le christianisme ont pu trouver la raison de leur émergence, et surtout de leur brusque expansion, dans une formidable "maladie de la volonté". Et tel fut bien le cas en vérité : ces deux religions rencontrèrent une aspiration à un "tu dois" poussé à l'absurde à force de maladie de la volonté, culminant dans le désespoir, ces deux religions furent des professeur de fanatisme à des époques d'avachissement de la volonté et offrirent en cela à d'innombrables personnes un appui, une nouvelle possibilité de vouloir, une jouissance à vouloir. Le fanatisme est en effet l'unique "force de vérité" à laquelle puissent être amenés aussi les faibles et les incertains, en tant qu'il est une espèce d'hypnotisation de l'ensemble du système sensible-intellectuel au profit de l'alimentation surabondante (hypertrophie) d'une unique manière de voir et de sentir qui domine désormais, le chrétien l'appelle sa foi. Là où un homme parvient à la conviction fondamentale qu'on "doit" lui commander, il devient "croyant"; à l'inverse, on pourrait penser un plaisir et une force de l'auto-détermination, une liberté de la volonté par lesquelles un esprit congédie toute croyance, tout désir de certitude, entraîné qu'il est à se sentir sur des cordes et des possibilités légères et même à danser jusque sur le bord des abîmes. Un tel esprit serait l'esprit libre par excellence. »[38]

---

38 F. NIETZSCHE : Le Gai Savoir, 5ème livre, aphorisme 347, "Les croyants et leur besoin de croyance."

LE SENS DE L'ART

« *[...]De même que l'ombre est nécessaire à plus de beauté, de même l'obscur est nécessaire à plus de clarté. L'art rend supportable l'aspect de la vie en la recouvrant du voile de la pensée indécise.* »[39]

---
39 F. NIETZSCHE : Humain trop humain. De l'âme des artistes et des écrivains, "par quoi le mètre donne de la beauté", aphorisme 151.

Piero n'est guère enthousiaste à l'idée de reprendre l'entreprise familiale "Manzotini", fût-elle prospère. Pourtant son père, le fabricant de viande en conserve milanais, le lui suggère en boucle. Mais le jeune Piero Manzoni semble davantage investi des joies intellectuelles de la paternité qu'il revendique en ligne directe de Dada. En 1961, il décide d'associer son frénétique et complexe désir de création qui le hante à l'univers simple de son quotidien, en subtilisant quatre-vingts dix boîtes de conserve des stocks de l'usine pour élaborer une remarquable œuvre d'art, disons... contemporaine. Quelques années plus tard... 130 000 euros ! C'est le prix d'adjudication d'une seule de ses boîtes métalliques de trente grammes chacune. Gageons tout de même qu'il y a matière à valoriser l'entreprise du patriarche !

"Matière" assurément ! Car ces quatre-vingt dix boîtes jaunes toutes identiques et indépendantes les unes des autres sont remplies, fermées hermétiquement, dûment étiquetées et numérotées. Sur chacune d'elle on peut y lire : « *conservée au naturel, produite et mise en boîte au mois de Mai 1961, contenu net : 30 gr*» Mais de quoi parle-t-on ? Quel serait le contenu si précieux de ces boîtes de nature à justifier des sommets sur le marché de l'art international, jusqu'à dépasser le million d'euros dans les années 2000 ? Viande de l'entreprise familiale ? Non bien-sûr. Viande recyclée de l'entreprise familiale ? Peut être, d'une certaine façon, car les étiquettes des quatre-vingts dix boîtes, aujourd'hui symbole de l'art contemporain, portent toutes une mention supplémentaire : *« merde d'artiste »*... Mais pas n'importe laquelle puisqu'il s'agit des excréments de Piero lui-même !

"La déjection d'artiste coûte plus cher que l'or !" Tel serait semble-t-il le message philosophico-artistique voulu par Piero Manzoni, jusqu'alors inconnu.

Respirons un instant l'air pur nietzschéen ! : « *Comment l'homme peut-il prendre plaisir à l'absurde ? Tant qu'il y a rire par le monde, c'est bien le cas ; on peut même dire que presque partout où il y a du bonheur, il y a plaisir pris à l'absurde. Le renversement de l'expérience en son contraire, de ce qui a une finalité en ce qui n'en a point, du nécessaire en capricieux, sans pourtant que ce fait cause aucun dommage en soit jamais conçu que par bonne humeur, est un sujet de joie, car il nous délivre momentanément de la contrainte de la nécessité, de l'approbation à des fins, et de l'expérience, dans lesquelles nous voyons pour l'ordinaire nos maîtres impitoyables ; nous jouons et nous rions alors que l'attendu (qui d'ordinaire porte ombrage et inquiétude) se réalise sans nuire. C'est la joie des esclaves aux fêtes des Saturnales. »*[40]

Pour Nietzsche donc, la joie procède ici de l'absence de finalité dans l'action, nous y reviendrons.

En 1961, la possibilité et surtout la reconnaissance d'une telle œuvre d'art "absurde" pour reprendre le vocable de Nietzsche, n'est pensable qu'en écho à celles de Marcel Duchamp et sa première d'une série intitulée : *"Ready-made"* (pré-fait), qui fut une roue de bicyclette fixée sur le socle d'un tabouret de 1913. Duchamp s'inscrit en effet dans le mouvement artistique dadaïste de l'avant première guerre mondiale, avec des œuvres *"Ready-made"* encore plus conceptuelles comme le *"Porte-bouteilles"* de 1914 ou *"Fontaine"* de 1917, sur lesquelles aucune intervention manuelle n'est requise, excepté la signature de l'artiste. Duchamp peintre impressionniste, fauviste, puis cubiste, verse donc peu de temps après la publication du *"Manifeste futuriste"* de Marinetti publié par le Figaro en 1909, dans une carrière artistique purement conceptuelle et disons-le, ubuesque. En réalité, Marcel Duchamp est l'un des nombreux fils spirituels d'un mouvement intellectuel contestataire parisien engagé vers la fin du 19ème siècle, en 1878 pour être précis. En effet, avec son *"club des Hydropathes"*, Emile Goudeau, suivi de Jules Lévy et Alphonse Allais, ouvrent le bal des "artistes incohérents" d'où sont mise à l'honneur les extravagances des esprits *fumistes, zutistes, hirsutes, je-m'en-foutistes...* bande de bambocheurs, joyeux drilles, tous soigneux pourvoyeurs du mantra : *"Le sérieux, voilà l'ennemi de l'incohérence"*. De cette franche ironie potache et déchaînée, découle une série d'œuvres iconoclastes : sculptures sur nourriture, peintures sur cadres, toiles monochromes,

---

[40] F. NIETZSCHE: Humain trop humain. De l'âme des artistes et des écrivains. "Plaisir pris par l'absurde", aphorisme 213.

concerts de silence, jeux de mots pré-lacaniens qui détruisent le signifié au profit du pur signifiant, élevages de poussière, aquarelles salivaires, jury de néophytes, acronymes potaches (L.H.O.O.Q par exemple), étrons moulés... Évidement, nous sommes loin des sculptures d'éphèbes aptères de Praxitèle dont il ne reste d'ailleurs que des copies de nos jours ! Ces mouvements contre-artistiques veulent de toute évidence dynamiter les codes qu'ils jugent étriqués et désirent exsangues, y compris ceux des artistes subversifs, tout en souhaitant secrètement la reconnaissance de leur subversion. Mais pourquoi ce besoin de chaos d'où surgirait l'art, s'il en est ? Certes, Nietzsche nous indique qu'« *il faut porter un chaos en soi pour mettre au monde une étoile dansante* »[41] Mais quelle est l'origine humainement profonde de ce désir ? Sans doute, peut-on considérer de grands événements historiques comme point d'injonction. La guerre franco-allemande de 1870 certainement, ou plus en amont encore, la révolution française dont on connaît les conséquences sur le christianisme par l'absence de conséquences immédiates justement, que l'on hypostasiait d'eschatologiques. Mais au-delà de l'évènement historique, nous ne pouvons faire l'économie de livres majeurs qui ont inspiré une autre vision du monde, entre autres celle de l'art et des artistes, bâtie sur le paradigme de la destruction, de l'abolition, de la table rase jusqu'au-boutisme, prévalence du nihilisme : *"le Manifeste du parti communiste"* de 1848, Marx et le Marxisme apportant leur définition du nihilisme dans *"L'internationale"* sous la plume d'Eugène Pottier en 1871 (« du passé faisons table rase »), *"l'Introduction à la psychanalyse"* de 1900 avec Freud contribuant au même abîme nihiliste en faisant de la civilisation judéo-chrétienne le produit d'une névrose sexuelle, ou encore du *"Manifeste futuriste"* de Marinetti (cité plus haut) de 1909 faisant l'éloge de la néguentropie tous azimuts : violence, guerre, haine, révolution, mépris de la femme, destruction des bibliothèques et musées, ainsi que des villes d'art comme Venise, qu'il faut selon lui transformer en parking...

Nihilisme ? Voilà qui fait sens chez Nietzsche car le philosophe allemand, est l'un des premiers à déconstruire les plus sûrs fondements de la société européenne, et même au-delà. Le penseur de

---

41 F. NIETZSCHE : Ainsi parlait Zarathoustra, "Prologue à Zarathoustra."

"l'Antéchrist" baptisé "le philosophe au marteau" explose les auréoles célestes de la sainteté, tout en prenant soin de pulvériser également les notions de bien, de mal, de beau, de laid, de faible, de fort, de vérité, de société... Dès lors, on ne s'étonnera pas qu'un Marcel Duchamp s'entiche en 1912 de *"Ainsi parlait Zarathoustra"*.[42]
Lisons Nietzsche sur l'art et ses notions ambivalentes de belles âmes et d'âmes laides :

> « *On trace à l'art des limites trop étroites, si l'on exige que seules les âmes bien ordonnées, moralement équilibrées, puissent avoir en lui leur expression. De même que dans les arts plastiques, de même il y a en musique et en poésie un art des âmes laides, à côté des belles âmes ; et les plus puissants effets de l'art, briser les âmes, mouvoir les pierres, changer les bêtes en hommes, c'est cet art-là peut-être qui les a le mieux réussis.* »[43]

Nous comprenons ici que déjà pour Nietzsche en 1878, l'âme est prétextée comme support pour un renversement de valeur "Beau-Laid". Aurait-il été influencé par une autre figure emblématique du radicalisme nihiliste dont on sait qu'elle retentit comme un coup de tonnerre dans la cosmologie socialo-artistique ? En effet, Stirner, hégélien de gauche, publie en 1844, année de naissance de Nietzsche, un bâton de dynamite : *"L'unique et sa propriété"*, bréviaire d'artiste pour le coup surréaliste... Avec Stirner, seul le "JE" est à considérer comme le "TOUT". Dès lors, l'autre n'existe pas ou plutôt comme combustible à la grandeur du "MOI". Ainsi, la broyeuse compacteuse incandescente stirnérienne ne se pourfend pas d'une déconstruction logique de bon sens nietzschéen, mais se débarrasse d'un geste de désinvolture de tout ce qui entrave de loin ou de près à la puissance du "JE". Avec Stirner, tout passe par l'autodafé : l'ordre, les lois, la censure, la liberté, la police, le Saint-Esprit, la famille, l'idée, la justice, l'honneur, le devoir, la vertu, la raison... Avec Stirner, tout est permis, il suffit de puiser dans le catalogue ontologique du monde rebaptisé pour l'occasion : absence totale d'interdit ou liberté totale.

---
42 F. NIETZSCHE: "Ainsi parlait Zarathoustra", (1883 – 1885).
43 F. NIETZSCHE: Humain trop humain. De l'âme des artistes et des écrivains: L'art des âmes laides, aphorisme 152.

Ainsi, violer sa sœur n'est plus un problème, trahir ses amis, tuer ses parents, uxoricide, parricide, infanticide, sont même conseillés du moment que notre désir nous le dicte pour la puissance de notre unicité. *"L'unique et sa propriété"* laisse derrière lui un de ces champs de ruine qui modifie le monde artistique avec un avant et un après.

Duchamp et sa bande, furent incontestablement captivés par l'univers de Stirner et en adoptèrent la philosophie artistique, considérant les dorures et les feuilles d'acanthe, l'incrustation de nacre dans les bois de violette, les chorégraphies en tutu sous codex, l'ornement des métopes et triglyphes ciselés, du figuratif toujours plus proche du réel de la nature... comme vraisemblablement trop exotériques, assurément anachroniques, donc à l'agonie, finis, morts. Le coup de pied stirnérien envoyé dans la fourmilière d'un monde classique à bout de souffle, voilà enfin l'opportunité d'un capharnaüm qui fournit le matériau heuristique pour de nouvelles aventures artistiques. L'art ainsi subsumé, devient donc peu à peu ce laboratoire dionysiaque, d'où émergent de nouvelles et singulières façons de penser, d'être, de vivre, d'agir, de se comporter, de considérer son corps, celui de l'autre, et des objets du quotidien qui nous entourent dont on prend soin de cacher pour mieux montrer, taire pour mieux dire, révéler pour mieux obscurcir.

Les répliques de ce tremblement de terre "artistico-philosophique" sont si fortes que Duchamp s'en inspire pour changer son patronyme, considéré lui aussi comme mort. Mais quitte à jouer de l'onomastique, autant changer de sexe ! Ainsi Duchamp devient "Rrose Sélavy", entendre "Éros, c'est la vie" et s'adorne pour l'immortalité des clichés de Man Ray, de vêtements féminin, instillant ainsi l'idée que le corps lui-même peut être support artistique, au même titre qu'un moustique, la poussière, un bout de plastique usagé, une bouteille de vinaigre, un monceau d'ordures ou un urinoir. Ainsi, le gaz stirnérien allumé du feu des Hydropathes, il n'en fallu guère davantage pour que des braises de l'athanor duchampien, surgisse l'art moderne, entretenu du souffle dadaïste. Car entre 1916 et 1920, ce sont pas moins de sept manifestes publiés par Dada, faisant là aussi l'apologie de la néguentropie au-delà même des arts, par le refus de la morale, le mépris de la raison, la haine du bourgeois, la détestation de la mémoire, la sagesse de la

folie... « *Que chaque homme crie : il y a un grand travail destructif, négatif, à accomplir... Extermination, oui naturellement.* »[44]
Bien entendu, d'aucuns verront dans l'art moderne ou contemporain un syncrétisme antique ou même une réactualisation singulière de la posture cynique, à l'époque du célèbre cynosarge, sous la période hellénistique donc. Il est vrai, par leurs actions bon nombre d'artistes sont proche de Diogène de Sinope, de Cratès ou d'Hipparchia. Ainsi, pourrions-nous opposer tout au long de l'histoire de l'art, une tradition idéaliste apollinienne de l'esthétisme, à une tradition dionysienne immanente, matérialiste, pour l'évoquer dans les catégories nietzschéennes. (Voir chapitre "Mezza-Voce")
Naturellement, dans cette époque artistique tourmentée, la dissension s'installe pour aboutir à une guerre picrocholine entre conservateurs et progressistes, révolutionnaires et passéistes, thuriféraires des épigones et ceux qui les objurguent. Mais l'histoire donne raison à Marcel Duchamp, qui réussit son "coup d'état" en modifiant radicalement la vieille façon de peindre, de sculpter, d'exposer, d'écrire, de danser...
Dès lors, la notion de beauté disparaît au profit de la signification. Une œuvre d'art doit faire sens, qu'importe sa beauté. Le Beau en soi, le Juste en soi, le Bien en soi, le Vrai en soi, sont des notions platoniciennes du monde esthétique qui n'ont désormais plus cours. Depuis des siècles, l'art consistait à créer, non pour représenter une belle chose, mais pour réussir au mieux la belle représentation d'une chose : un couché de soleil, le nu d'une femme, le visage d'un vieillard, un paysage de mer, ou la crucifixion de Jésus... Dans l'esprit platonicien, une belle chose définit un objet qui participe à l'idée de beauté. Plus la relation avec l'idée de Beau est proche, plus la chose est belle, à l'inverse, plus elle est lointaine, moins elle l'est. Force est de constater de ces catégories anciennes et gérontocrates, qu'elles sont anachroniques et révolues depuis plus d'un siècle, au profit d'un art postchrétien résolument cérébral, intellectuel, conceptuel.
Ces notions qu'il dépassera plus tard, sont déjà en place chez Nietzsche en 1878 comme nous le prouve cet aphorisme :

« Le genre de beauté le plus noble est celui qui ne ravit pas d'un seul

---
44 Manifeste Dada 1918, Tristan Tzara.

coup, qui ne livre pas d'assauts orageux et grisants (ce genre-là provoque facilement le dégoût), mais qui lentement s'insinue, qu'on emporte avec soi presque à son insu et qu'un jour, en rêve, on redécouvre, mais qui enfin, après nous avoir longtemps tenus modestement au cœur, prend de nous possession complète, remplit nos yeux de larmes, notre cœur de désir. Que désirons-nous donc à l'aspect de la beauté ? C'est d'être beau : nous nous figurons que beaucoup de bonheur y est attaché, mais c'est une erreur. »[45]

On l'aura compris, le monde des arts subit la dichotomie avec un avant-Duchamp et l'utilisation de supports nobles tel que l'or, le marbre, la pierre, la toile de lin…et son codex qui permet une lecture ecphrasique[46] de l'œuvre, et un après-Duchamp où tous les supports deviennent possibles et ipso facto œuvres d'art par le seul fait d'être choisi par l'artiste ; ce qui altère singulièrement la notion d'objet d'art. Le paradoxe est l'essence de l'acte, laquelle est l'équivalent plastique du jeu de mots qui détruit la signification et l'idée de valeur. Ainsi, l'œuvre d'art moderne suscite l'abondance de commentaires plus ou moins bigarrés, pour sa signification plus philosophique que plastique. La notion de laid, de beau, est dépassée au profit d'une valeur interrogative, d'une critique active de la doxa, d'une arme contre ce que nous estimons communément comme valeurs supérieures car fondatrices ; une arme aussi contre des siècles d'art classique assis sur le piédestal largement estampillé du fer chaud christicole, seule expression possible durant environ seize siècles.

Marcel Duchamp naturalisé américain écrit en 1975 : « *Ce qui ne va pas en art dans ce pays aujourd'hui, et apparemment en France aussi, c'est qu'il n'y a pas d'esprit de révolte ; pas d'idées nouvelles naissant chez les jeunes artistes. Ils marchent dans les brisées de leurs prédécesseurs, essayent de faire mieux que ces derniers. En art, la perfection n'existe pas. Et il se produit toujours une pause artistique quand les artistes d'une période donnée se contentent de reprendre le travail d'un prédécesseur là où il l'a abandonné et de tenter de*

---
45 F. NIETZSCHE : Humain, trop humain. De l'âme des artistes et des écrivains. La lente flèche de la beauté, aphorisme 149.
46 Le terme est ancien, il signifie la description objective d'une œuvre.

continuer ce qu'il faisait. D'autre part, quand vous choisissez quelque chose appartenant à une période antérieure et que vous l'adaptez à votre propre travail, cette démarche peut être créatrice. Le résultat n'est pas neuf : mais il est nouveau dans la mesure où il procède d'une démarche originale. L'art est produit par une suite d'individus qui s'expriment personnellement ; ce n'est pas une question de progrès. Le progrès n'est qu'une exorbitante prétention de notre part. »[47]

Mais après avoir révolutionné le monde de l'art en transformant l'œuvre iconographique, iconophile, en objet iconoclaste conceptuel, Duchamp désire poursuivre plus loin encore sa vision, et engage une seconde révolution en transformant le rapport entre l'artiste, l'œuvre d'art, et le public. Sa devise désormais célèbre : *« ce sont les regardeurs qui font le tableau.»* [48], résume sa volonté. Cependant, il précise plus tard l'œuvre d'art : *« Je donne à celui qui la regarde, autant d'importance qu'à celui qui la fait.»*[49] ce qui modifie sensiblement l'acception première puisque ce n'est plus désormais le regardeur qui fait l'œuvre, mais il y participe pour moitié tout de même. Avec un tel angle d'approche, nous pouvons saisir pleinement la démarche purement conceptuelle portée à son paroxysme par Duchamp. L'œuvre d'art ne vaut que par celui qui l'appréhende avec certes ses sens, mais surtout son intelligence, sa culture, son savoir, ses références, ses préjugés, son ignorance et même pourquoi pas son impéritie. Avec Duchamp, l'œuvre d'art devient clairement une opération intellectuelle qui suppose un partenaire capable d'une démarche conceptuelle. Ce qui revient à dire de l'art duchampien, et plus largement de l'art moderne, qu'il exige un regardeur artiste au-delà du simple contemplateur, pour rester dans sa sémantique. Jusqu'au 19ème siècle, le regardeur peut s'extasier sur l'habileté technique de l'artiste qui peint son sujet avec ressemblance et fidélité, ou s'ébahir de l'illusion plus ou moins grande produite par une peinture qui donne l'impression d'un parfait réalisme, ou encore se pâmer devant une sculpture à laquelle il semble ne manquer que la

---
47 Marcel Duchamp (1887-1968) "Du champ du signe" (1975) Éloge des individus rebelles, Flammarion, 1994.
48 Marcel Duchamp : "Du champ du signe", Champ, Flammarion 1994.
49 Marcel Duchamp : "Ingénieur du temps perdu", entretien avec P. Cabanne, Belfond 1977.

parole. Mais ces réjouissances premières et roboratives ne sont plus possibles depuis Duchamp, puisque la beauté est morte, l'harmonie rompue, l'eurythmie des couleurs et des sons brisée ; seul le sens fait sens avec l'indispensable complicité du médiateur-regardeur et sa participation active, sans laquelle, l'œuvre d'art devient inepte. Désormais, l'artiste fait un pas, et c'est au public de faire l'autre, indispensable démarche à la validation de l'objet (sens large) en tant qu'œuvre d'art. Le mélomane, le spectateur, le lecteur, le goûteur, ou le regardeur, doit quérir la signification de toute œuvre, fût-elle allégorique à l'extrême, car toutes fonctionnent comme un puzzle ou un labyrinthe. Or, l'art contemporain procède à la manière d'un langage avec sa complexion, sa grammaire, sa syntaxe, ses classiques, ses styles, ses conventions. Quiconque ignore la langue idiomatique de l'œuvre d'art, s'interdit d'en comprendre son sens, sa portée esthétique, et donc de pouvoir en jouir. De fait, il semble regrettable que certains portent un jugement "esthétique" (par le mode obsolète de l'acception) sur une œuvre, ignorant que toute rencontre avec celle-ci exige en amont un travail de recherche pour restituer, au strict minimum, le contexte géographique, historique, et biographique de l'artiste. Si l'on ignore les conditions d'émergence d'une œuvre d'art moderne ou contemporaine, on en ignore de facto sa condition d'existence, car elle demeure cryptée, exige une interface, incarnée désormais par la mission de celui qui la regarde, l'écoute, la lit, la goûte... qui devient à son tour créateur, artiste, démiurge de la situation.

A ce stade, il me plaît d'ouvrir cette parenthèse en nous amenant à nous interroger sur le sens du mot "contemporain", à la lumière de ces quelques lignes extraites d'un texte de Georges Bataille. Ne serait-il pas plus adéquat d'utiliser ce mot dans sa seule acception temporelle en en oubliant l'usage conceptuel que nous en faisons ?

«L'aspect du premier homme ne nous est connu qu'indirectement par des os, et sa capacité crânienne est une représentation de l'esprit. L'art préhistorique est donc la seule voie par laquelle, à la longue, le passage de l'animal à l'homme est devenu sensible pour nous. A la longue et aussi, faut-il dire, à partir d'une date assez récente. En effet,

cet art, autrefois ignoré, n'a été l'objet que depuis peu d'une découverte en deux temps. Tout d'abord, la première révélation de l'art pariétal paléolithique ne rencontra que l'indifférence. Comme en un conte de fées, la petite fille, âgée de cinq ans, de Marcelino de Santuola, découvrit en 1879, dans la grotte d'Altamira, près de Santander, de merveilleuses fresques polychromes. Sa petite taille lui avait permis d'errer sans effort dans une salle si basse que personne n'y entrait. Dès lors, les visiteurs affluèrent, mais l'idée d'un art admirable, dû à des hommes très primitifs, ne put s'imposer. Il y avait là quelque chose de choquant, les savants haussèrent les épaules, et l'on finit par ne plus s'occuper de ces invraisemblables peintures. Méconnues, méprisées, elles n'ont obtenu que tardivement le dédouanement de la science : ce ne fut qu'après 1900.»[50]

A force de pratique, l'aspect intéressant de l'art contemporain réside en la succession d'émotions surgissant dès la première perception de l'œuvre, d'abord et souvent par la surprise de "l'absurde" du signifiant, qu'il soit épuré ou sophistiqué, puis, par le flux souvent excessif ou, au contraire, ultra minimaliste déchargé par l'artiste, dans la réalisation de l'œuvre, nous amenant ainsi au désir de quête du signifié. Aussi, nous est-il possible de vivre une histoire émotionnelle qui évolue au fil des compositions, et de jouir de sa propre logique qui parfois devient un regard hautement philosophique sur le monde, sans que soit nécessaire l'échange verbal ou textuel. C'est un des ravissements possibles de l'art contemporain, qui souligne de facto la pertinence de son langage vernaculaire. Ces nouvelles pratiques esthétiques sont agréables pour l'esprit, jubilatoires pour la réflexion. Et malgré la volonté affirmée de la plupart des artistes contemporains qui congédient toute notion de beauté devant leurs créations, il est de ces œuvres qui ne manquent pas de produire des effets rétiniens agréables. Enfin, ne soyons pas convaincus du message ou de l'univers de l'artiste comme étant limpide, déterminé, et figé pour lui-même. Souvent, il cherche et se cherche, sans but, sans objectif, sans moyen, parfois erre-t-il durant une vie entière au travail des thèmes qui n'inspirent aucune garantie dans leurs effets voire aucune logique,

---
50 Georges Bataille (1897-1962) : "Le passage de l'animal à l'homme et la naissance de l'art", extrait de : "entre l'homme et l'animal" dans œuvres complètes, tome 12, Gallimard 1988.

agissant comme des césures temporelles mais dont on peut, dans certains cas, saisir la toute puissance du sens à l'issue seulement d'une carrière. C'est l'une des raisons pour laquelle bon nombre d'artistes sont connus ou reconnus au terme d'une vie passée dans leurs ateliers, parfois même à titre posthume. Comment imaginer, en effet, donner la pleine puissance et cohérence du sens surréaliste d'un Picasso par une seule de ses toiles ? Au même titre qu'il paraîtrait difficile de donner de la cohérence au "Larousse" sans qu'il ne traite de la première lettre "A" à la dernière lettre "Z". En d'autres termes, il arrive que la complétude d'une multitude d'œuvres procédant d'un artiste fasse sens plus que les œuvres dans leurs lectures individuelles. Enfin, la contingence, l'incertitude, l'entropie, du geste artistique, de la création, laisse plus ou moins libre cours à l'interprétation du sens de l'œuvre désiré par l'artiste ; puisque artiste lui-même, le regardeur interprète avec sa connaissance en amont de l'œuvre et de son créateur, mais aussi son ressenti propre, son besoin de décharge émotive, quitte à risquer le contre-sens. Cet aspect me paraît particulièrement intéressant au moins pour deux raisons. Premièrement, il justifie parfaitement la thèse de Duchamp selon laquelle, "le regardeur fait le tableau", du moins y participe en y projetant ses propres interprétations génératrices de ses propres émotions ; émotions précisons-le encore, seules manifestations possibles qui puissent valider l'œuvre d'art dans sa signification. Deuxièmement, par le travail de réflexion qu'il partage avec l'artiste, le regardeur élabore in fine sa propre structure mentale, élargit le spectre de sa pensée, s'enrichit de connaissance donc de conscience, bref, travaille à sa propre œuvre d'art ontique comme nous l'exprime déjà à l'époque si bien Nietzsche dans cet aphorisme.

« De même que des figures en relief agissent si fortement sur l'imagination parce qu'elles sont pour ainsi dire en train de sortir de la muraille et tout à coup, retenues on ne sait par quoi, s'immobilisent ; de même parfois l'exposition incomplète, comme en relief, d'une pensée, d'une philosophie tout entière, est plus efficace que l'explication complète : on laisse plus à faire au spectateur, il est incité à continuer ce qui se détache si fortement à ses yeux en lumière

et ombre, à achever la pensée, et à triompher lui-même de cet obstacle qui jusqu'alors s'opposait au dégagement complet de l'idée. »[51]

A l'inverse dans l'art "classique", la décharge cathartique justifiant l'œuvre, est plus immédiatement perceptible, relève davantage de l'homéostasie, et rassasie l'amateur regardeur plus rapidement tout en le dispensant d'une démarche intellectuelle sensitive, du moins a priori.

Quelques décennies plus tard, non seulement Dada n'a pas sauvé le monde, mais le voilà maintenant dépassé lui-même. Subversion d'artiste subverti ! Après les œuvres iconophiles ou iconographiques détruites au profit des iconoclastes, d'aucuns souhaitent aller au-delà du processus en surpassant le support matériel signifiant. L'objet support plastique conceptuel pour une médiation philosophico-artistique doit lui aussi disparaître, entraînant ainsi la forme matérielle, les ateliers d'où elle surgit et tout ce qui s'y joue, dans les excavations abyssales d'un néant sans précédent. De cette ultime évolution de l'art, seul l'artiste se propose de survivre, c'est à dire tout le monde, car les actions de chacun renseignent sur ce que peuvent être des transfigurations appliquées au domaine de l'existence singulière de la vie quotidienne. Non suffisant d'avoir fait chacun d'entre-nous des artistes regardeurs, il s'agit à présent de confondre l'artiste qui propose et l'artiste qui valide par sa médiation, en suggérant à chaque individu quel qu'il soit, la réduction (ou l'élargissement ?) du support artistique à sa seule biographie. A nous donc de tester, d'essayer, d'expérimenter la geste, le verbe, le temps, le corps, l'action, l'espace, c'est à dire, le réel affranchi de toutes contraintes, sociales, religieuses, éthiques, et matérielles. Le but étant de les considérer en matériaux à extraire des formes avec le seul outil possible : le vouloir artistique à l'œuvre pour subsumer le réel en kairos, en moments singuliers ou pointes de temps, inscrits dans une situation créée souvent spontanée et ludique. Ainsi naquit le "happening" ou "situationnisme" dès les années 1950, dont le but, autrement dit, est de mélanger l'art à la vie quotidienne en créant des

---

51 F. NIETZSCHE : Humain, trop humain. De l'âme des artistes et des écrivains. "L'incomplet considéré comme l'efficace", aphorisme 178.

situations aux seins desquelles, le geste subvertit l'ordre des choses et du temps de la manière la plus expansive possible. L'artiste, créateur de situation, croise en réalité, l'éthique et l'esthétisme dans un instant éphémère, unique, évanescent. Ainsi, est-il possible en ces temps artistiques particuliers, de croiser dans les capitales européennes, un individu au port altier baguenaudant cigare à la main, laisse dans l'autre, au bout de laquelle un léopard est attaché, créant ainsi la situation de l'étonnement (voire panique) des passants découvrant la scène ; ou plus douteux, d'organiser des funérailles suivies du repas traditionnel à la fin duquel, on annonce la supercherie ; ou bien encore, de jouer le travestissement mimétique dans une scène sexuellement incestueuse ; ou pour finir, j'ajouterai la situation très très contemporaine et "macronienne", celle d'élire un député, pour qui la politique est totalement étrangère, ne sachant même à quoi ressemble l'hémicycle, mais qui a participé à un QCM d'une heure sur le net entre deux pages facebook...

Ainsi, avec le "happening" le regardeur artiste n'existe plus, le public est définitivement congédié car lui-même investi du seul rôle d'artiste créateur, "viveur" comme le nommeront les "situationnistes".

Dans les années 1960-1970, l'esthétisme du situationnisme pousse la radicalité du geste jusqu'à son point d'acmé, on parle alors de "event", caractérisé par des situations de plus en plus raccourcies jusqu'aux plus banales de la vie quotidienne. Désormais monter en voiture, agir sur l'interrupteur pour éclairer la lumière, pousser une porte, boire un verre d'eau... sont censé se charger d'une densité artistique résolument libertaire. Nous sommes loin des musées, des ateliers et des galeries d'art ! Ces pratiques théâtrales veulent l'action poussée au bout de l'idée par un corps qui entend renouer avec la conscience. (on parle de "body-Art" chez les artistes de "l'actionnisme Viennois") L'exercice vise clairement la fin des dernières ramifications postchrétiennes dans le dessein de nouvelles éthiques. En effet, par la volonté de retour à l'immanence, tous ces artistes transfigurent l'éthique artistique en modifiant tous les aspects de l'art (artiste, regardeur, support, œuvre). Il s'agit de donner du sens à sa propre sculpture, surgissant de son propre corps, en inscrivant le vouloir expérimental dans l'organisme. Ainsi, la matière inerte du support est transfigurée par l'énergie vivante d'un corps qui souhaite l'instant quintessencié, le kairos d'Aristote saisi dans sa plus haute densité pour mener à la catharsis ou au piaculaire.

Pour autant, au-delà des époques, des styles, des cultures, des codes, des mouvements, des modes ou des domaines dans lesquels ils s'expriment, les arts ont manifestement une essence commune qui fait écho par-delà même la culture. Que recherchons-nous dans ou par, l'art ? N'est-ce pas "LA" question philosophique ? Nous serions tentés de dire que tout dépend de l'angle de vue, celui de l'artiste ou celui du regardeur (s'il n'y a pas confusion des genres), car même si les deux semblent consubstantiels à la signification de l'œuvre d'art, ils sembleraient aussi ne pas toujours partager la même démarche. Il convient donc à ce stade de définir l'art, ce qui n'a pas encore été fait ici.

A en croire par la longueur des définitions données par les classiques des dictionnaires, il n'est pas simple d'être concis dans l'acception. Aussi, j'aime à me contenter de cette définition courte et généraliste, en tout cas qui fait sens pour moi :

« L'art est une création originale qui convoque les sens et suscite l'émotion »

Certes, "création" et "originale" peuvent annoncer la tautologie dans cette définition, mais pour autant je la juge nécessaire au regard de la distinction à faire entre "l'artiste" et "l'artisan" tant leur dénotation semblent liées, l'étymologie en témoigne. Cependant, si la création est possible et même probable pour l'artisan, sa destination est vouée à la duplication, à la répétition des gestes qui conduisent aux séries. Le coutelier aura à cœur de reproduire le même acier damassé qui fait la réputation de ses lames d'exception par leur qualité. Le laqueur du vernis Martin devra intégrer les techniques exigeantes, mises au point au 18ème siècle par les ébénistes de la Jurande, afin de restituer l'éclat d'une encoignure ou d'une commode vieille de trois cents ans. Certes, leurs gestes revêtent un sens artistique car manuels, empruntés aux époques lointaines qui ne connaissaient pas la mécanisation à outrance, qui ne répondaient pas aux besoins d'un consumérisme de masse. Mais qu'il soit à la confection d'objets sériels ou à la restauration d'œuvres existantes, le concept purement créatif semble,

sinon complètement au moins largement échapper à l'artisan dont l'objet fabriqué revêt, de plus, une notion de fonction et de destination usuelle. Le coutelier en effet, destine sa production aux clients désireux d'apprécier leur acquisition à l'utilisation liée au besoin de couper. Or, si la destination peut faire sens chez l'artiste qui aura à cœur de vendre quelques unes de ses œuvres, signe ultime de reconnaissance (peut-être), la fonction demeure quand à elle purement esthétique ou conceptuelle. Dès lors, peut-on parler pour l'artiste de fonction plus que de finalité ? Enfin, l'aspect mercantile sépare l'artisan de l'artiste. Certes, un marché de l'art existe, mais si l'artisan destine l'ensemble de sa production exclusivement à la vente, ce qui souligne le passage de l'activité au métier, il en est tout autrement pour l'artiste résolument orienté vers les affres de la pure création.
Que se joue t-il face à la création ?
Si la notion esthétique n'est pas évoquée dans cette courte définition de l'art, elle n'en demeure pas moins essentielle, aussi bien pour l'artiste que pour le regardeur. Tentons de développer.
Le monde spatial de l'artiste est son atelier, machine à transmuter l'idée, le rêve, bases de son inspiration, en formes sonores, matérielles ou gestuelles. Son défi jubilatoire est l'exécution de la métaphore d'où sourdent du chaos les volumes par son vouloir. Le désordre, le chaos donc, est l'univers de l'artiste d'où il entend créer des formes, tel est son projet. Démiurge en actes, aucune matière brute ne lui est étrangère : terre, pierre, plâtre, eau, pigment, notes de musique, pas de danse, mouvements corporels agonistes... Son unique objectif est la coïncidence des résonances entre, sa propre idée de l'esthétisme (harmonie, grâce) et le résultat perceptible final, matérialiste, corpusculaire. Plus la coïncidence est grande, plus elle est résonante, plus l'artiste jouira de la pertinence de ses fines intuitions qu'il validera en vérités, en certitudes. Il aura donc à cœur de rendre incoercibles par son art, la vérité et la beauté, du moins, dans l'idée qu'il se fait des deux.

Nietzsche sur la beauté : « *Qu'est-ce que la beauté sinon le reflet aperçu par nous d'une joie extraordinaire de la nature, parce qu'une nouvelle et féconde possibilité de vie vient d'être découverte ? »*[52]

Certes, mais Nietzsche, dans "Le Crépuscule des idoles", va beaucoup plus loin dans la réflexion sur la beauté en affirmant que rien n'est plus confidentiel, disons plus restreint que notre sens du beau :

« ... "beau en soi" n'est qu'un mot, ce n'est pas même une idée. Dans le beau, l'homme se pose comme mesure de la perfection ; dans des cas choisis il s'y adore. Une espèce ne peut pas du tout faire autrement que de s'affirmer de cette façon. Son instinct le plus bas, celui de la conservation et de l'élargissement de soi, rayonne encore dans de pareilles sublimités. L'homme se figure que c'est le monde lui-même qui est surchargé de beautés, - il s'oublie en tant que cause de ces beautés. Lui seul l'en a comblé, hélas ! D'une beauté très humaine, rien que trop humaine !... En somme, l'homme se reflète dans les choses, tout ce qui lui rejette son image lui semble beau : le jugement "beau" c'est sa vanité de l'espèce... Un peu de méfiance cependant peut glisser cette question à l'oreille du sceptique : le monde est-il vraiment embelli parce que c'est précisément l'homme qui le considère comme beau ? Il l'a représenté sous une forme humaine : voilà tout. Mais rien, absolument rien, ne nous garantit que le modèle de la beauté soit l'homme. Qui sait quel effet il ferait aux yeux d'un juge supérieur du goût ? Peut-être paraîtrait-il osé ? Peut-être même réjouissant ? , peut-être un peu arbitraire ?... »[53]

Mais au delà de cette notion presque métaphysique de la beauté, l'idée de l'esthétisme propre à l'artiste semble toutefois contenir une donnée naturelle universelle sur laquelle il ne peut agir, au risque d'un désaccord profond avec lui-même... et avec le regardeur. Le beau, l'harmonie, la grâce... qui caractérisent l'esthétisme, ne sont pas aussi subjectifs ou culturels, comme certains peuvent le prétendre. Nous évoquons nos goûts propres, alors qu'il ne s'agit en réalité que d'une variation plus ou moins ample sur le thème de l'esthétisme. En effet, déjà sous l'antiquité la forme fractale fût repérée dans la nature,

---
52 F. NIETZSCHE : La Volonté de Puissance, livre deux, "la progression de l'homme", 1875 (10 p 235) aphorisme 150, Gallimard 1995.
53 F. NIETZSCHE : Le Crépuscule des idoles, "Flâneries inactuelles", aphorisme 19.

laissant présager un rapport aux proportions immuablement redondantes par, ce que Léonard de Vinci nommait "le nombre d'or". La symétrie en procède de façon péremptoire, mais semble t-il aussi et à en croire les observations scientifiques, la presque totalité des volumes tant naturels que manufacturés, autrement dit, quasiment tout ce qui se révèle dans l'univers, y compris le spectre lumineux et la fréquence sonore. Ainsi, ce qui est applicable aux cercles, tous caractérisés par le nombre "pi", qui rappelons-le, est le résultat du rapport entre leurs circonférences et leurs diamètres absolument invariable, le serait également pour pratiquement tout ce qui existe. En d'autres termes, l'ordonnance est récurrente voire récurrence. Ce qui est évident dans la symétrie, et qui nous saute aux yeux, existerait donc aussi jusqu'au chaos. D'ailleurs, ne dit-on pas de l'anarchie qu'elle est la plus haute expression de l'ordre ?

Existerait-il un mystère caractérisant l'aléatoire, le pur chaos, par une sorte d'ordonnance ou de symétrie inconnue mais réelle et perçue par notre cerveau ? Ou bien, serait-ce le fait d'un leurre, de notre perception, de ce que notre cerveau cherche sans cesse la composition de structures mentales, à l'instar du phénomène de la paréidolie ? Leurre ou réel, qu'importe ici, puisque dans le domaine des arts, la vérité ne vaut éventuellement que pour l'artiste qui hypostasie l'idée de vérité. Cependant, en quoi, et de manière naturelle, la symétrie serait-elle parente de l'esthétisme ? Nous pourrions avancer aisément que la symétrie rassure, apaise, repose, car elle s'impose à nos sens et comme noumène pour notre cerveau. Pour lui, la symétrie est appréhendée comme entité "supra-aboutie", de sorte qu'il n'ait à entreprendre aucune analyse complexe, compréhension, compensation, structuration ou représentation. La symétrie est un rapport de l'équilibre synonyme de paix, de quiétude, et qui peut nier être moins souffrant dans la paix que dans le combat, dans l'ordre plutôt que dans le désordre ? La symétrie ramenée aux objets fractals ou plus généralement à l'ensemble de l'existant, voilà qui fait sens pour la thèse d'un esthétisme nouménal, et donc universel, sinon entièrement, du moins en partie.

Nietzsche sur la symétrie, et le désordre : « *...D'une sorte plus subtile* *est la joie qui naît à l'aspect de tout ce qui est régulier, symétrique, dans les lignes, les points et les rythmes : car, par une certaine similitude, on éveille le sentiment de tout ce qui est ordonné et régulier dans la vie, à quoi l'on doit seul tout bien-être : dans le culte de la symétrie, on vénère donc inconsciemment la règle et la belle proportion, comme source de tout le bonheur qui nous est venu ; cette joie est une espèce d'action de grâce. Ce n'est qu'après avoir éprouvé une certaine satisfaction de cette dernière joie que naît un sentiment plus subtil encore, celui d'une jouissance obtenue en brisant ce qui est symétrique et réglé, ce à quoi est encore attaché une sorte de symétrie. Si ce sentiment incite par exemple à chercher la raison dans une déraison apparente : par quoi il apparaît alors comme une sorte d'énigme esthétique mentionnée en premier lieu. Celui qui poursuit encore cette considération saura à quelle sorte d'hypothèse, pour l'explication du phénomène esthétique.»*[54]

Pour l'artiste à l'œuvre, le verbe est toujours second, seul son corps joue l'interface de son vouloir, seul son corps est apte à percevoir la résonance des effets produits. Même dans les arts les plus conceptuels ou contemporains, il place l'émotion avant la réflexion, et quiconque procède ainsi est totalement et définitivement artiste. Pour atteindre les sphères de la résonance, le mode opératoire de l'artiste à l'œuvre passe systématiquement par l'épuration maximale des codifications, des sciences, de la mathématique ; une initiative péremptoire indispensable au terrain de jeu du désordre dont il se fait démiurge pour des fulgurances qu'il fictionne. Épuration seulement, car il sait de la liberté totale qu'elle n'est qu'un leurre platonicien qui restera à l'état d'idée, d'où rien ne peut surgir de concret, de matériel ; car l'épuration ultime ne peut aller au-delà des linéaments d'un corps et ses limites qui contraignent déjà. De fait, pourrait-on dire d'un artiste qui progresse dans son art, qu'il tend toujours davantage à l'épuration des contraintes, de l'ordre, du codifié, au profit d'une geste codifiante personnelle et solipsiste. Ainsi, le matériau ontologique du chaos, du désordre voulu par l'artiste et princeps pour lui, se destine à la réception d'un gnomon, d'un axiome, d'où s'exerceront les forces

---
[54] F. NIETZSCHE : Humain trop Humain, Opinions et sentences mêlées. "Sources du goût pour les œuvres d'art", aphorisme 119.

dynamiques de l'intuition, de l'enthousiasme, de l'inspiration, qui sont autant de moteurs pour des trouvailles et les ivresses des résolutions terrassantes.

Nietzsche : « [...] L'art, volonté de triompher du devenir, d'éterniser ; mais borné dans ses vues, soumis à diverses perspectives. Reproduisant en petit, pour ainsi dire, la tendance du grand tout. »⁵⁵

L'artiste exècre la grégarité, parce qu'il veut faire de sa vie une œuvre d'art, et pour cela, il doit occuper seul son propre champ de bataille en stratège, en tacticien, en chef d'orchestre, qui appréhende une situation, en dégage des potentialités pour se créer des opportunités qu'il convertira en zones d'ombre et de lumière. L'exercice de la création consiste donc à la domestication des flux pour en faire des forces agissantes qui conduiront à la jubilation des victoires singulières. En cela, l'artiste est un homme supérieur à l'homme du commun car sa capacité à inventer dans l'incertitude, le balbutiement, l'échec, la tentative, l'hésitation et l'audace, se traduit par de nouvelles formes d'existences, loin de l'homme des troupeaux qui lui, se contente de réussites frelatées, reposant passivement sur les mots d'ordre de sa tribu qui ne fait qu'engendrer invariablement les individus calculables et duplicables et par là même domptables. Irrémédiablement rêveur et acharné, l'artiste demeure mû par des idéaux utopiques hors d'atteinte, mais qu'importe, puisqu'ils ne valent que comme indicateurs de direction. Ainsi l'artiste vise t-il l'impossible pour n'obtenir que le pensable, tout en sachant que la notion de but qui lui est somme toute étrangère, retentirait comme une fin parente elle-même d'immobilisme donc synonyme de mort, et en aucun cas ne veut y souscrire. Aussi long et tortueux soit-il, seul son chemin compte pour lui. Dans un degré de liberté supérieur dont il sait qu'il ne sera jamais absolu, il actionne, crée, jubile, invente par son vouloir qu'il porte jusqu'à incandescence. Dans cette fournaise dionysiaque, son besoin de solitude est permanent, au-delà même de l'oeuvre aboutie. Il fuit en effet l'intercédant afin d'exiger dans ses œuvres la décharge de sa seule essence, commune aussi aux solutions

---

55 F. NIETZSCHE : La Volonté de Puissance, livre deux, "la progression de l'homme", 1883-88 (16 & 617) aphorisme 170, Gallimard 1995.

pour les réaliser. L'artiste est donc un être pur, un être d'excellence, il se refuse à tout syncrétisme, à tout compromis, à toute diplomatie, ne visant que les pointes, les hauteurs et les cimes, conscient malgré tout de la nécessité de connaître les abîmes de l'incertitude avant d'y prétendre en vainqueur. Sa création est son reflet qui diffracte l'ADN de son être pur. Cependant, une fois l'œuvre achevée, il n'est plus seul, il se retrouve devant lui-même qui est autant d'œuvres à son image puisqu'il a enfanté du seul génie de son unicité. Recomposé mainte fois en lui-même dans ses œuvres induplicables, il jouit de sa propre contemplation multipliée.

Créateur démiurge, confinant aux pratiques esthétiques, la singularité de l'artiste frise parfois les méandres de la folie, mais ne cédons pas aux apparences de surface, sa conscience est aiguë à l'extrême et si la foucade l'emporte parfois, il n'en demeure pas moins grand amateur de pics existentiels, cherchant même le Conatus. Car ce démiurge d'artiste est un incendiaire aveuglé par sa tâche et n'est d'ailleurs guère soucieux des effets produits sur les masses, l'œil trop occupé à tracer son sillon pour quêter l'approbation du public, comme le ferait un mendiant asservi à son état. Il préfère opter pour un nouvel ordre : le sien, fait de subversion, de destruction, puis de création, nullement obsédé par la perspective du suiveur ou de l'attentiste, beaucoup trop animé par l'exubérance de son énergie qui le pousse au consentement des forces qui l'habitent. Quand à l'adepte des attitudes spectaculaires, le quêteur des regards éblouis, le piaffeur qui trépigne du désir de reconnaissance, le VRP de son image fumeuse, attentif aux bénéfices, celui-là n'est pas artiste, tout juste relève t-il du dandysme vulgaire, de l'esthétisme frivole qui génère ces épigones en ribambelle, commensaux d'artistes qui trahissent tous la volatilité d'une engeance passagère. Bien entendu, l'artiste le vrai, devrait pouvoir vivre de son atelier, de sa vie singulière. Son heure viendra ou pas. Sans doute sera t-il sollicité à promouvoir ses œuvres et se pliera-t-il à cette exigence avec mesure et équilibre, car il sait que trop impliqué à cet exercice il se perdra, trop éloigné, il s'essoufflera. Il convient pour lui, de se mouvoir avec élégance dans le flot des "mois hypertrophiés". Ainsi, le travail d'artiste consiste aussi en l'art de créer la bonne distance avec son public, en l'art de constituer les cercles des affinités électives, en l'art du pathos de la longueur, en un mot, l'art de l'eumétrie.

L'œuvre donc, procède de la concrétisation de la volonté en actes qui conduisent à la forme (sens large) et qui fait sens pour l'artiste. Le processus relève de la parturition, tant la forme prend vie par le surgissement et fait écho au chaos génésique voulu par l'artiste, tel un bouillonnement de potentialités, de probabilités, de combinatoire, d'aléatoire et bien sûr, de vouloir esthétique qui connaît le tâtonnement du geste, ses victoires et ses errances. Mais parmi les innombrables combinaisons possibles qui mènent à la forme, une seule est subsumée par l'artiste qui congédie de facto toutes les autres. Cette forme unique est l'ex-nihilo de sa singularité, de son identité, qui déjà est signature tant elle traduit son idiosyncrasie en art. En créant ainsi les duplications de lui-même, l'artiste entend se sculpter en œuvre d'art, preuve de son existence justifiée en actes et en résultats. Oui, l'artiste est ce surhomme tant désiré par Nietzsche, non dans l'acception d'une force ou d'un pouvoir supérieur appliqué sur ses congénères, mais bien plutôt dans l'expression d'une liberté exacerbée, d'un solipsisme heureux, d'une existence esthétique réjouissante, qui par sa conscience et son vouloir d'artiste, le conduit sur la voie jubilatoire d'un hédonisme extatique.

Résolu à choisir la solitude, l'artiste organise le chaos, s'isole dans son monde épuré de contraintes sociétales, exempt de but, vierge de fonction et de destination, puis agit selon les forces génésiques qui le prédéterminent, elles-mêmes combinées au vouloir impérieux qui l'habite, pour aboutir à la création qui n'est qu'une variation de son idiosyncrasie, de son essence, de son excellence, de lui-même. En choisissant la voie de cette fulgurance narcissique, l'artiste se consume d'un brasier qu'il attise de ses sucs. En définitive, on peut dire de lui qu'il se justifie de sa propre existence.

Nietzsche : « *Violence et insolence des puissants à l'égard de ceux qui leur sont soumis ; le développement de l'intelligence et le progrès en "humanité" tendent à spiritualiser de plus en plus cette violence et*

cette insolence. Mais comment la puissance renoncerait-elle à jouir d'elle-même ! La relation la plus élevée c'est encore celle du créateur et de la matière qu'il travaille ; c'est la forme dernière de l'insolence et de la violence. On n'obtient que par ce procédé la forme organique ; de même que le corps dépend des impulsions du vouloir et jouit d'autant mieux de lui-même qu'il est mieux commandé. »[56]

---

[56] F. NIETZSCHE : La Volonté de Puissance, 2ème livre A 1883 ou 1888 (14, 1ère partie, & 161) aphorisme 32, Éditions Gallimard 1995.

LE MIROIR DE LA MORALE

« *Ma découverte, c'est que toutes les forces et les instincts qui rendent possibles la vie et la croissance sont condamnés par la morale. Il faut détruire la morale pour libérer la vie.* »[57]

---
57 F. NIETZSCHE : La Volonté de Puissance, 1883-88 (15 & 343). Éditions Gallimard 1995.

Que nous arrive-t-il donc, nous, ces petites abeilles, ces insectes ailés qui butinons le miel de l'esprit, nous qui avons à cœur de rapporter quelques butins, trésors de notre ruche où bourdonne notre conscience ? Qui sommes-nous réellement ? Vaste question n'est-ce pas ? Plusieurs ouvrages de la même veine devraient pouvoir y être facilement consacrés, c'est d'ailleurs fait ! Cette question essentielle à laquelle nous devrions tous apporter des réponses les plus efficientes possibles par l'appétence de l'esprit, sollicite des réflexions prolongées, des directions multiples et souvent opposées voire contradictoires, demande de consacrer du temps et des efforts... Pourtant, elle relève de l'existentialisme, en d'autres termes, tout enfant se la pose un jour. Les adultes pour beaucoup dans leur verbiage qui masque le plus souvent leur impéritie, n'y apportent que très rarement secours et encore moins réponse ; il faut y voir un grave manquement.

Nous pouvons certes avec facilité, nous emparer des thèses darwiniste, créationniste ou polygéniste selon notre propre point de vue mais peut-être est-il plus juste de nous définir par notre crainte, notre morale et notre puissance, un joyeux triptyque... ou plutôt un "tripalium" devrions nous dire, dans notre cosmogonie humaine ; cet instrument de torture sur trois points d'appui utilisé durant l'inquisition et dont la racine linguistique est commune à celle du "travail..."

Cependant et comme il est convenu de le penser, nous descendons du singe et sommes issus d'un processus d'évolution dont les fondements reposent sur une sélection naturelle, que l'homme est avant tout un animal, tout le prouve, dans le terme d'abord "d'évolution", dans son code génétique, dans ses instincts, dans ses comportements... Ce qui nous amène à penser que nous devrions être profondément antispéciste c'est à dire ne concevoir de différences entre homme et animal que sous l'angle de degré pas celui de nature, et de poursuivre que l'homme est un animal grimé ! Mais d'aucuns rétorqueront trop humiliés sans doute dans leur prétendue polymorphisme supérieur, que la différence radicale qui nous sépare de l'animal s'illustre par la conscience que nous avons de nous-mêmes, de la faculté à inventer, d'élaborer des projets pour parvenir à un but surgi du besoin, de transmission des acquis aux générations suivantes, de créer de l'art pour notre simple divertissement... A ceux-là, il est tout aussi convenu de répondre que certains animaux en sont tout à fait capables, en gardant à l'esprit que le moustique n'a pas la capacité du cachalot qui n'a pas celle de l'homme, mais nous parlons bien ici de degré pas de nature. Relevons tout de même une différence ichnologique essentielle entre l'homme et l'animal : l'homme dans un élan d'outrecuidance a cette inouïe capacité supérieure à pouvoir nier absolument l'évidence... qu'il est un animal, et qu'il est même issu du végétal... Je crois en effet, qu'aucun animal n'est capable d'une telle prouesse !

La fierté de l'homme qui regimbe et se crispe parfois lorsque l'on évoque simplement la thèse irréfragable de sa proximité animale (que Freud a développée dans sa thèse des trois blessures), le pousse à créer un pernicieux abîme entre la nature et lui, mû par un préjugé sur la nature, ce qui devrait déjà nous interpeller sur notre attitude. Il y a plusieurs millénaires, on supposait que l'esprit était ubiquiste et l'on ne songeait pas à le vénérer comme une prérogative de l'homme parce qu'il était d'essence commune qui nous unissait à la nature plutôt que de s'en prétendre séparé. Nous n'en avions pas honte, nous étions modestes à cette époque... La nature qui frappait désagréablement l'homme de ces hasards néfastes comme les épidémies, les sécheresses, les ouragans, et bien entendu la mort... fit sourdre en lui un sentiment de crainte, d'incompréhension puis de faute pour laquelle il répondit par une nouvelle coutume apaisante. Ce raisonnement lui évite de traiter des causes premières naturelles auxquelles s'attache une cause démoniaque élue comme raison première. Dès lors, l'homme accorde une attention diminuée aux conséquences véritables et naturelles, au profit de conséquences surnaturelles pourvoyeuses de superstitions qu'il pense prophylactiques. L'homme introduit donc des significations anthropomorphiques de seconde main qui excluent tout sens de réalité et finissent par attacher aux évènements d'importance, en tant que symbole. Disons-le autrement, l'homme vient à mépriser les causes, puis les conséquences, et enfin la réalité. Il relie dans cette volition ses sentiments à un monde imaginaire qu'il nomme monde supérieur. En croyant élargir son entendement, il voue à toute chose une raison imbibée de ce principe de déraison qu'il structure peu à peu à grand coup d'interprétation anthropomorphique jusqu'à attribuer un genre sur tout ce qui l'entoure, puis attacher à ce genre une éthique des mœurs, donc une morale.

Nietzsche précise: « *[...] par de telles transformations, beaucoup d'hypocrisie et de mensonge se sont chaque fois introduits dans le monde : chaque fois aussi et à ce prix seulement, une conception surhumaine qui élève l'homme.* »[58]

Autrement dit et au regard de la vérité du monde, l'erreur est consubstantielle à l'homme dans le dessein d'une structuration dont il tire son élévation. Car c'est par la morale qui n'est pas autre chose que l'obéissance aux mœurs quel que soit le genre, qui elles-mêmes représentent la façon traditionnelle d'agir et d'évaluer, que l'homme s'élève donc. Nous pouvons sans cesse le constater de tout temps, partout où les traditions ou coutumes ne commandent pas, il n'y a pas de moralité, et moins l'existence est déterminée par les coutumes, moins le poids de la moralité est grand. Par conséquent, l'homme libre (s'il existe) est immoral puisqu'il dépend de lui-même et non d'un usage établi de traditions. Il sera donc considéré comme individuel, arbitraire, imprévisible, inaccoutumé donc mauvais car insoumis à cette autorité faite de traditions qu'on nomme morale synonyme d'élévation. Par syllogisme, la morale paraît donc être une erreur humaine, pour Nietzsche elle est même un mensonge de secours que s'est imposé sévèrement l'homme en croyant s'affranchir de l'animalité, mais elle procède du mauvais hasard de la nature et paraît en dulcifier la crainte...

Nietzsche: « *l'autorité de la morale écarte l'arbitraire dans la décision, une crainte et un respect obscur doivent guider l'homme sans retard dans ses actes dont il n'aperçoit pas le but et les moyens. Cette autorité de la morale entrave la pensée... ne permet même pas à la question individuelle du « pourquoi » et du « comment » de se*

---
58 F. NIETZSCHE : Aurore, aphorisme 58.

poser. »⁵⁹

Obéir à une autorité en aveugle sans en percevoir l'origine, les raisons, le but et les moyens ! L'homme s'aliènerait-il par la morale ? La morale est-elle génératrice des leviers qui permettent ce que tout homme attend de sa vie à toute époque que l'on nomme efflorescence voire bonheur ?

Ne soyons pas naïfs ! Car si la morale procède d'une réaction illusoire, inappropriée, erronée, d'un instinct de crainte, depuis l'antiquité son instrumentalisation fait florès pour la conservation des valeurs de la communauté, pour la préserver de sa perte. Aussi, ses motifs de conservation jouent-ils sur les ressorts de la crainte et de l'espoir, avec des moyens d'intimidation violents, autoritaires comme l'invention d'un au-delà, un enfer éternel et toute la patristique flamboyante disposée à distiller des tortures à l'âme des plus retors. Car si cette notion du "bien" et du "mal" doit nécessiter tous les engagements de l'intelligence, de la raison en continu, c'est bien sur elle que l'on a le moins réfléchi depuis toujours. Il est en effet, et comme en regard à toutes autorités, non admis de pouvoir réfléchir sur l'éventualité d'une morale inactuelle, voire perfide, voire même de tenir la morale comme problématique. Et pourtant, comme le précise Nietzsche :
« *La critique de la morale représente un haut degré de moralité.* »⁶⁰

Mais les Pères de la morale, Pères de la théocratie, ont depuis longtemps posé les verrous qui neutralisent la volonté d'une critique par cette illusion de l'espèce humaine qu'on nomme morale et qui pousse l'individu à se sacrifier en lui concédant une valeur infinie, afin qu'avec la conscience de sa valeur, il tyrannise les autres tendances de sa nature qui sont ses forces vitales. La morale est donc une contrainte imbriaque qui devrait nous obliger à la nier par probité.

Nietzsche : « *[...] L'homme a été jusqu'à ce jour l'être moral par excellence, d'une curiosité sans égale, et, en tant qu'être moral, plus absurde, plus faux, plus vain, plus léger, plus nuisible à lui-même que le plus grand ennemi des hommes n'aurait pu même le rêver. La*

---
59 F. NIETZSCHE : Aurore « Notre droit à nos folies » aphorisme 107.
60 F. NIETZSCHE : Fragments Posthumes (11, 35). Extrait du livre de Karl JASPERS : "Nietzsche, Introduction à sa philosophie" Gallimard 1950.

morale, c'est la forme la plus maligne de la volonté de mentir, la véritable Circé du genre humain. Tout ce qu'elle a gâté ! Ce n'est pas l'erreur en tant qu'erreur qui me fait horreur en ce moment ; ce n'est pas ce manque séculaire de "bonne volonté", de décence, de convenance de courage intellectuel ; c'est le manque de naturel, c'est le fait effroyable que la contre-nature elle-même, sous la forme de la morale, a été comblée des plus grands honneurs, et, sous forme de loi, gravée au-dessus de nos têtes. Comment se peut-il que l'humanité n'ait pas été depuis longtemps avertie contre cette forme de l'erreur, sinistre et néfaste entre toutes ? Se tromper dans ces proportions, non pas individuellement, ni comme peuple, mais en tant qu'humanité ! Qu'est-ce que cela signifie ? Que l'on enseigne à mépriser les instincts les plus secrets de la vie, que dans la nécessité la plus profonde de la vie, dans l'égoïsme, on reconnaît le mauvais principe ; que l'on attribue une valeur supérieure, que dis-je, la valeur en soi à ce qui est la fin caractéristique de la décadence, l'incohérence des instincts, l'homme "altruiste", le déséquilibre, la "dépersonnalisation" et "l'amour du prochain". Quoi ? L'humanité elle-même serait-elle en décadence ? L'aurait-elle été toujours ? Ce qui est sûr, c'est qu'on ne lui a jamais enseigné comme valeurs supérieures que des valeurs de décadences. »[61]

Le décor est planté !
La grande majorité des philosophes depuis Platon jusqu'à nos jours, ceux qui ont souhaité une certaines subversion dans la pensée, n'ont pas échappé aux rouages de cette Circé qu'on nomme morale. Kant lui-même dans sa "Critique de la raison pure" calque toutes les bases de son raisonnement sur celle de la morale bien établie du dogme chrétien.

Il est donc défini que l'homme le plus moral est celui qui, dans la crainte applique sans relâche cette puissance incompréhensible et dominante sur lui-même, comme étant la voie la plus certaine qui le conduira aux clefs de son bonheur, le pense-t-il pour le moins. Et pourtant, n'est-ce pas un mirage puéril de penser qu'en sacrifiant tout raisonnement, tout appel à l'intelligence, en misologue débridé, l'on

---
[61] F. NIETZSCHE : La Volonté de Puissance : A. 1888 (16 , p. 436-440), 1er livre, "Nous les hyperboréens", aphorisme 3, Éditions Gallimard 1995.

peut atteindre un but si personnel que l'efflorescence au plus proche de la vérité ?

Jusqu'au 19ème siècle, très peu de philosophes ont nié la morale, et pas étonnant, très peu ont défini l'essence du plaisir comme étant un sentiment de puissance car le plaisir de la puissance passait (passe) pour immoral. Ne faudrait-il pas en déduire de facto que la notion de vertu est une conséquence de l'immoralité ? En effet, dans la généalogie de la morale, aucune vérité ne semble apparaître jamais puisque tous les éléments fondateurs de la morale sont conceptuels, issue d'une sophistique psychologique falsifiée, d'un empire mensonger idéaliste insufflé à l'origine par la crainte de l'homme on l'a vu.

Pour Nietzsche même : *« la philosophie morale est la période scabreuse dans l'histoire de l'esprit [...] et à force de rendre la vertu complètement abstraite, on était gravement tenté de s'abstraire soi-même.»*[62]

Aussi, n'y a t-il pas de vérité en soi dans l'action morale puisque purement artificielle. Que dire alors de l'immoralité ? Qu'elle est un dogmatisme erroné au sujet de l'égo, une fausse contradiction du moi transformée en article de foi sous la pression de la discipline religieuse. Dans ces conditions, l'antinomie des valeurs émerge : le moi (individuel) contre ce que Nietzsche nomme "l'énorme non-moi" (le troupeau) avec une prévalence puis une domination grégaire qui commande à se renoncer soi-même, à bannir les instincts naturels les plus forts de l'homme (sexualité, égoïsme, cupidité, tyrannie, cruauté, recherche du plaisir...) qui finalement sont les seuls réels. Ainsi, toute satisfaction de soi n'est possible que dans la fausse interprétation, l'arrangement au regard de la règle vertueuse devenue le trébuchet des valeurs morales pour un devenir humain jugé parfait... mais factice donc contre-nature. En définitive, la fureur tournée contre les instincts de vie fut déclarée sainte et vénérable. La chasteté absolue, l'obéissance absolue, la pauvreté : idéal sacerdotal ; la pitié, le sacrifice, la négation du beau, du bien-être, de la raison, de la

---

[62] F. NIETZSCHE : La Volonté de Puissance : 1888 (14 & 428), 2ème livre, "Psychologie des philosophes". Éditions Gallimard 1995.

sensualité... sont une façon morose d'envisager la vie, mais de grandes qualités qu'il nous faut apprendre et posséder pour l'homogénéité du groupe, de sa prétendue survie. L'homme qui atteint l'idiosyncrasie morale est celui qui n'a de valeur propre que parce qu'il se rapproche des vertus qui ont cours dans la société, justifiant le haut degré de respectabilité dans toutes ses attitudes. C'est donc le juste, le bon, l'honnête, le consciencieux... en réalité celui qui nie ses états naturels au profit d'un vade-mecum moral contre-nature, seule possibilité pour lui de se tolérer. Deux possibilités : il n'a pas conscience de cet étau négateur, il est donc faible, médiocre ou bien il en a conscience, dans ce cas il atteint le paroxysme de l'orgueil... qui est immoralité.

Nietzsche : « *Le désir le plus redoutable et le plus profond de l'homme, son besoin de puissance – c'est ce qu'on appelle la "liberté" – est celui qu'il faut le plus longtemps tenir en bride. C'est pourquoi la morale, jusqu'à présent, avec son penchant instinctif et inconscient pour la pédagogie et l'élevage, a été préoccupée de tenir en bride le besoin de puissance ; elle vilipende l'individu tyrannique et, en glorifiant la prévoyance sociale et le patriotisme, elle souligne l'importance de l'instinct de puissance du troupeau.* »[63]

Et de poursuivre : « *L'antinomie, la voici : dans la mesure où nous croyons à la morale, nous condamnons la vie.* »[64]

Il y a donc urgence pour un retournement des valeurs morales d'abord pour dénoncer la folie qui s'est mise en œuvre sur des siècles, mais aussi pour s'extraire de cette hydre qui précipite l'homme en escouade dans les rets du nihilisme.

Le problème majeur de l'égalité du troupeau voulu par la morale est que nous avons tous soif de distinction, or on nous prescrit au contraire de nous appliquer exactement les mêmes exigences qu'à autrui. C'est contre-nature et c'est considérer une fois de plus une idée qu'on a rendue sainte comme étant plus valeureuse qu'une réalité assertorique. C'est une folie qui a eu besoin d'un dieu pour son application, ou plutôt comme sanction absolue qui n'a pas d'instance

---
63 F. NIETZSCHE : La Volonté de Puissance : 1886-87 (16 & 720), 2ème livre, chapitre 3, l'organisme social, aphorisme 458, Éditions Gallimard 1995.
64 F. NIETZSCHE : La Volonté de Puissance : PA 1887 (15 & 06), Éditions Gallimard 1995.

au-dessus d'elle. Nous ne pouvons en effet changer l'essence de l'homme ou bien faudrait-il avoir accès à son programme génétique et pouvoir en disposer à loisir, ce n'est pas le cas, et quand bien même, l'essence de toute chose devrait être aussi modifiée, cessons-là toute science-fiction. Cette morale inepte contre-nature lutte avec la nature de l'homme pour produire dans ce conflit permanent, dissimulation, perversité, crainte, notion de culpabilité, affaiblissement, santé cacochyme, consomption par asservissement du troupeau. En opposition, la force qui lutte est la force vitale génésique de tout système organique, Nietzsche la nomme "Volonté de Puissance". Elle représente chez l'homme le fondement noétique de toute psychologie, une force réactive qui vise à la survie de l'être.

Arrêtons-nous un instant sur cette notion fondamentale de tout philosophe matérialiste. D'abord, il est bon de rappeler que ce concept majeur dans la cosmologie nietzschéenne a fait l'objet d'un contresens grossier, portant le philosophe au pinacle des plus acerbes antisémites. C'est Georges Bataille puis Deleuze qui les premiers dans les années 1960, ont rétabli la réalité et congédié cette erreur messéante et castratrice singulièrement infondée chez tous ceux qui ont lu l'œuvre complète du philosophe allemand. Si le peuple juif fait l'objet de nombreux développements, aucun mot, dans aucune phrase et encore moins dans la pensée de Nietzsche, ne vise ce peuple, certes éthnocentré, pour faire l'objet d'un début d'imprécation dont on a pourtant accusé le philosophe. Gageons même que si un sentiment devait qualifier ce peuple dans son œuvre entière, les lemmes de la glorification y seraient évoqués. D'ailleurs, Nietzsche, dans *Par delà bien et mal* (aphorisme 251), nous le suggère par une invite à un métissage Juifs-Prussiens afin de produire une génération forte, intelligente, puissante. Rappelons pour la forme que l'un des meilleurs amis de Nietzsche est Paul Rée, et la seule femme auprès de laquelle il fait une demande en mariage en 1882 est Lou Andréas-Salomé, fille d'un général Russe, tous deux sont Juifs. En outre, dans une lettre adressée à sa sœur, Nietzsche n'est-il pas très explicite ? Jugeons-en :

« Ton mariage avec un chef antisémite exprime pour toute ma façon d'être un éloignement qui m'emplit toujours de rancœur... Car, vois-tu

bien [...] c'est pour moi une question d'honneur que d'observer envers l'antisémitisme une attitude sans équivoque : à savoir l'opposition [...]. Ma répulsion pour ce parti est aussi prononcée que possible.»[65]

Nous pourrions continuer longtemps sous l'abondance de preuves, alors d'où vient, le casus-belli ? Nietzsche annonce dans *"Le Crépuscule des Idoles"*[66] qu'un de ses ouvrages est à l'élaboration, qu'il portera le titre de : "la Volonté de Puissance", malheureusement, cet ouvrage n'est jamais achevé, le philosophe, depuis le 3 Janvier 1889, étant mutiné dans les méandres d'une folie qui le ronge de jour en jour. Après sa mort le 25 Août 1900, cet ouvrage fait pourtant l'objet d'une publication, non sans avoir été complété ou plutôt doxographié à titre posthume. C'est Elisabeth Förster Nietzsche, la sœur du philosophe qui en est la matoise pourvoyeuse. Elisabeth en effet, éprouve une inavouable dilection pour les thèses nazies jusqu'à se rapprocher suffisamment d'Adolf Hitler pour en faire un ami proche. (Elle offrit d'ailleurs au Führer, la canne à pommeau de son frère). Les aphorismes du frère Friedrich sont interprétés voire retouchés en vue des thèses Nationales Socialistes dont elle est imprégnée en parangon. Imprégnée, au point de vouloir exporter la doctrine au Paraguay sous forme de phalanstère baptisé "Nueva Germania" constitué avec l'aide de son mari qui mourut prématurément et à qui, le Führer fit envoyer de la terre d'Allemagne à titre posthume. Le dernier ouvrage de Nietzsche inachevé, repris et ravaudé, Nietzsche lui-même grand ami par le passé de Richard Wagner, lui-même adorateur du dictateur et qu'il inspira hautement pour sa gestuelle politique, ainsi naquit le pernicieux syllogisme à l'œuvre sur plus d'un demi-siècle.

La Volonté de Puissance est à comprendre comme la volonté de vie, c'est là, la meilleure approche possible du concept nietzschéen. Elle est cette force ubiquiste, omniprésente, omnipotente qui se confond à la vie de tout système organique (comme inorganique) qui pousse au

---

65 F. NIETZSCHE : Correspondance générale, "lettre à sa sœur le 26 décembre 1887, Gallimard 1986.
66 F. NIETZSCHE : Le Crépuscule des Idoles (1888). Le titre de cette œuvre fait référence au "Crépuscule des dieux", composition de Richard Wagner.

développement dans l'expansion la plus large possible quels qu'en soient les moyens. Avec la Volonté de Puissance et la nouvelle cosmologie qu'elle suppose, Nietzsche dépasse les audaces de Copernic, pourrait-on dire. Ainsi, La Volonté de Puissance (naturelle) lutte-t-elle en permanence contre la force des valeurs dogmatiques moralistes (idéales) du groupe, du troupeau, pour aboutir à des tensions contradictoires, antinomiques, productives d'effets pernicieux qui mettent en péril l'être par des retournements de sens abscons pour lesquels l'homme finit par définir comme fondement génésique. Dans ces conditions, les vertus ne sont-elles pas aussi dangereuses que des vices ? Car si on laisse régner sur soi une autorité au lieu de la produire de soi-même comme une nécessité la plus personnelle, comme condition même de notre existence et de notre croissance, nous risquons de nous sacrifier en tant qu'être passif et veule au profit d'une communauté tyrannique, hostile à toute passion qui pourtant est essence de la vie. Dans ce cloaque inaudible, entre morale du troupeau et force instinctuelle individuelle (La Volonté de Puissance), l'illusion atteint son point zénithal en métamorphosant les mêmes valeurs pour leur attribuer des significations contraires. En effet, c'est bien par la morale que l'égoïsme pourtant force génésique naturelle est qualifié de "mal" mais se transforme en altruisme qualifié de "bien", ou que le besoin de louanges (vanité) qualifié de "mal" se transforme en courage qualifié de "bien". Il est vrai : « *On saute deux fois plus volontiers après un homme qui tombe à l'eau, s'il y a là beaucoup de gens qui n'osent pas faire !* »[67]

Après tout, qu'est-ce que la louange si ce n'est une sorte de remboursement des bienfaits reçus, une façon de les rendre, mais aussi de témoigner sa puissance, car celui qui loue affirme, apprécie, juge, il s'arroge le droit de distribuer des honneurs somme toute un sentiment de vie, de bonheur exalté, un sentiment de puissance... Et que dire du sacrifice, du désintéressement, de l'abandon de la fortune considéré comme des distinctions ? !

Lisons Nietzsche sur ce déchiffrage original, dans sa première dissertation de la Généalogie de la Morale :

---

67 F. NIETZSCHE : Humain trop Humain, "Présence de témoins", aphorisme 325.

- «Quelqu'un veut-il plonger son regard jusqu'au fond du mystère, où se cache la fabrication de l'idéal sur la terre ? Qui donc en aura le courage ! Et bien regardez ! Voici un aperçu sur cette ténébreuse usine. Mais attendez encore un moment, Monsieur le curieux et le téméraire : il faut d'abord que votre œil s'habitue à ce faux jour, à cette lumière changeante...
- c'est assez ! Bon ! Parlez maintenant ! Que se passe-t-il dans ces profondeurs ? Dites-moi ce que vous voyez, ô homme des plus dangereuses curiosités ! C'est moi maintenant qui vous écoute.
- « Je ne vois rien, mais je n'entends que mieux... C'est une rumeur circonspecte, un chuchotement à peine perceptible, un murmure sournois qui part de tous les coins et les recoins. Il me semble qu'on ment ; une douceur mielleuse englue chaque son. Un mensonge doit transformer la faiblesse en mérite, cela n'est pas douteux, il en est comme vous l'avez dit »
- Après !
- « Et l'impuissance qui n'use pas de représailles devient, par un mensonge, la "bonté"; la craintive bassesse, "humilité"; la soumission à ceux qu'on hait, "obéissance" (surtout l'obéissance à quelqu'un dont ils disent qu'il ordonne cette soumission, ils l'appellent Dieu). Ce qu'il y a d'inoffensif chez l'être faible, sa lâcheté, cette lâcheté dont il est riche, cette habitude de faire antichambre, et d'attendre à la porte, inévitablement, cette lâcheté se pare ici d'un nom bien sonnant et s'appelle "patience" parfois même "vertu", sans plus ; ne-pas-pouvoir-se-venger devient ne-pas-vouloir-se-venger et parfois même le pardon des offenses (car ils ne savent pas ce qu'ils font, nous seuls savons ce qu'ils font !) On parle aussi de "l'amour des ennemis" et l'on sut à grosses gouttes. »
- Et après !
- « ils sont misérables, sans doute, tous ces marmotteurs, tous ces faux monnayeurs, quoique tapis au fond de leurs recoins, ils se tiennent chaud, mais ils prétendent que Dieu les a distingués et élus grâce à leur misère ; ne fouille-t-on pas les chiens que l'on aime le plus ? Peut-être cette misère est-elle

aussi une préparation, un apprentissage, un enseignement, peut-être davantage encore, quelque chose qui trouvera un jour sa compensation, qui sera rendu en centuple, à un taux énorme en or, non ! en bonheur. C'est ce qu'ils appellent la "félicité éternelle".

- *Après !-*

« Maintenant ils me donnent à entendre que non seulement ils sont meilleurs que les puissants, les maîtres du monde dont ils doivent lécher les crachats (non pas par crainte, oh! Point du tout par crainte! Mais parce que ordonne d'honorer toutes les autorités), que non seulement ils sont meilleurs, mais encore que leur part est meilleure ou du moins qu'elle le sera un jour. Mais assez! Assez! Je n'y tiens plus. De l'air! De l'air! Cette officine où l'on fabrique l'idéal, il me semble qu'elle sent le mensonge à plein nez.»

- *Halte! Un instant encore! Vous n'avez rien dit encore de ces virtuoses de la magie noire qui savent ramener le noir le plus épais à la blancheur du lait et de l'innocence : N'avez-vous pas remarqué ce qui fait leur perfection dans le raffinement, leur touche d'artiste la plus hardie, la plus subtile, la plus spirituelle, la plus mensongère ? Prenez-y bien garde ! Ces êtres souterrains gonflés de vengeance et de haine? Avez-vous jamais entendu un pareil langage ? A n'en croire que leurs paroles, vous seriez-vous douté que vous vous trouviez au milieu des hommes du ressentiment ?...*

- *« Je vous entends et j'ouvre de nouveau les oreilles (aïe! Aïe! Et me voilà obligé de me boucher le nez !) Ce n'est qu'à présent que je saisis ce qu'ils ont répété tant de fois : "nous autres bons, nous sommes les justes", ce qu'ils demandent, ils ne l'appellent pas représailles mais bien "le triomphe de la justice"; ce qu'ils haïssent, ce n'est pas leurs ennemi, non! Ils haïssent "l'injustice", "l'impiété" ; ils croient et espèrent, non pas en la vengeance, en l'ivresse de la douce vengeance (plus douce que le miel disait déjà Homère), mais bien "en la victoire de Dieu, du Dieu de justice sur les impies" ; ce qu'il leur reste à aimer sur terre, ce ne sont pas "leurs frères dans la haine",*

> *mais à ce qu'ils disent, "leurs frères en amour", tous les bons et les justes de la terre. »*
> - *Et comment appellent-ils ce que leur sert de consolation dans toutes les peines de l'existence, la fantasmagorie de leur anticipation de la béatitude à venir ?*
> - *Comment ? Est-ce que j'ai bien entendu ? Ils appellent cela "le jugement dernier", la venue de leur règne, du règne de Dieu", mais en attendant, ils vivent dans "la foi", "l'amour" et "la charité" »*
> - *Assez ! Assez !*[68]

Nietzsche en conclut qu'il n'existe pas de phénomènes moraux du tout, mais seulement une interprétation morale des phénomènes.

A n'en pas douter, si l'homme se soumet à l'autorité de la morale, c'est qu'il n'est pas un individu fini, autonome, accompli, satisfait de lui-même. Il ne peut se justifier qu'au regard du groupe, raison pour laquelle il autorise que l'on dispose de lui d'une manière souvent pitoyable, c'est à dire au détriment de ses instincts de force.

Nietzsche nous précise : *Celui qui ne dispose pas des deux tiers de sa journée pour lui-même est un esclave »*[69]

Même chez le dominant, le fort, le meneur, beaucoup plus rare, le poids des sentiments grégaires demeure souvent prédominent et lié à sa bonne conscience. Le danger de l'instinct du troupeau assumé, c'est qu'il finit toujours par triompher de toute liberté de pensée individuelle pour un devenir médiocre voire catastrophique ; je pense à la forme de l'état social la plus fortement attachée au groupe : le communisme et ses millions de criminels, bien évidement victimes en réalité, éradiquées au regard d'une morale ultra-égalitariste... Nous ne pouvons que le constater, dans toute l'histoire de l'humanité, ceux qui ont voulu le plus l'égalité et la liberté pour tous sont les mêmes qui ont fait fonctionner le plus la guillotine... On se souvient de la phrase de Dostoïevski à l'un de ses nihilistes révolutionnaires : *parti de la liberté illimitée, je suis parvenu au despotisme illimité !*

---
68 F. NIETZSCHE : Extrait de "La Généalogie de la Morale", première dissertation.
69 F. NIETZSCHE : Humain trop Humain (1878).

Pourquoi donc la croyance en nos instincts ou premières nécessités d'existence sont-elles considérées comme immorales, voire animales ? Depuis toujours en effet, ce qui nous fait périr le plus est bien cette infecte prétention de l'homme à sa prétendue supériorité. Mais d'où vient cette folie ? Nous ne sommes même pas en capacité de savoir quel est notre sens, si nous avons un but ou pour quelle raison tourne-t-on sur une boule lancée dans le néant. Un peu de modestie serait de bon aloi, ne sommes-nous pas composés à 99 % d'un peu de carbone de beaucoup d'eau, et essentiellement de vide ? A l'identique finalement de tout système qu'il soit organique comme inorganique. Quand à l'animal, le vrai, lui n'a jamais tué pour des idées...

La morale de la société, du groupe, du troupeau, lorsqu'elle ne tue pas, distille sa chaleur étouffante qui conforte le plus grand nombre dans le sens de la conservation, du statisme, et il n'y a rien de créateur là dedans, tout juste une existence morne, certes, productive pour la communauté mais en rien potentielle d'un devenir individuel qui vise l'ataraxie salvatrice recherchée par tous. Assurément, la morale de ces vingt derniers siècles est en complète contradiction avec tout développement personnel exultant.

Nietzsche : « *A l'individu, dans la mesure où il recherche son bonheur, il ne faut donner aucun précepte sur le chemin qui mène au bonheur: car le bonheur individuel jaillit selon ses lois propres, inconnues de tous, il ne peut être qu'entravé et arrêté par des préceptes qui viennent de dehors. Les préceptes que l'on appelle "moraux" sont en vérité dirigés contre les individus et ne veulent absolument pas leur bonheur. Ces préceptes se rapportent tout aussi peu au bonheur et au bien de l'humanité, car il est absolument impossible de donner à ces mots une signification précise et moins encore de s'en servir comme d'un fanal sur l'obscur océan des aspirations morales. C'est un préjugé de croire que la moralité soit plus favorable au développement de la raison que l'immoralité. C'est une erreur de croire que le but inconscient dans l'évolution de chaque être conscient (animal, homme, humanité, etc.) soit son "plus grand bonheur": il y a au contraire, sur toutes les échelles de l'évolution, un bonheur particulier et incomparable à atteindre, ni supérieur, ni inférieur, mais précisément individuel. L'évolution ne veut pas le bonheur, elle veut l'évolution et rien de plus. Ce n'est que si l'humanité avait un but universellement reconnu que l'on pourrait proposer des "impératifs" dans la façon d'agir : provisoirement un pareil but n'existe pas. Donc il ne faut pas mettre les prétentions de la morale en rapport avec l'humanité, c'est là de la déraison et de l'enfantillage. Tout autre chose serait de recommander un but à l'humanité : ce but serait alors quelque chose qui dépend de notre gré ; en admettant qu'il convienne à l'humanité, elle pourrait alors se donner aussi une loi morale qui lui conviendrait. Mais jusqu'à présent la loi morale devait être placée au-dessus de notre gré : proprement on ne voulait pas se donner cette loi, on voulait la prendre quelque part, le découvrir, se laisser commander par elle de quelque part.»*[70]

Et pourtant, la morale ne nous tend-elle pas ses filets en nous promettant le leurre du bonheur ? Assurément, ces filets sont ceux de la flatterie suspecte de tout ce qui est dit, pensé, écrit envers l'homme et sa splendeur d'un être équanime et supérieur doté de qualités que l'animal ne possède pas. Non seulement la morale et ses vertus prises pour fin sont jusqu'à présent en totale contradiction avec la possibilité d'un bonheur personnel mais sont nullement compatibles avec l'augmentation de notre intelligence, de notre connaissance et de notre conscience individuelle. Le chercheur, le scientifique de tout temps en quête des plus précieuses découvertes n'abandonne-t-il pas parfois toute notion de morale pour aboutir à ses fins ? A moins bien sûr que la morale se masque une nouvelle fois des voiles de la moralité pour des faits immoraux : développement des armes pour la protection de tous, expérimentation animale avec ses souffrances infligées pour le développement de la médecine, permis de tuer avec les honneurs pour la préservation de la patrie, eugénisme pour le bien de la race humaine... Décidément, ces antinomies dualistes qui consistent à ne pas estimer ce qui nous détermine au plus profond de nous-mêmes, avec cette attitude à ne pas vouloir estimer les mensonges inoculés, aboutit à un phénomène de décomposition de l'être. Sans compter

---

70 F. NIETZSCHE : Aurore, livre deuxième, « quelques thèses » aphorisme 108.

qu'en agissant ainsi, nous introduisons d'autres difficultés artificielles et délétères qui pèsent et complexifient l'élaboration de notre œuvre morale. La mauvaise conscience en est une, et ne sera jamais un facteur positif du devenir humain, Freud le démontre parfaitement dans "L'Avenir d'une Illusion"[71]. Pire, en agissant ainsi, nous fabriquons des valeurs pseudo-actives, les artéfacts illusoires d'une impuissance transformée en volonté vertueuses et à ce petit jeu, il suffit d'une machination qui appelle vertu l'absence même de vertu !

Les valeurs morales n'ont aucune valeur en elles-mêmes. Ce qui est considéré comme bien, juste, autorisé, vrai, bienveillant, pouvait être jadis considéré comme mal, hostile, méprisable, néfaste, interdit (et inversement). Il n'est d'ailleurs pas utile d'user du corrélat temporel puisque nous pouvons le constater, ce qui est moral pour une nation, un peuple, une culture, une patrie, peut être tenu pour parfaitement immoral pour d'autres. « *Les jugements moraux sont des épidémies qui ne durent qu'un temps.* »[72] nous précise Nietzsche.

Dans ces conditions, quelle peut être la valeur de la morale ou des morales ? Assurément, dans cette dissension des valeurs, aucun moraliste ne mérite aujourd'hui notre respect. Dans un réflexe de résipiscence, devrions-nous plutôt dépasser notre naïveté, notre crédulité, notre aspect boniface et cesser de nous laisser abuser de la sorte si nous voulons briser ce qui reste de nos chaînes pour atteindre un palier supérieur et nécessaire de notre conscience. Et si la morale pouvait justifier des vérités d'autrefois, ces vérités ne sont plus celles d'aujourd'hui, il n'est donc nul besoin d'acquiescer d'une attitude moutonnière les prétendues valeurs de cette morale érigée en loi divine au dessus de l'homme pour leur donner une supériorité qui n'existe pas dans l'espoir d'un monde futur et meilleur. Prétendre savoir ce qu'est le "bien" ou le "mal", c'est tout simplement avoir la prétention de savoir pourquoi l'homme existe et de connaître sa fin, sa destination, à supposer qu'il y en ait une. Or, une fois de plus, cette connaissance nous échappe, dès lors, ces notions de "bien", "mal" devraient être définitivement bannies pour être remplacées par ce qui nous est connaissable, c'est à dire "bon", "mauvais" pour nous-mêmes.

---

71 S. FREUD : L'Avenir d'une Illusion (1927).
72 F . NIETZSCHE : La Volonté de Puissance : 1881-82 (12, 1er partie & 160), 2ème livre, "l'organisme social", Éditions Gallimard 1995.

Et ne nous trompons pas, la conscience du plaisir pris à la condamnation d'une action condamnable ne prouve rien quant au bien-fondé de cette satisfaction au plaisir, dans la mesure où notre conscience agit par héritage moral. Plutôt devrions-nous engendrer de franches césures avec toute morale puis initier une profonde réflexion sans céder à ses charmes superficiels. Certes, la tâche est complexe car nous avons usé depuis longtemps d'impératifs pour garder constantes les valeurs morales si bien qu'elles semblent instinctives et jaillissent souvent des commandements internes. D'autant plus que tous les moyens ont été depuis des siècles mis en place pour paralyser réflexion et critique dans le domaine. Mais plutôt que de voir dans la morale notre paradigme et notre salut, ne devrions-nous pas induire des expériences nouvelles pour corriger les mœurs, origine de toute morale ?

Nietzsche va plus loin : « *N'avoir pas besoin d'une formule morale pour approuver la passion que l'on porte en soi, c'est à cela qu'on reconnaît si un homme a le courage de dire "oui" à sa propre nature, s'il a ou non besoin du secours de la morale.* »[73]

L'homme libre est donc immoral (début de chapitre). Il comprend que vouloir et fabriquer des valeurs constantes pour le plus grand nombre est une folie qui interdit ce que tout système organique exige naturellement : expansion, accroissement, affirmation de soi selon son propre rythme, selon ses propres lois elles aussi organiques. L'homme libre perçoit la règle qui semble évidente et acceptée par tous depuis toujours comme suspecte. Il a soif du désir de plier le réel à sa volonté. En cela, il est le contraire de l'homme du troupeau (le faible) et serait plutôt berger, meneur, dominant, non sans une certaine méfiance à l'égard du groupe hostile à ce qui le détermine. Car lui ose laisser exprimer l'expansion de son idiosyncrasie : ambition parfois tyrannique, injustice, immodestie, égoïsme, insolence, jalousie, dissimulation, aspect brutal, vindicatif, soif d'expériences nouvelles qui induisent risque et danger... L'homme libre, le souverain ne se mesure pas au groupe, mais plutôt prend-il appui sur lui afin

---
73 F . NIETZSCHE : La Volonté de Puissance : 1884-88 (16 & 916), 4ème livre, "les législateurs de l'avenir", Éditions Gallimard 1995.

d'atteindre les hauteurs et les cimes qu'il fictionne étincelantes pour lui-même. Le dominant, cet immoraliste au regard de l'homme du commun est impénétrable, secret, se tient loin des marécages ou croassent tous en cœur les crapauds de la vertu avides de reconnaissance par les signalements sonores qui rassurent dans le confort d'une eau chaude... mais croupie ! Cet immoraliste conquérant préfère de loin se mesurer aux déferlantes des océans pour sentir en lui cette indescriptible puissance de la victoire d'être en vie. Ce jugé hostile au groupe et condamné d'office, est un homme d'exception qui a besoin d'expansion pour se singulariser de cette gangue (faibles) dont il sait qu'elle emprisonne, étouffe, opacifie l'éclat flamboyant de la gemme des instincts originels, seuls pourvoyeurs des mouvements agonistes qui rendent possible le projet hédoniste. Pour autant, sa conscience morale n'en n'est pas moins absente, mais fonctionne selon ses propres rouages qui n'ont d'autre but que de s'extraire des caricatures nauséabondes dont les fondements confondent lamentablement jugements et sentences piaculaires surgis d'une jalousie qui trahit l'impuissance des plus faibles. Tel le Condottière investi des missions les plus incertaines mais dont il sait qu'elles seules conduisent à des ontologies jubilatoires, cet archonte insoumis cavalcade le troupeau pour le guider avec intelligence et subtilité aux projets dont il tire sa magnificence. Travail, famille, patrie est une structure ternaire qu'il conspue car il sait qu'il se destine à la sorte d'homme la plus médiocre. Son combat serait plutôt travailler à ses passions qui visent l'expansion pour lui et les siens qu'il collige en réseau solidaire et complice.

Nietzsche : « *Le faible veut la paix, l'harmonie, la liberté, l'égalité des droits, il veut vivre là où il n'est pas nécessaire de se défendre [...] le fort préfère ce qui peut être mis en question et qui est source d'effroi [...] la première espèce d'homme ne veut rien risquer ; la seconde cherche le risque [...] le faible est traversé par le désir de vengeance, le ressentiment ; le fort a le pathos agressif.* »[74]

L'état social, le groupe, le troupeau, le peuple ou la plèbe n'a guère de

---
74 Karl JASPERS : "Nietzsche, Introduction à sa philosophie" Gallimard 1950, page 311.
 Extraits des Fragments posthumes de Nietzsche : (16, 319), (16, 268), (16, 325), (15, 21).

dilection pour de tels hommes supérieurs qu'il juge arrogant, rusé, pédant, à l'esprit de contradiction saillant, exerçant la cautèle avec dextérité, car toute sa vaillance, sa justice et son ataraxie contiennent ces mauvais aspects. Pourtant l'homme immoral est consubstantiel aux progrès de l'humanité. Dans la science par exemple, si les savants n'étaient pas riches en particularité pour leurs idées innovantes, subversives voire saugrenues, s'ils craignaient de les voir méprisées, s'ils ne se tenaient pas réciproquement en échec en rivalisant de jalousie, de soupçon, indubitablement la science y perdrait en vaillance et en découverte.

Cet homme supérieur, libre, taxé d'immoral, celui qui n'a plus honte de lui-même ou de se sentir différent des autres, est donc cet homme sans pitié, c'est à dire celui qui n'a pas de propension à percevoir l'immédiateté de sa propre crainte, et de ce fait n'a pas sa vanité touchée. Cet homme a généralement une faculté à supporter un plus haut degré de douleur que la moyenne. Donc, lorsque nous désignons l'homme compatissant moral et l'homme sans pitié immoral, cela n'est qu'un effet de mode dont l'inverse a existé dans l'histoire sur un temps bien plus long. Pour Nietzsche d'ailleurs, la compassion est une faiblesse qui, si elle était appliquée ne serait-ce qu'un seul jour par tous, conduirait l'humanité à sa perte. Les Grecs la considéraient comme une maladie dont ils disaient des médecins qui la soignaient qu'ils devaient prendre maintes précautions car elle paralysait la dextérité du geste et entravait leur science.

Nietzsche : « *[...] La morale est donc essentiellement le moyen de prêter de la durée à une chose en faisant abstraction des individus ou plutôt en réduisant les individus en esclavage. Il va de soi que la perspective de bas en haut donnerait des expressions toutes différentes que la perspective de haut en bas...* »[75]

La dernière phrase de cet aphorisme est riche en transition car après avoir traité des antinomies que nous portons tous en nous-mêmes, Nietzsche pose le problème de la morale comme une deuxième antinomie tout aussi dualiste entre le troupeau (les faibles) et les

---

75 F. NIETZSCHE : La Volonté de Puissance : 1885-86 (16 & 730), 2ème livre, "l'organisme social", Éditions Gallimard 1995.

affranchis de la morale (les forts) en suggérant déjà que les maîtres ont dominé les esclaves, engendrant ainsi d'autres phénomènes. En effet, outre sa nature et son origine, la morale ne demeure pas un état figé, constant. Son évolution procède essentiellement d'un clivage magistral et servile, ou d'un affrontement perpétuel entre homme bon et homme mauvais ou bien la morale des maîtres et la morale des esclaves, ou bien encore entre morale affirmative et morale passive. Cette notion de dyade opposée est essentielle à l'évolution de toute morale, elle en est son corrélat, sa clef de voûte. Ainsi depuis des siècles, cette même volonté de puissance agit chez l'homme mais sous des traits différents : d'un côté les puissants, les bien-nés, les heureux, ceux qui n'ont pas besoin de construire leur bonheur au regard des autres, se suffisent à eux-mêmes, ceux dont l'action est naturelle et synonyme même de bonheur. De l'autre, les portefaix, les impuissants, les malheureux, les serviles, les esclaves, les gens de peu, les sans-grades, les méprisés, les exploités, « *[...] le sable de l'humanité : tous très égaux, très petits, très ronds, très conciliants, très ennuyeux.* »[76] en un mot la plèbe, dont le bonheur est surtout significatif de repos, d'assouplissement du corps et de l'esprit, de "sabbat" de relâchement sous forme passive. Ces deux points de vue d'une morale qui s'opposent engendrent ici la révolte des esclaves, là, la révolution française, aujourd'hui le renversement des valeurs du patriarcat... Dans la *"Généalogie de la Morale"*, le philosophe allemand nous éclaire sur la fabrication de la faiblesse des masses tout en nous indiquant que cette faiblesse peut s'identifier à l'idéal. Le faible, le soumis, l'opprimé, l'esclave, le portefaix, réagit comme représentant d'une morale. Ces justes veulent l'incarnation de leur triomphe par une justice en résonance à leur morale. Ainsi, ces faibles font de leur propre faiblesse une force contre les forts. Le désir de vengeance est le fondement de leur volonté de puissance, le jugement dernier est l'idéalisation de ce désir : "les mauvais" seront damnés et endureront des souffrances éternelles. Nous assistons donc ici à un renversement des valeurs mues par la volonté de puissance des plus faibles car la logique première voudrait que l'on définisse le "bien" et le "mal" comme objet unique de la raison en distinguant l'opposition "bon",

---

[76] F. NIETZSCHE : Fragments Posthumes (11, 237). Extrait du livre de Karl JASPERS : "Nietzsche, Introduction à sa philosophie" Gallimard 1950.

"mauvais" comme issue de notre désir et l'opposition "bien", "mal" comme inscrite dans la loi morale. Or, seule la volonté de puissance est l'essence qui définit "bien" et "mal" comme valeur du ressentiment et "bon" et "mauvais" comme valeur de cette volonté de vie. Cela rejoint l'idée de ce qui est dit plus haut, dans l'élaboration d'une morale plus "juste" ne serait-il pas judicieux de tenir pour faux le "bien" et le "mal" puisqu'ils nient la vie par, dans ce cas le ressentiment et, tenir pour juste et positivement créateur le "bon" et le "mauvais" puisque eux affirment la vie ? Cela revient à dire finalement que nous devrions tous dans ce dessein reconnaître les effets, les causes et les conséquences de cette volonté de puissance, force génésique à l'œuvre en chacun de nous. Sous des acceptions différentes, Freud ainsi que Nietzsche l'affirme : TOUT ORGANISME EST VOLONTE DE PUISSANCE et si les deux souscrivent en partie au principe de Darwin de la "sélection naturelle", ils récusent totalement son aspect qui consiste à affirmer que la vie est un principe de réactivité par rapport au milieu naturel, au contraire c'est par cette volonté de puissance que le milieu naturel est plié aux besoins de l'individu, c'est cette volonté de puissance qui est à l'œuvre et qui domine et non s'adapte.

Présupposé de la nature par crainte, illusion, obéissance aveugle à une morale, absence de remise en question sur l'évolution des mœurs, aliénation, nihilisme, recherche illusoire du bonheur par la morale, apparence du bien mais mal sous-jacent, renversement perpétuel des valeurs, mésusage de la volonté de puissance… Que serait l'homme sans les tendons de la morale ? !

Certes, au fil des siècles l'humain, nous pouvons l'admettre, s'est élevé positivement, étant devenus plus doux, plus raffiné, plus évolué, plus longanime. Le doit-on à la morale ou bien aux expériences de vie qui élèvent la conscience ? Cependant, loin d'être satisfaisant, les évènements nous le rappellent chaque minute : guerres, tensions, disparités, inégalités mortelles, indifférences, famines… le travail reste entier. Comme nous le suggère Nietzsche, il nous reste à nous libérer de nos chaînes déjà partiellement rompues, et pour y parvenir devrions-nous nous enquérir de tout notre épistème. En 2018 nous devrions pouvoir en effet, nous recommander un but, celui d'effacer les inégalités mortelles pour l'homme, cela paraît être la première condition de possibilité d'un projet pour le coup vertueux. Pour autant, sommes-nous tous d'accord sur le choix ou même la nécessité d'un but ? Pas certain...

Pourtant, devrait-il être de notre responsabilité à tous de congédier notre apathie, d'accomplir cette tâche d'élever ou discipliner "l'homme-animal" (ou "l'animal-homme") afin, non qu'il soit semblable, reconnaissable, calculable, mesurable, maitrisable, ceci est déjà fait par la camisole de force morale, sociale et religieuse ; mais plutôt, libre, individuel, affranchi, souverain, autonome, indépendant, durable, puissant donc immoral ou supra-moral.

Nous pouvons le penser, c'est peut être sous cet aspect que l'homme peut franchir un palier supérieur de sa conscience, par sa puissance, sa fierté, sa possibilité de faire une promesse et de la tenir afin d'obtenir ce sentiment d'accomplissement générateur de cette même toute puissance, d'exercer cette puissance sur lui-même, pour lui-même et non sur autrui à son détriment ; d'avoir sinon de l'être entièrement, ce sentiment d'homme libre, affranchi de toute notion de culpabilité, de péché, de contrition ou de honte par une morale qui avilit et finit par castrer la vie en valorisant des directions contradictoires, artificielles, et finalement inaudibles. Aussi, conscients de notre volonté de puissance, pourrions-nous plonger dans les arcanes des profondeurs abyssales pour une connaissance toujours plus étendue, celle qui permet de jouir par l'élargissement sans limite de notre entendement tout en célébrant ce qui instinctuellement nous détermine et qui est moteur dans notre évolution.

Nietzsche : « *Lorsque l'homme arrêtera de penser qu'il est mauvais, il cessera de l'être.* »[77]

Devenons des individualités assumées pour nous-mêmes plutôt que des êtres fautifs et duplicables pour un troupeau placide composé de diafoirus conditionnés si nous désirons atteindre ce que Nietzsche nomme "l'Ego-Fatum" (moi, je suis le destin de ma volonté de puissance) et accomplir son projet : le "Surhumain".

---
77 F. NIETZSCHE : Aurore : "Regard vers le lointain", aphorisme 148.

Pourquoi ne pas commencer à nous délester de quelques fardeaux de culpabilité bien présents, procédant d'actes passés qu'il est nécessaire de relier définitivement au passé pour les prodromes d'un oubli rédempteur. Une pratique oublieuse facilite selon Nietzsche la capacité d'absorption, de digestion psychique qui doit être régénérée par son principe actif. Car l'oubli en effet, n'est pas comme il peut être commun de le croire un phénomène d'érosion temporel passif ou une non-mémoire, ou pire une mémoire amnésique. Les représentations passées ne peuvent être oubliées qu'en vertu d'un pouvoir tutélaire actif et positif. L'oubli est donc plutôt une contre-mémoire, et la mémoire un contre-oubli. Mémoire et oubli forment une dyade dont le fonctionnement est synergique, c'est à dire que plus l'oubli est activé par la volonté de puissance, plus la mémoire l'est aussi dans des proportions similaires. L'oubli est donc un processus qui participe à la création, à la vie comme puissance. Nietzsche nous précise qu'il est possible de vivre heureux avec très peu de souvenirs mais qu'il est tout à fait impossible de vivre sans oubli. L'oubli en effet, est le gardien de notre ordre psychique chargé de maintenir la sérénité qui sans elle nous sépare de la conscience de l'instant semblable à un dyspeptique. Sans cette volonté à l'oubli, aucune jouissance de l'instant n'est possible.

Développement de notre individualité souveraine par la célébration fière de notre volonté de puissance pour le projet d'une élévation de conscience dans l'Ego-Fatum par l'oubli, telle est selon moi la première condition pour la construction urgente d'un nouvel ordre supra-moral davantage pourvoyeur d'eudémonisme pour le plus grand nombre possible.

*****

Nietzsche : « *J'ai le bonheur, après des siècles d'égarement et de confusion, d'avoir retrouvé le chemin qui mène à un "oui" et à un "non". J'enseigne à dire "non" à tout ce qui affaiblit – à ce qui épuise. J'enseigne à dire "oui" à tout ce qui fortifie, à ce qui emmagasine de la force, à ce qui justifie le sentiment de la force.*
On n'a jusqu'à présent enseigné ni l'un ni l'autre ; on a enseigné la

vertu, l'abnégation, la pitié, on a même enseigné à nier la vie.
Ce ne sont là que des valeurs à l'usage des épuisés.
Une longue réflexion au sujet de l'épuisement physiologique m'a contraint à me demander jusqu'à quel point les jugements des débiles ont imprégné le monde des valeurs.
Mon résultat a été aussi surprenant que possible, même pour moi qui me suis déjà acclimaté dans beaucoup de régions étranges ; j'ai trouvé que toutes les valeurs supérieures, toutes celles qui dominent l'humanité, ou tout au moins l'humanité domestiquée, peuvent se ramener aux jugement des hommes débilités.
Sous les noms les plus sacrés, j'ai exhumé des tendances destructives ; on a appelé Dieu ce qui affaiblit, ce qui enseigne la faiblesse, ce qui inocule la faiblesse. J'ai découvert que "l'homme bon" est une façon pour la décadence de s'affirmer elle-même.
Cette vertu de laquelle Schopenhauer encore a enseigné qu'elle est la plus haute, l'unique, et le fondement de toutes les autres vertus, cette pitié, je l'ai reconnue plus dangereuse que n'importe quel vice. Contrarier la sélection de l'espèce, l'élimination de ses déchets, voilà ce qui a passé jusqu'à présent pour la vertu par excellence...
Il faut respecter la fatalité ; cette fatalité qui dit au faible : "péris!"
On a appelé Dieu la résistance à cette fatalité, tout ce qui faisait gâter et pourrir l'humanité... Il ne faut pas rendre le nom de Dieu en vain...
La race est corrompue – non par ses vices, mais par son ignorance ; et elle est corrompue parce qu'elle n'a pas compris que l'épuisement était l'épuisement ; les confusions dans l'ordre physiologique sont les causes de tout le mal...
La vertu est notre grand malentendu.
Problème : comment les débiles en sont-ils venus à faire la loi en matière de valeurs ? Autrement dit : comment ceux qui auraient dû être les derniers se sont-ils emparés de la puissance ?... Comment l'instinct de l'animal humain en est-il venu à marcher la tête en bas ?... »[78]

---

[78] F. NIETZSCHE : La Volonté de Puissance : 1888 (15, 1er partie & 54), 3ème livre, "Transvaluation", aphorisme 505, Éditions Gallimard 1995.

L'INNOCENCE DU DEVENIR

« La liberté de choix est absente des petites comme des grandes choses.»[79]

---

[79] F. NIETZSCHE : La Volonté de Puissance, 1er livre, aphorisme 297, Édition Gallimard 1995.

Après le déjeuner comme tous les dimanches de sa vie d'élève, les heures s'égrainent le conduisant vers le gouffre du lendemain matin. Ses intestins se nouent, la peur pétrit ses entrailles, l'idée du lundi parasite déjà l'instant en le pourrissant. Son âme abeausie d'une béatitude naïve crée un vortex qui aspire tout son être innocent dans l'enfer d'une douleur pascalienne. Lui qui aime tant se réjouir des Géorgiques qu'il vit dans une nature montagneuse et flamboyante, sait déjà qu'en dehors de cette parenthèse mirifique des grandes vacances, il sera arraché à lui-même pour être placé brutalement face à son destin qu'il ne peut comprendre. Nous l'appellerons Gaspard, moins de dix ans, l'œil vif indigo, cheveux châtain clair, un brin vibrionniste, une once d'espièglerie, contemplateur attentif, du haut de son grand mètre le petit garçon aime proposer sa chair en contact direct avec la matière du monde dont il tire une structure ontique délicieuse d'équilibre salvateur. Cependant, le petit Gaspard apprend vite à ses dépens qu'à son âge, il ne peut regimber face à l'autorité messéante des adultes qui ont déjà décidé pour lui : la connaissance du paradis vécu l'espace des vacances se paiera de l'enfer d'une machine anthropophage d'où se jouera une partie de sa conscience... qui n'est pas la sienne.
Aux aurores, les parents de Gaspard le sollicitent d'un réveil énergique, extirpant le corps frêle du jeune garçon de la touffeur allégeante contenue aux seules limites trop étroites de son lit gigogne. Déjà impeccablement apprêtés pour le stress d'une nouvelle journée de travail, qui n'annonce rien de nouveau, les parents répètent en silence les gestes du petit déjeuner dans un ballet chorégraphié digne d'une scène cinématographique de Jacques Tati. Puis dès 8h00, Gaspard est en rang dans la cour de l'école dont il perçoit à peine ses congénères qui semblent enthousiastes à l'idée de partager la chaleur d'un troupeau innocent que l'on mène à l'abattoir existentiel. Dans un bruissement d'enfants, l'éternité s'installe chez Gaspard, un temps impossible à mesurer pour lui sinon par le trou qu'il creuse dans un corps frêle jusqu'à faire flageoler ses jambes qui menacent l'effondrement sur lui-même. Son corps mis brutalement en face de

son destin enregistre la solitude, l'abandon, l'isolement, la désespérance, la fin du monde…

L'histoire de cet enfant s'écrit là, dans le vertige d'une encre noire qu'il n'a pas voulu. Ce spectacle est une pitié d'enfant donné par des adultes inachevés, le pense-t-il déjà très justement à son âge. Il ne peut en effet accepter cette exhortation continue à être cloué sur une chaise des heures durant, hermétiquement séquestré entre quatre murs en béton, à rémotis du monde, usant son temps dans cette salle de classe à la décoration douteuse au-delà de tout style, pour ruminer la nourriture trop froide des leçons intelligibles qu'un instituteur brachycéphale distribue de toute sa pathologie sans remède. Car Gaspard a déjà saisi l'essentiel qui compose la belle harmonique d'une vie en se saoulant des fragrances du foin d'été, en jouant avec les limites de l'amaurose lorsqu'il regarde scintiller les diamants à la surface d'une neige immaculée que le soleil éclaire, en caressant le ventre des truites du petit ruisseau de la forêt situé à quelques encablures de la maison de vacances ou en courant de tout son souffle entre les rais des champs de maïs dont les longues feuilles vert-pomme fouettent parfois les cuisses qu'un bermuda trop court ne couvre pas.

Mais aujourd'hui, une pluie froide de début d'automne s'abat sur le toit en tôle de l'école, résonnant d'un bruit de crécelle qui masque le bramement scandé du maître faussement concentré sur la table de multiplication. Alors, les maxillaires serrés, Gaspard s'échappe de ce conclave dans la ténuité de son imagination, saisissant par-delà les vitres diaphanes l'occasion d'une contemplation amère, amer de ne pouvoir gouter ces perles du ciel dont il aimerait désespérément qu'elles chatouillent la peau douce incarnate de son visage d'enfant juste pour ressentir une fois encore cette inouïe puissance d'exister. Pour Gaspard, l'enfance est pleine de ces chagrins violents qu'aucun mot, qu'aucun dessert au chocolat ne saurait apaiser.

Nietzsche : « *J'ai vu clair peu à peu sur le défaut le plus général de notre façon d'enseigner et d'éduquer. Personne n'apprend, personne n'aspire, personne n'enseigne à supporter la solitude.* » [80]

---

80 F. NIETZSCHE : "Aurore", aphorisme 443.

Les hommes ont sombré dans l'oubli, car s'il est convenu qu'un "dressage neuronal" doit s'opérer à l'âge de Gaspard, et même avant, cela ne devrait point se faire par le graillon pelliculé des idées intelligibles décidées par un ministère de passage, mais bien plutôt par l'immuable spectacle d'une nature sensible rythmée par la magie des saisons.

Et puis, apprendre sa table de multiplication c'est bien ! admet Gaspard, mais pourquoi donc vouloir s'obstiner à rester enfermé dans l'odeur émétique des écuries, alors qu'un champ de coquelicots serait la meilleure leçon du monde dans la plus belle salle de classe du monde ? Les adultes sont-ils fous ou aveugles ? Et pourquoi ne répondent-ils jamais aux questions des enfants dans un empressement à vouloir vanter les mérites de leur catéchisme ?

- Comment la luciole s'y prend-elle pour éclairer la nuit ? - Pourquoi le dauphin respire le même air que nous et pas le requin ? - Combien il y a-t-il d'étoiles dans le ciel ? Et celle que je vois pourtant briller, d'aucuns me disent qu'elle n'existe plus, comment est-ce possible puisque je la vois ? - Pourquoi certains types de champignons poussent-ils toujours aux pieds des mêmes arbres ? - Pourquoi le tournesol aime le soleil au point de le suivre d'une tête tournante à s'en faire griller la graine ?

On peut en effet soumettre ses pulsions, ses désirs, ses instincts et ses rêves à la grille analytique de la raison, mais qu'il y a-t-il de raisonnable à commencer sa vie par apprendre des réponses par cœur aux questions que l'on ne se pose jamais et ne jamais obtenir les réponses aux questions que l'on se pose depuis toujours ?

L'homme aura un jour à se repentir car il devrait comprendre que l'instant est à imaginer comme un laboratoire du futur pas comme une fin en soi, que la réitération des mêmes instants forme une histoire singulière et non collective, et lorsque l'école statufie de belles œuvres sérielles pas trop pensantes et duplicables, l'édifice conceptuel vacille en se révélant un jour colosse au pied d'argile. En d'autres termes, lorsque les rouages des têtes blondes bien fraisées, bien huilées de la machine sociale tournent à toute allure, le jour n'est pas loin où la mécanique se grippe sous le joug des antidépresseurs.

Nietzsche : « *[...] Le milieu éducateur veut rendre tout homme dépendant en lui mettant toujours devant les yeux le nombre le moins élevé de possibilités. L'individu est traité par ses éducateurs comme s'il était, à la vérité, quelque chose de nouveau mais devait devenir une réplique. Si l'homme apparaît d'abord comme quelque chose d'inconnu et n'ayant jamais existé, il doit être réduit à quelque chose de connu et de déjà existant. Ce qu'on appelle bon caractère chez un enfant, c'est la manifestation de son asservissement progressif ; en se mettant du côté des esprits serfs, l'enfant annonce l'éveil de son sens commun ; en se fondant sur ce sens commun, il se rendra plus tard utile à son état ou à sa classe.* »[81]

C'est ainsi que Gaspard n'adhère à la vie qu'à distance, demeurant hébété, somnambulique, concolore, isolé des autres en dehors des apparences trompeuses, luttant sans relâche pour un retour à la vie. Oui mais la sienne, car la pauvreté d'imagination de l'adulte en matière de bonheur fait insulte à celle du jeune garçon qui puise sans cesse dans la profusion des possibles pour ne pas sombrer sous les coups de boutoir répétés qui matent le métal souple de ses jeunes années. Pour lui qui n'aspire qu'à quitter l'interminable salle d'attente de l'enfance pour une somme délectable de félicités que son âge interdit encore mais à laquelle il tend de toutes ses forces, grandir est synonyme d'une promesse éblouissante tapie quelque part sur le cercle du temps où se dessine le rêve d'une existence future, loin de ce spectacle pitoyable joué par les adultes qui ont renoncé lamentablement pour la platitude de leur raison valétudinaire et sans joie. Pour autant, Gaspard garde sa colère intacte pour ceux qui l'on donné aux chiens, sans haine, sans ressentiment, sans rancune, sans acrimonie, mais comme une force disponible pour ceux qui n'ont plus les moyens d'y recourir car trop détruits par les brutes. Dans ce phalanstère des diafoirus conditionnés qu'on nomme école, le jeune garçon trouve matière à fortifier son jugement sur le ratage existentiel de ceux qui croient qu'il a l'imagination fantasque. Les deux pieds enracinés dans la campagne du monde, d'un réel qui dit tout mais qui

---

[81] F. NIETZSCHE : Humain trop Humain, Caractères de haute et basse civilisation, aphorisme 228 "le caractère fort et bon."

fait mal dans cette extraterritorialité grégaire, Gaspard devient adulte bien avant l'âge et accomplira plus tard ce geste de paix en donnant l'onction intellectuelle au-delà de l'amertume, à ceux qui ne savent pas ce qu'ils font en fabriquant à longueur de vie, du rouage docile pour la broyeuse sociale. Car ces enfants devenus maîtres, instituteurs, professeurs ou éducateurs, récusent à leur tour l'enfant, en fictionnant dans les fractures de l'inconscient nourries aux grains des énergies noires, la partition jouée comme croyant être la leur. En réalité, ce ne sont, dans la plupart des cas, que des marionnettes jetées sur une scène trop grande pour leurs petits destins, trimbalant leurs incohérences et leurs irrationalités en bandoulière, nullement travaillées par la contradiction. Au jeu de la folie furieuse, les victimes deviennent adultes, les artisans compagnons d'autres victimes, croyant dans leur aveuglement échapper aux lois de leur fatum. Le noble but de cette usine cabaliste dans laquelle se jouent les êtres dès leur plus jeune âge, où bon nombre connaît le cimetière bien avant la mort, est évidement de produire du bon élève, puis du bon salarié, du bon citoyen, du bon époux, du bon travailleur et pourquoi pas du bon chômeur en bon croyant, le tout naturellement pour servir l'honneur de la patrie. Dans ce paradigme sociétal avilissant, il vient en effet le temps où l'homme ne projette plus sa flèche loin, où la corde de son arc à désappris à vibrer.

"L'homme est fait d'un bois courbe" disait Kant, pas étonnant donc que Gaspard plie comme un bambou sans toutefois ne jamais se rompre, sauvé par la sagacité, la sémillance et la volonté alouvie qui caractérisent son corps faustien dans un paysage de déshérence qui estampille ses camarades de classe du sceau du compacteur de rêve. D'ailleurs, a-t-il entendu un incalculable nombre de fois sonner les cloches du rappel au rêve par ses instituteurs puis plus tard par ses professeurs agissant en chiens de berger empressés à tacler d'un mot le tendon de la sensibilité de Gaspard, pour qu'il rejoigne illico les oreilles du troupeau. Telle est la loi d'airain du jeune garçon. Le comble de l'affliction pour Gaspard, c'est que son entourage adulte l'intime d'être heureux… Comment intimer ce qu'il y a justement de plus intime ? Dans cette injonction bégaude, l'enfant entend : « nous savons ce qui est bon pour toi, satisfais-toi de n'être rien. » Une fois encore, l'adulte dans cette sommation à satisfaire l'enfant de ce qu'il lui propose ne fait qu'attiser l'image de ce qui précisément manque à Gaspard. Alors, parfois lui arrive-t-il de douter : et si la conscience aiguë du bonheur possible n'était qu'une pathologie de l'enfance ? Cependant Gaspard à l'écoute de ses rêves, comprend les fulgurances du corps qui le renversent. Il sait déjà toute la promesse d'une nature païenne qui structure ses sens de la manière la plus solide pour des aventures jubilatoires où l'exaltation de la vie bouillonne comme un torrent qui se joue des roches les plus dures pour conduire le trajet qui mène à la paisible puissance des océans. Du haut de ces quelques années d'existence, il sait déjà que l'instinct grégaire voulu pour lui, contre lui, est une syrtes qui conduit au bord d'un gouffre existentiel où on lui promet la paix pour devoir faire la guerre, où on lui offre la justice tout en générant des iniquités, où bien des talents et des intelligences sont détruits au profit de la docilité au dépens de la dignité donc de la liberté. Asservir sa singularité à la nécessité dominante, soumettre ses forces à l'ordre social, c'est accepter le contrat, c'est recevoir de la servitude et de l'esclavage en lieu et place de l'eldorado que l'on nous avait promis. Haro sur ces coadjuteurs, ces pécores qui font de la société la lie de l'humanité et qui se plaisent à agiter les stimuli de l'unique auxiliaire de nos vies : "avoir", en le conjuguant sous toutes ses variations possibles : avoir plus, avoir mieux, avoir encore, avoir toujours, avoir plus vite... pour finalement transformer du quidam en "homo économicus". Lorsque le sage montre la lune, disait déjà un proverbe de la Chine ancienne, l'imbécile regarde le doigt... Mais par-delà la lune, Gaspard lance le javelot de sa vie porteur d'espoirs et de rêves obstinés, visant d'un œil vif jusqu'à l'empyrée. Dans sa fébrile odyssée naissante, préfère-t-il déjà décliner l'auxiliaire "être" : être pour ne pas avoir à subir, être pour ne pas avoir à avoir... Bien sûr la solitude pèse et l'étouffe, mais préfère-t-il encore douter de ses certitudes, préfère-t-il toujours se tromper seul plutôt que d'avoir raison sous la férule du groupe. *« Mieux vouloir être en contradiction avec tout le monde que de l'être avec moi-même étant un et de me contredire.»* [82] disait déjà Socrate. Aussi, ressent-il que le moment n'est pas trop tard pour lui de fixer

---

82 Socrate dans Gorgias, (469 av J.C).

son but, de planter le germe de ses espoirs les plus hauts ; le sol du petit Gaspard est encore assez riche pour cela.

Nietzsche : « *Je veux aller à mon but, je marche à mon pas ; je sauterai à pieds joints par-dessus les hésitants et ceux qui tâtonnent. Que mon chemin soit leur déclin.* » [83]

Telle est la volonté juvénile de Gaspard pour qui le bonheur est ailleurs, probablement pas dans le modèle illusoire d'un bonheur collectif qui ne peut en aucun cas exister sinon par l'addition des bonheurs individuels possibles. A force de duplications battologiques, "le bipède sans plume"[84] apparaît, en dehors de trop rares exceptions, dans une caricature dont on oublie la composante même du monde : le divers, le disparate, le différent, le désordre, l'aléatoire, la pluralité... matériaux consubstantiels à toute idiosyncrasie haute en couleurs. Car ne pas s'extraire du cycle nycthéméral imposé par nos institutions, c'est rester enchâssé dans l'anonymat des étables où l'on troque sa solitude au prix exorbitant d'un abandon de soi. Obéir aux schémas mentaux transformés en réflexes conditionnés sous le poids du psittacisme de la pensée commune, de l'idéologie dominante que d'autres ont décidés à notre place, c'est ouvrir la possibilité d'une scission d'avec soi-même puis perdre l'utilité de tout sens critique pour enfin sacrifier sa complète subjectivité, autant dire initier la chronique d'une mort précoce.

Nietzsche : « *Ce n'est pas la culture de la masse qui peut être notre but, mais la culture des individus élus, des personnes équipées pour les œuvres grandes et durables.* »[85]

L'instituteur, premier garant de nos institutions, ne devrait pas être éleveur, dans ces lieux où l'on n'apprend pas à penser librement mais à obéir fidèlement. Ces écoles, ces lycées ou ces facultés dans lesquels le savoir tourne sur lui-même en derviche ne font que l'éloge d'une

---

83 F. NIETZSCHE : Ainsi parlait Zarathoustra, "Prologue de Zarathoustra".
84 Platon : (428 – 348 av. J.-C.).
85 F. NIETZSCHE : Fragments Posthumes (09, 357). Extrait du livre de Karl JASPERS : "Nietzsche, Introduction à sa philosophie" Gallimard 1950.

ritournelle où les arabesques de la rhétorique, les volutes de la sophistique noient le poisson intellectuel dans une eau saumâtre dépourvue d'oxygène. Tenter d'apprendre le réel, non par son expérience propre, mais par des concepts préétablis pour tous, par des livres qui disent le monde, ne permet pas la connaissance mais son idée seulement. C'est donc rester en marge du monde, en marge de la vie et faire fi des trésors pliés en nous.

Nietzsche : « *le bon maître est celui qui apprend à ce que l'on se déprenne de lui.*»[86]

Ce qui revient à dire que le professeur, plutôt que de produire une classe d'ectoplasmes anémiques, ne devrait produire que des conditions qui permettent la possibilité d'expériences de chacun, qui ne sont pas celles de tous. Dans cette perspective, le professeur serait seulement le garant des outils mis à disposition pour que chacun s'en saisisse comme bon lui semble pour expérimenter, créer, s'amuser, explorer, se tromper..., autant donc de ruelles, de chemins, de culs-de-sacs ou d'autoroutes tracés au sein d'une même classe, autant d'émulation, de stimulation, de jubilation... sur le terrain où le champs des possibles serait exploité dans toute sa diversité pour la création d'êtres divers dans toutes leurs pluralités. Car vouloir "se créer liberté" pour reprendre Spinoza, ce n'est pas vouloir souscrire aux idéaux de la liberté, mais agir en acteur par soi-même, pour soi-même afin de quêter la grandeur, viser la maîtrise, et mettre en scène notre excellence ou plus modestement les stratégies qui supposent leurs desseins.

Et de grâce, cessons de penser qu'il existe des fainéants ou des cancres à l'école, plutôt sont-ils des réticents et même des résistants à boire la soupe aigre froide servie à longueur d'année qui ne convient pas à leurs subtils palais.

Dans ce projet, non pas d'une école adaptée pour tous, mais de multiples écoles adaptées à chacun, saluons l'initiative de Michel Onfray et son université populaire du goût d'Argentan ouverte à tous, absolument à tous, où l'on célèbre la joie, l'envie, l'expérimentation, le

---

[86] F. NIETZSCHE : "Le Gai Savoir" (1882).

goût d'apprendre, où il suffit de pousser la porte pour découvrir un monde qui enrichit, un monde de vie, sans inscription, sans examen, sans note, sans diplôme, sans pré requis, sans âge limite, juste l'envie pour celui qui sait et qui aime, de produire chez l'autre le même savoir et le même amour.
Saluons du même geste l'explosion des "écoles démocratiques" où des alternatives sont mises en place pour augmenter l'espace de liberté nécessaire au développement des singularités créatives. En tête desquelles la fabuleuse "Grenn School" de Bali (Indonésie) ouverte aux adolescents et qui commence à se dupliquer sur d'autres continents.

« Soyez résolus de ne plus servir, et vous voilà libres »[87]

Malheureusement, les institutions lombardes exigent leurs carburants et l'école produit le combustible en fabriquant des personnes, rarement des personnages, hélas ! Car ces derniers en produisant leurs histoires, génèrent l'histoire, là où les premiers ne sont que les produits de l'histoire. Là où quelques uns génèrent des hypostases, en étudient les potentialités, supputent leurs chances, font état de leurs ressources et finissent par inventer le moteur à explosion qui génère le déplacement, les autres ne sont que les gaz informes qui s'en échappent pour une dilution de leurs silhouettes fugaces dans un statisme intégral.

Nietzsche : *« Il en est des hommes comme des tas de charbons dans la forêt. Ce n'est lorsque les jeunes gens ont flambé et sont carbonisés comme ceux-là, qu'ils deviennent utiles. Tant qu'ils brûlent et fument, ils sont peut être plus intéressants, mais inutiles et trop souvent incommodes. L'humanité emploie sans compter tous les individus comme combustible pour chauffer ses grandes machines : mais pourquoi donc les machines, si tous les individus (c'est-à-dire l'humanité) ne sont bons qu'à les entretenir ? Des machines qui sont leur fin à elle-même, est-ce là la comédie humaine ? »*[88]

---
87 Étienne de La Boétie : (1530-1563), "Discours de la servitude volontaire" (1547).
88 F. NIETZSCHE : Humain trop Humain, L'homme avec lui-même, aphorisme 585 : "Pensée de mauvaise humeur".

Alors, dans ce cheptel tératogène générant toujours plus de consanguinité, où se situe notre liberté sinon dans le spectre d'une vision que l'on réduit de degré en degré au fil du temps ?
Notre liberté se joue-t-elle dans les marécages intimes de notre conscience ? Est-elle réellement l'occasion d'un dialogue entre soi et soi ou bien exerce-t-elle d'autres lieux, d'un pouvoir de réfraction ?

LIBERTE : Rarement depuis la révolution française qui rappelons-le, eut un impact majeur dans toute l'Europe, un mot n'aura été déclamé avec autant de passion et pourtant si peu défini dans son acception. C'est si vrai qu'au cours du 20ème siècle, certains qui ont porté haut sa bannière, sont les mêmes qui en ont fait un usage des plus abusifs, à l'image de "Arbeit macht frei" comprendre "le travail rend libre" qui est cette inscription rendue, comme nous le savons tous, tristement célèbre en ornant l'entrée du camp d'Auschwitz avec les conséquences que l'on sait. Dès lors, comment donc révéler l'utilisation abusive, voire la mystification du mot "liberté", si ce n'est dans une acception erronée, voire erratique, voire même d'une signification propre inexistante. La liberté semble en effet n'avoir aucun sens par elle-même, sinon en s'illustrant dans une dyade dont la partie induite et antagoniste serait la privation, la contrainte, l'interdit, le cadre, la soumission, l'immobilisme... Autrement dit, déclarer d'un homme qu'il est libre ne signifie rien. Il peut en effet être libre, c'est-à-dire ne pas être en prison, ou n'obéir à aucun régime totalitaire, ou bien s'affranchir de ses passions ou bien encore échapper au déterminisme dont il croit fixer lui-même les contours. En définitive, dire de la liberté qu'elle ne peut être que relative, c'est du même coup affirmer qu'en se libérant d'une contrainte, nous ne pouvons qu'obéir à d'autres. Ainsi, se rendre libre ne signifie rien de plus que se libérer d'une (ou plusieurs) contrainte qui nous pèse, pour se soumettre à une autre (ou d'autres) sensée nous convenir davantage. La liberté en soi ne semble donc pas pouvoir exister, elle n'est qu'un idéal car sa réalisation supposerait de s'affranchir de toutes les contraintes et si techniquement cela ne nous semble, à tort, pas impossible pour nous-mêmes, l'absence absolue et illusoire de contrainte ne nous

condamnerait-elle pas de facto au statisme absolu synonyme de mort ?
En effet, l'essence même du mouvement ou de l'action consubstantielle à la vie est bien une sorte de libération de notre vouloir qui prend forme dans sa réalisation. L'affranchissement de toutes les contraintes générateur de liberté absolue est donc impossible de notre vivant, nos corps en témoignent à eux-seuls en ne nous permettant pas, par exemple, la simultanéité d'un vagabondage multidirectionnel !

A ce stade, nous pouvons admettre le postulat selon lequel la liberté, si elle existe, est toujours relative en degré comme en nature. Ainsi, tenter de penser la liberté, c'est traiter d'un sujet plus vaste et souvent dualiste : liberté et art, liberté et morale, liberté et société, liberté et principe, liberté de parole...

Cependant au 17ème siècle, Descartes pense que la vérité est atteignable par le seul exercice de la raison et de la volonté dans un processus causal qui nous libère de la nature admise comme dominatrice. Il s'agit donc pour libérer l'homme de toutes les oppressions dont il est victime de le rendre maître et possesseur de la nature. Le but sous-jacent étant l'absence de contraintes sociétales. Mais là encore, l'absence de contrainte en société n'est-elle pas illusoire car si nous ne sommes tenus à rien, les autres non plus ne sont pas tenus de respecter notre liberté et celle-ci disparaît aussitôt.

Pour Montesquieu, "la liberté ne peut consister qu'à pouvoir ce que l'on doit vouloir". Là aussi, peut-on imaginer laisser l'homme libre au point de vouloir le "mal" ?

Les Grecs au contraire considéraient un principe supérieur d'ordre auquel ils devaient se soumettre quitte à renoncer à leur vouloir propre. Le sens de la liberté pour eux, se situait davantage dans un décentrement individuel, sur une ouverture à la contemplation intellectuelle de l'harmonie cosmique par exemple. Dès lors, les contraintes liées à la liberté semblent être indispensables au bien-être de l'homme qui a besoin d'être encadré pour se rassurer et d'un ordre défini stable pour se sentir sécurisé. Le problème serait plutôt de connaître la frontière entre encadrement et autorité, ordre et structure totalitaire, frontière qui somme toute relève de la sensibilité individuelle de chacun. Pourtant André Gide, figure de proue de l'individualisme anticonformiste dont on pourrait penser qu'il conspue toute forme de contrainte quelle qu'en soit la nature, définit clairement la liberté comme une ennemie à abattre : *« l'art naît de contrainte, vit de lutte, meurt de liberté »* ou bien encore : *« je tiens la liberté pour chose redoutable et désastreuse qu'il faut tâcher de réduire ou de supprimer chez soi d'abord, et même si l'on peut chez les autres. L'effrayant, c'est l'esclavage non consenti imposé, l'excellent c'est celui que l'on s'impose, faute de mieux celui auquel on se soumet, Ô servitude volontaire. »*[89]

Le point de vue de Gide, pour le coup anticonformiste, semble intéressant car il brise le mythe d'une liberté idéalisée en révélant ce qui semble être son antonyme. Ainsi, la liberté n'est plus attachée, pour Gide, à son corrélat qui serait la contrainte, mais devient elle-même contrainte. Car si la liberté possède bien un fondement objectif, nous avons incontestablement admis, peut-être trop rapidement, qu'elle repose sur notre capacité à faire des choix, ainsi qu'à notre revendication au droit de décider ce qui est bon pour la réalisation de nos propres projets ; au point où l'on intègre la liberté à l'essence de l'homme, ce qu'il y a de plus spécifique en lui. Ainsi pour Gide, dire de l'homme qu'il est libre, c'est donc dire que les "valeurs positives" posent problème pour finalement plier l'homme à sa plus grande contrainte qui est celle de devoir se créer en permanence à chaque instant sans appui ni secours, ni repère, ce qui signifie que la liberté devient plus un fardeau anxiogène au moins autant qu'un privilège.

C'est précisément ce dernier postulat que rejette Spinoza au nom d'un rationalisme intégral, car pour lui, l'homme se soumet à la loi exclusive de la recherche du plaisir et de l'évitement de la douleur (hédonisme) et soutient que la volonté et le désir ne sont qu'une seule et même chose pour en conclure que la liberté ne convient pas plus à la volonté des hommes qu'à celle des animaux. Spinoza dénonce l'illusion selon laquelle l'homme évoluerait dans la nature comme un empire dans un empire, alors qu'il en est partie intégrante et obéit strictement à ses lois iniques ou non. Pour lui, l'absence totale de contingence dans tout système qu'il soit organique ou inorganique

---

[89] André GIDE : (1869-1951) "Les nourritures terrestres" 1897.

permet de conclure sans conteste que toute action est déterminée, que certes le vouloir existe mais en aucun cas n'est libre. Ce qui revient à dire, que nous ne pouvons agir qu'en vertu de notre âme déterminée à vouloir par une cause qui elle-même est déterminée par une autre qui elle-même est aussi déterminée par une plus lointaine et ainsi à l'infini.

Avec autant de points de vue possibles et contradictoires, ne pouvons-nous pas déjà sentir la réflexion qui tourne sur elle-même et qui conduit inévitablement au "paradoxe de la liberté" d'ailleurs ainsi nommé par Popper qui nous précise : *« la liberté a le pouvoir de s'annuler par elle-même.»*[90], ce qui n'est pas faux car nous savons que des hommes se sont rendus esclaves pour ne pas mourir de faim. Certes, à ce stade, nous pouvons traiter des différents angles de la liberté aussi contradictoires que fondés, ce qui nous conduirait à réfléchir sur l'empirisme, le déterminisme, l'existentialisme, le complémentarisme, la perspective naturaliste, l'indéterminisme, mais aussi de l'autoritarisme des sociétés traditionnelles, du libéralisme, de l'anarchisme, du marxisme, pour enchaîner sur la démocratie et conclure sur l'utopisme ! Mais traiter de tous ces sujets légitimes et connexes à la liberté, c'est sans doute faire l'économie de la liberté elle-même, sous prétexte que nous avons validé ses fondements et les intégrons comme noumènes. Et pourtant ! Pour celui qui souhaite dépasser la superficialité de ce qui paraît être évident pour la plupart d'entre-nous, il manque une pièce essentielle au traitement téléologique du sujet qui nous intéresse ici. Nous ne pouvons pas en effet, envisager penser profondément la liberté en faisant l'économie du problème du "libre-arbitre". Autrement dit, notre volonté qui précède l'action, est-elle nourrie par notre propre vouloir ? La notion de libre-arbitre désigne donc le pouvoir qu'aurait la volonté de se décider en toute indépendance. Elle choisirait d'elle-même sans se référer à aucune autre détermination, c'est un acte souverain, mais existe-t-il réellement ?

Il est entendu que l'homme libre est celui qui se meut par sa volonté seule agissant conformément à elle seule comme peuvent le faire les animaux lorsque ni cage, ni chaîne, ni pathologie

---
90 Karl Raimund POPPER : (1902-1994) "Misère de l'Historicisme" 1956.

encéphalique ne s'opposent à leurs actions. C'est le premier niveau de réflexion commun auquel nous adhérons tous sans conteste, celui évoqué que très partiellement plus haut. Cependant, dire d'un homme ou d'un animal qu'il est libre, à ce premier stade, c'est exclure les influences qui peuvent s'exercer sur leur volonté elle-même, pour la détourner d'une action qui découlerait de leur volonté première. En effet, influencer le vouloir par des menaces, des perspectives de danger ou promesses, soumet l'animal comme l'homme au point où l'on peut légitimement se demander s'ils sont encore libres considérant une force extérieure et contraire à leur volonté, suffisante à rendre impossible une action conforme à cette dernière. La question de la liberté devient donc : Le vouloir est-il libre ? C'est-à-dire que la notion de liberté abordée jusqu'ici sous l'angle de la "puissance d'agir" est considérée à un échelon supérieur de la réflexion et devient : "La puissance du vouloir". De facto, et ainsi pensé, nous amorçons inéluctablement une sorte de mise en abîme ou régression perpétuelle infinie qui consisterait à remonter toujours plus loin la série des volontés en considérant chacune d'elles comme dépendante d'une volonté antérieure, sans toutefois pouvoir prétendre au point fixe d'une volonté originelle. Considérer une volonté libre, avons-nous dit, semble défier l'entendement, car ne serait déterminée par aucune cause, c'est-à-dire rien (le garant de la liberté). Or, la raison n'est-elle pas une synthèse d'un système causal où toute chose est la cause ou la conséquence d'une autre ? Prétendre le vouloir comme étant libre, est de toute évidence un oxymore qui a son sens en littérature, mais en philosophie ne devient-il pas antinomie ? Certes, nous pouvons tourner à droite ou bien si nous le voulons, nous pouvons tourner à gauche (si aucun obstacle physique, ni interdiction ne s'y opposent). Nous sommes donc libres. Une telle conclusion est évidement juste puisqu'elle présuppose la liberté de la volonté, mais admet aussi que la décision est déjà prise. La liberté de la décision ne peut donc nullement être établie car à aucun moment nous ne faisons mention de la dépendance ou de l'indépendance de la volonté à l'instant où elle se produit, mais uniquement de ses conséquences une fois accomplie. Autrement dit, on ne tient pas compte de la nécessité d'un tel acte

dans cette affirmation qui semble porter des hiboux à Athènes.[91]
Aussi, dans la poursuite de cette analyse, est-il nécessaire d'exclure la conscience au profit de l'inconscience car, si la première ne s'établit qu'à postériori de la volonté (actes et conséquences), la deuxième prendra sens à priori du supposé libre arbitre.

La forme essentielle de notre entendement est le principe causal qui donne sens à toutes nos représentations extérieures du monde comme intérieures (pensées, rêves...). Les actions des hommes sur la nature, comme tout phénomène naturel, résultent inéluctablement des circonstances précédentes produisant des effets qui procèdent nécessairement de leurs causes. Cette régression infinie déjà évoquée plus haut, qui consiste à savoir que toute chose est en évolution ou modification permanente due à l'interaction d'un évènement précédent, nous amène à chercher la chose originelle, le point fixe, ce qui, nous en conviendrons tous est impossible. Néanmoins, nous validons ce processus de causalité en inventant des points fixes. En effet, dire de notre naissance individuelle qu'elle est "l'âge 0" de notre histoire est faux puisque, si notre création est le fait d'une association entre un spermatozoïde et un ovule, nous ne tenons pas compte de ce qui a rendu possible le coït de nos parents qui, lui-même procède d'une rencontre dont les facteurs sont eux aussi ignorés... De même, nous admettons l'erreur du big-bang comme étant le "point 0" du Grand Tout alors qu'il est lui-même et nécessairement la conséquence d'un précédent... L'invention de ces points fixes ne fait en fait que valider notre structure mentale elle-même intégralement dépendante du procès de causalité. Quelles que soient les observations de la nature ou de toutes démarches scientifiques qui élèvent notre conscience par l'évolution de notre connaissance, lorsque la cause entre en jeu, la modification conséquente amenée par elle, produit l'effet immanquablement avec une nécessité absolue. Par ce caractère de nécessité, le principe de causalité se révèle comme étant la loi universelle de l'univers ; ce qui est évidement valable aussi pour toutes les représentations oniriques de l'homme. Et c'est précisément là où se glisse notre erreur ! Nous nions l'évidence de l'impossibilité du libre-arbitre. Nous croyons par la faculté de conscience propre à

---

91 Enoncer des évidences, des truismes..., (formule d'Aristophane, 4ème siècle av JC).

l'homme, pouvoir échapper au déterminisme de l'univers. Nous validons le libre-arbitre en croyant aveuglément être dotés d'une capacité supérieure à toute organisme vivant, par notre seule possibilité d'intégrer à notre pensée davantage de processus causals présents et passés et prétendre influencer notre avenir par une décision que l'on croit libre. Nous validons le postulat en déclarant que les animaux les moins évolués sont libres dans leurs volontés à un degré inférieur à l'homme car eux ne peuvent se soustraire qu'aux contraintes physiques (obstacle par exemple) car n'ayant conscience d'eux-mêmes, ils sont incapables d'intégrer leur passé pour un devenir librement choisi en fonction de leur présent. Or, ce qui est valable pour l'animal de l'espèce la moins évoluée, l'est aussi pour l'espèce la plus évoluée qui l'est aussi pour l'homme, car quelle que soit la largeur de l'éventail qui intègre le nombre de chaînes des processus de causalité, quel que soit ce que nous pouvons y mêler (autre que les éléments physiques) : la conscience, la projection des pensées, le rêve, l'intégration de l'histoire collective... dans nos actions, nous ne faisons qu'intégrer toujours plus les maillons de cette chaîne de causalité. Et en quoi notre réflexion si puissante soit-elle, s'extirperait-elle du processus dit causal ?! Assurément, le mouvement d'un corps physique ainsi que toute pensée humaine aussi complexe soit-elle, ne sont possibles sans cause. En affirmant la thèse du libre-arbitre, l'homme se laisse tromper par ce qu'il croit être l'ultime preuve de la puissance de sa liberté de vouloir, à savoir : l'immatérialité des motifs constituée en simples pensées qui ne se rattachent à rien de présent, ni à ce qui l'entoure, et dont il fait fi du processus causal qui consiste à opposer à ces pensées de simples autres pensées : obstacles qui agissent comme autant de motifs contraires et qui ne soulignent que l'absolue nécessité d'un processus souverain qui régit l'univers.

Alors devant ce constat, l'homme s'illusionne une fois de plus, ne pouvant supporter d'égratigner son infatuée prétention, origine de toute perversion. Il met en doute la nécessité de ses actions en s'imaginant que ce qu'il fait, il pourrait tout aussi bien ne pas le faire, que sa volonté décide spontanément sans motif et que chacun de ses actes est le premier anneau (le point fixe, le point "0") d'une série de modifications. L'homme n'est-il pas plutôt, à l'image d'une boule de billard qui ne peut entrer en mouvement que lorsqu'elle a reçu l'impulsion, déterminé par un motif nécessaire, pour par exemple, se lever de sa chaise ? Assurément, il se lève de sa chaise aussi nécessairement qu'inévitablement, comme la boule percutée roule. Il quitte sa chaise car le flot des motifs s'est joué au fond de son inconscient et qu'il en "mentalise" un seul, inéluctablement le plus puissant, qu'il représente en image parfois très subrepticement, et c'est à cet instant et pas avant que la volonté se meut en action. Mais si nous contredisons cet homme persuadé du bien fondé du libre-arbitre, si nous lui expliquons que sa volonté qu'il croit libre ne l'est pas, alors il viendra à regimber en affirmant qu'il est tout à fait libre de ne pas se lever de sa chaise et croit nous le prouver en restant sagement immobile ! Mais là encore, son immobilisme ne serait-il pas simplement l'expression de notre contradiction en le mettant au défi de nous prouver que sa liberté est libre ?! Que cette contradiction a suffisamment pesé sur son esprit pour qu'elle devienne à elle seule la nécessité de son action ?!

L'homme est bien plutôt, ainsi que tout phénomène du cosmos, celui qui subit la loi du temps et en lui la loi de la causalité consubstantielle à tout système organique comme inorganique. S'imaginer trouver la preuve d'un libre-arbitre en attestant par la conscience qui, elle-même ne peut que valider les conséquences des actions d'une volonté qui décide, ne prouve rien sur la prétendue liberté de cette volonté. Si l'on admet le libre-arbitre, alors chaque action de l'homme est un miracle inexplicable, un effet sans cause où les formes de l'entendement sont répugnées. Avoir la conscience de cette illusion serait plus juste ! Jamais une cause au monde ne tire sa conséquence d'elle-même (ex-nihilo) comme l'exprime si bien Hobbes :

« Rien ne tire son origine de soi-même, mais de l'action de quelque autre agent immédiat. Donc, lorsque pour la première fois l'appétit ou la volonté d'un homme se porte vers quelque chose, pour laquelle il n'éprouvait précédemment ni appétit ni volonté ; la cause de ce mouvement de la volonté n'est pas la volonté même, mais quelque autre chose qui n'est pas en sa puissance. Donc, puisqu'il est hors de doute que la volonté est la cause nécessitante des actes volontaires, et

que d'après ce que je viens de dire la volonté est nécessairement causée par d'autres choses indépendantes d'elle ; il s'ensuit que tous les actes volontaires ont des causes nécessaires, et par suite sont nécessités. »[92]

Il existe toujours une matière sur laquelle la cause exerce et ne fait qu'occasionner à un instant, un lieu, et sur un être donnés, une modification qui est toujours conforme à la raison de cet être qui la validera en motif à l'exclusion de tout autre. Car à l'issue de notre monde de conséquences et de causes qui produisent le conflit des motifs et leurs forces qui luttent les unes aux autres sur le champ de bataille de l'esprit humain, un motif plus fort obligera nécessairement les autres à lui céder la place pour déterminer seul la volonté.

Et les neurosciences valident aussi l'inexistence de ce libre-arbitre. Au cours des années 1980, Benjamin Libet conduit une expérience psychologique qui a profondément remis en question l'existence d'un libre arbitre. Lors de cette expérience, il demande aux participants de s'asseoir en face d'un écran où ils peuvent observer un point qui suit une trajectoire circulaire analogue à celui de la trotteuse des secondes sur le cadran d'une montre. Des électrodes EEG sont fixées sur le cuir chevelu des sujets. Puis, l'expérimentateur leur demande d'effectuer un geste simple, d'eux-mêmes, spontanément, tel qu'appuyer sur un bouton, au moment qu'ils choisissent, dans un intervalle de temps donné, par exemple dans les 20 secondes, qui suit cette consigne. En outre, il demande à chacun des participants de noter la position du point sur l'écran à l'instant même où il prend conscience de sa décision, de son envie ou de son intention d'effectuer ce geste (Libet utilisait ces trois termes de manière interchangeable). Les expérimentateurs enregistrèrent grâce aux électrodes EEG, une montée de l'activité dans le cortex moteur environ 300 millièmes de seconde avant l'instant de la décision consciente d'agir (inférée à partir de la position du point rapporté par le sujet). Ces observations, que d'autres expérimentateurs ont reproduites depuis, suggèrent que des processus cérébraux inconscients sont les véritables commanditaires, les véritables déclencheurs d'actes que les sujets ont l'impression

---
92 HOBBES Th : "Œuvres morales et politiques", (1 vol. infolio, Londres, 1750, page 483).

d'avoir décidé librement. Par conséquent, le libre arbitre n'a aucun rôle dans la détermination de l'instant de ces prises de décision. En d'autres termes, la question est : notre moi conscient est-il l'agent de nos décisions ou, selon l'interprétation des résultats de Libet, est-il seulement le spectateur de décisions prises quelques centaines de millisecondes plus tôt ?

Mieux encore, la physique quantique anéantit toute possibilité de facteur lié au hasard. En effet, déjà dans les années 1920, un étrange phénomène, révélé par Thomas Youg et vérifié depuis en laboratoire, fit apparaître la double nature de la lumière à la fois particule (photons) et onde. Plus étonnant encore pour les néophytes, la matière elle-même est cette double nature qui aujourd'hui, représente le fondement même de la discipline quantique. En vertu de la révélation de Youg et d'après l'équation de Schrödinger, la fonction de l'onde détermine la distribution des particules, ce qui d'après "l'interprétation de Bohm" de 1980 prouve la nécessité causale de l'univers et de tout ce qui le compose y compris le vide. Dieu ne joue donc pas aux dés ![93]

La nature spéciale et individuellement déterminée de la volonté en vertu de laquelle sa réaction sous l'influence d'un même motif diffère d'un homme à l'autre, constitue ce qu'on appelle le caractère, la singularité, l'idiosyncrasie de chacun. Et cette particularité de chacun est elle-même en perpétuelle modification (évolution) sous le flot des motifs qui se jouent nécessairement en elle. L'idiosyncrasie, dont le patrimoine génétique ne doit pas être étranger, est empirique sous l'angle des expériences de chacun du fait de leurs forces influentes : milieu familial, expériences cognitives, et les innombrables influences reçues à chaque instant de la vie (et qui, si l'on prolonge la logique du processus causal, sont elles mêmes nécessairement déterminées). C'est pourquoi, la connaissance des motifs ne suffit pas pour prédire l'action de la volonté qui doit en résulter. Il faudrait en effet, avoir la connaissance exacte du caractère unique qu'ils sollicitent. C'est pourquoi également, l'action d'un même motif varie tant d'un homme à un autre, tout comme l'action prolongée du soleil, décolore un tissu

---

[93] David BHOM : Physicien théoricien américain (1892-1987). "Dieu ne joue pas au dés": la formule est d'Albert Einstein pour illustrer l'impossibilité du modèle probabiliste de l'univers soutenu par certains physiciens.

jusqu'au blanc, mais noircit notre peau. Dans ce processus causal qui relève de milliards de motifs absolument nécessaires à chaque instant et partout dans l'univers, qui peut prétendre comment l'autre (et nous-mêmes) agira dans une circonstance nouvelle et... déterminée ?...
La nécessité des causes et des conséquences est entrée en jeu et a opéré en vertu d'une puissance aussi absolue que celle par laquelle le soleil se lève à l'est. Nous devons assurément considérer les évènements qui se déroulent devant nous du même œil que les caractères imprimés sur les pages de ce livre que vous lisez à cet instant précis, en sachant bien qu'ils s'y trouvaient déjà avant que vous les lussiez.

Nietzsche : « *En contemplant une chute d'eau, nous croyons voir dans les innombrables ondulations, serpentements, brisements des vagues, liberté de la volonté et caprice, mais tout y est nécessité : chaque mouvement peut se calculer mathématiquement. Il en est de même pour les actions humaines ; on devrait, si l'on était omniscient, pouvoir calculer d'avance chaque action, et de même chaque progrès de la connaissance, chaque erreur, chaque méchanceté. L'homme agissant lui-même est, il est vrai, dans l'illusion du libre-arbitre ; si, un instant, la roue du monde s'arrêtait et qu'il eût là une intelligence calculatrice omnisciente pour mettre à profit cette pause, elle pourrait continuer à calculer l'avenir de chaque être jusqu'aux temps les plus éloignés et marquer toute trace où cette roue passerait désormais. L'illusion sur soi-même de l'homme agissant, la conviction de son libre-arbitre, appartient également à ce mécanisme, qui est objet de calcul.* »[94]

Il est vrai, l'impossibilité de l'existence d'un libre-arbitre rendu par le processus des chaînes des nécessités causales, nous permettrait si notre puissance de calcul était bien supérieure, de connaître toutes les conséquences sur toutes les matières de tous les motifs nécessaires agissant et ainsi comprendre notre passé, et aussi connaître notre avenir selon l'exact même procédé.
Mais revenons au domaine de la philosophie !

---
94 F. NIETZSCHE : "Humain trop Humain", Pour servir l'histoire des sentiments moraux, aphorisme 106 : au bord de la cascade.

Nietzsche va beaucoup plus loin que ses congénères. Pour le philosophe allemand, la thèse de l'existence d'un libre-arbitre est évidement à exclure : la volonté n'est pas l'expérience d'une autonomie du sujet mais le triomphe d'une force vitale qui s'est frayée un chemin à notre insu et l'illusion consiste à prendre ce sentiment de liberté pour une causalité libre. Le libre-arbitre n'est rien d'autre que l'ignorance des causes qui nous font agir et n'exprime rien d'autre que de ne pas sentir sur soi ses propres chaînes, pour reprendre Spinoza. Cela dit, si la thèse du libre-arbitre est apparue, ce n'est pas pour Nietzsche le fruit du hasard (sic). Aussi, dans la perspective généalogique propre au philosophe en quête permanente de vérité, révèle-t-il une psychologie des valeurs qui met directement en cause la caste des prêtres considérés comme les inventeurs de la doctrine de la volonté qui, au nom de Dieu satisfont leur désir de domination et de punition.

Nietzsche : « *Il ne nous reste aujourd'hui plus aucune espèce de compassion avec l'idée du "libre-arbitre": nous savons trop bien ce que c'est – le tour de force théologique le plus mal famé qu'il y ait, pour rendre l'humanité "responsable", à la façon des théologiens, ce qui veut dire : pour rendre l'humanité dépendante des théologiens... Je ne fais que donner ici la psychologie de cette tendance à vouloir rendre responsable. Partout où l'on cherche des responsabilités, c'est généralement l'instinct de punir et de juger qui est à l'œuvre. On a dégagé le devenir de son innocence lorsque l'on ramène un état de fait quelconque à la volonté, à des intentions, à des actes de responsabilité : la doctrine de la volonté a été principalement inventée à fin de punir, c'est-à-dire avec l'intention de trouver coupable. Toute l'ancienne psychologie, la psychologie de la volonté n'existe que par le fait que ses inventeurs, les prêtres, chefs des communautés anciennes, voulurent se créer le droit d'infliger une peine – ou plutôt qu'ils voulurent créer ce droit pour Dieu... Les hommes ont été considérés comme "libres" pour pouvoir être jugés et punis, pour pouvoir être coupables : par conséquent toute action devait être regardée comme voulue, l'origine de toute action comme se trouvant dans la conscience (par quoi le faux-monnayage in psychologis, par principe, était fait principe de la psychologie même...) Aujourd'hui que nous sommes entrés dans le courant contraire, alors que nous autres immoralistes cherchons, de toutes nos forces, à faire disparaître de nouveau du monde l'idée de culpabilité et de punition, ainsi qu'à en nettoyer la psychologie, l'histoire, la nature, les institutions et les sanctions sociales, il n'y a plus à nos yeux d'opposition plus radicale que celle des théologiens qui continuent, par l'idée du "monde moral", à infester l'innocence du devenir, avec le "péché" et la "peine". Le christianisme est une métaphysique du bourreau... »*[95]

Cet angle d'analyse nous permet de comprendre la philosophie des valeurs qui sous-tend la philosophie de Nietzsche pour qui, la conscience morale s'enracine dans la cruauté. Là où les philosophes classiques cherchent la source de la morale dans la raison, Nietzsche la trouve dans la vie de l'instinct et démontre parfaitement la confusion historique qui s'est opérée entre morale et religion.

La conséquence des critiques de Nietzsche contre l'idée de liberté et de moralité, dont le fondement est lui-même immoral puisqu'il repose en réalité sur le mensonge et la cruauté, est qu'il faut anéantir la morale pour délivrer la vie, c'est-à-dire redonner à l'homme sa pleine innocence. C'est en cela que Nietzsche est un philosophe immoraliste. Il s'agit de supprimer toute obligation et donner à l'homme le moyen de retrouver sa naïveté et sa vraie liberté, qui n'est plus celle du libre-arbitre, mais celle d'une affirmation de sa volonté de puissance. Là où toujours dominent l'indignation et la recherche de coupables, là où l'on cherche des responsabilités, la vie est dépouillée de son innocence. En retrouvant notre innocence, nous n'avons plus besoin de céder à notre instinct de vengeance, de nous décharger sur un bouc-émissaire et dès lors, pouvons-nous avoir un regard purement affirmatif. En ceci, comme le précise Jaspers[96], Nietzsche cherche la conscience de l'innocence en retrouvant le sentiment de la totale irresponsabilité. C'est en effet lorsque l'on a plus honte de soi, que le fardeau de la "moraline" s'allège et que l'on commence à approcher "La Grande Vérité". C'est lorsque l'on ramène plus un état de fait

---

95 F. NIETZSCHE : Crépuscule des idoles, & 7 : des quatre grandes erreurs.
96 KARL JASPERS : (1883-1969)

quelconque à la volonté et donc à la responsabilité humaine, c'est seulement lorsque l'on est parvenu au savoir et à la conscience de l'innocence, que s'ouvrent les possibilités. C'est seulement l'innocence du devenir qui nous donne le courage le plus grand et la liberté la plus grande.

*****

Nietzsche : *La théorie du "libre arbitre" est antireligieuse. Elle veut donner à l'homme le droit de se croire la cause de ses états et de ses actes supérieurs ; elle est une forme d'un sentiment d'orgueil croissant. L'homme sent la puissance, son bonheur, comme on dit ; il faut qu'il y ait eu "volonté" avant cet état ; autrement cet état ne lui appartient pas. La vertu est un essai de poser le fait de vouloir et d'avoir voulu, comme l'antécédent nécessaire de tout sentiment de bonheur élevé et fort ; quand la volonté est régulièrement présente dans le conscient lors de certaines actions, on peut admettre qu'il en résulte un sentiment de puissance. C'est une simple optique psychologique, toujours dans l'hypothèse fausse que rien ne nous appartient qui n'ait été d'abord voulu consciemment. Toute la doctrine de la responsabilité dépend de cette psychologie naïve qui veut que seule la volonté soit cause de nos actes et que l'on doive savoir qu'on a voulu, pour pouvoir se croire cause.*
Vient la tendance contraire : celle des moralistes philosophes du 18ème siècle, avec ce même préjugé que l'on ne peut être responsable que de ce que l'on a voulu. Ils posent que la valeur de l'homme est une valeur morale ; donc sa moralité doit être une cause première ; donc il doit y avoir dans l'homme, comme cause première, un principe, un "libre arbitre". Ici toujours cette arrière-pensée que si l'homme n'est pas cause première par sa volonté, il est irresponsable – qu'il n'a donc pas à comparaître au forum de la morale – que la vertu ou le vice seraient automatiques et machinaux.
En somme, pour que l'homme puisse avoir le respect de soi-même, il faut qu'il soit également capable d'être mauvais. [97]

---
[97] F. NIETZSCHE : La Volonté de Puissance, 1888 (15 & 288), "La morale, tentative de restaurer

Nous sommes des êtres agissants, des forces : c'est notre croyance fondamentale. Libre, cela signifie "ni heurté, ni poussé", sans aucun sentiment de contrainte. Quand nous rencontrons une résistance à laquelle nous devons céder, nous ne nous sentons plus libres ; si nous ne cédons pas, si nous l'obligeons à céder, nous nous sentons libres. C'est donc le sentiment de notre supériorité de force que nous appelons notre "libre arbitre" ; la conscience que nous avons d'une force contraignante par rapport à une force contrainte. Dans tout vouloir il y a de la passion. [98]

---

l'orgueil humain".
98 F. NIETZSCHE : La Volonté de Puissance, 1888 (13 & 635).

GEOPOLITIQUE DE L'EFFROI

« La connaissance tue l'action, parce que l'action exige qu'on se voile dans l'illusion.» [99]

---

99 F. NIETZSCHE : La Naissance de la Tragédie, aphorisme 7.

$\mathcal{S}$ebatiao Salgado, de l'agence "Magnum", a parcouru le monde pour fixer sur pellicule la dignité des silhouettes et des visages de nos frères humains. Des mines du Brésil où les hommes-fourmis sont soumis au labeur continuel, aux grands lacs asséchés d'Afrique de l'ouest où femmes et enfants décharnés n'ont plus assez d'eau dans le corps pour pleurer, c'est le même regard qui est à l'œuvre et qui exprime que ces êtres humains ont droit à mieux qu'à notre pitié fût-elle charitable et organisée.

Le livre que je tiens entre les mains est un recueil de photos en noir et blanc, grand format, pour grand frisson d'effroi.. *"Une certaine grâce"*[100], tel est le titre subversif voulu par Sebastiao Salgado. Or, l'antonyme le plus cinglant de "grâce" que nous pourrions définir par "la laide dysharmonie du chaos" fait figure d'euphémisme face à cette page quatre-vingt un qui défie tout regard prolongé même le plus aguerri aux forces du mal. En écho à la plus haute quintessence de la néguentropie humaine, ce cliché est une flèche mortelle dont la pointe empoisonnée a longuement été taillée par l'homme lui-même pour transpercer l'éther de son espace déjà réduit qu'on nommait "décence" mais qui désormais n'existe plus. L'émotion monte en moi dans une célérité incontrôlable... En un instant, je suis perclus au fond d'une fissure qu'aucune lumière ne peut atteindre. Ma conscience navigue sur un océan tempétueux de bile noire formée par mes congénères lucifuges prêts à en découdre avec toute raison humaine. En contemplant ce cliché daté de 1984, où l'horreur chimérique humaine surclasse l'instinct animal le plus erratique, je pense vivre en direct un pic existentiel en creux, ou en négatif pour rester dans la sémantique du photographe. Un sentiment dévastateur s'empare de moi en buvant du regard cette potion par clystère composée d'argentique de tristesse infinie, du bain de la honte calomnieuse, et du révélateur de culpabilité péremptoire.

Sous une tente onusienne du camp de Korem en Éthiopie, un enfant âgé d'une dizaine d'années, gît allongé sur le dos à même le sol. Seul un drap fait d'une toile de jute élimée bientôt rebaptisée suaire,

---

100 Sebastiao SALGADO : Une Certaine Grâce, 1990 Paris édition Nathan.

simule un artéfact de confort. Sa peau noire si fine et tendue qu'elle laisse apparaître la blancheur des os, enveloppe au plus près un corps intégralement décharné faute de nutriments depuis trop longtemps... depuis toujours... Cet être est devenu ce lieu de rencontre étrange où mort et vie cohabitent en sournois commensaux d'un corps définitivement phtisique. Égaré dans l'infini néant de son futur proche, ses yeux lourds de fatigue fixent d'un regard vitreux, un adulte falot penché sur lui et qui, d'un ultime geste, tente de supplier la vie de toute son indulgence. Cependant, l'extrême limite permise par la vie est franchie, cet enfant-cadavre ne connaîtra jamais les joies et les rires des innocents de son âge, les musiques joyeuses et les allégresses. Car ses muscles ont disparu sous la peau, seuls les tendons apparents maintiennent encore le squelette en formation, car ses côtes blanches et fissiles alternant avec la peau noire, rappellent les rayures du zèbre et leurs précieuses fonctions disruptives, car enfin sa tête aux choanes désormais apparentes, paraît démesurée face au corps dont les membres algides sont aussi fins qu'un phasme inerte sur sa brindille.

Outre l'expression obscène de la réalité de la faim dans le monde, deux lectures de ce cliché sur le thème de l'horreur nous sont proposées par Salgado : l'une représente la vie sans énergie, qui capitule d'un corps incompatible, au cycle nycthéméral détruit, l'autre, ce même corps vidé de toute substance, de toute vie où la mort a déjà pris place. Cette coexistence de la vie et la mort comme fantomatique, d'un enfant qui n'a pas accès à la nourriture, comme un être de l'entre-deux, reste un instant effroyablement unique qui se détache du temps pour se transformer en éternité infâme et peccamineuse que nous portons tous en nous. L'expérience ontologique de ces millions d'enfants qui ne connaissent que la douleur de vivre par l'algodicée de la faim, jusqu'à la tragédie de mourir dans l'ignominie la plus révoltante, relève du sombre mystère de la conscience humaine qui nous révèlera peut-être un jour les puissants arcanes de sa face noire.

Nietzsche : « *On peut douter qu'un grand voyageur ait trouvé quelque part dans le monde des sites plus laids que dans la face humaine.* »[101]

---

[101] F. NIETZSCHE : Humain trop Humain, "L'homme en société", aphorisme 320.

Devant l'insoutenable atrocité de cette scène que nous ne pouvons accepter et qui pourtant se répète à chaque instant, souvent dans les mêmes lieux, je prends conscience que le mécanisme de déni représente un disjoncteur capable de nous protéger de l'auto-combustion dont la vérité du monde peut être à l'origine. Cependant, et parce que je crois à l'impossible navire au milieu de l'infini désert de sable, je conspue toute forme prolongée de déni lorsqu'elle n'est pas créatrice d'art ou d'éthique, car systématiquement dans ce cas, nous sommes invités à revêtir les habits sombres du thanatophile pour le grand bal de l'inconscience humaine, générateur de comportements ordaliques aux conséquences cataclysmiques.

Alors pourquoi ce chapitre ? Pourquoi vouloir écrire sur la faim dans le monde et son cortège de millions de victimes chaque année, tout en sachant que les mots souligneront l'inaction, l'impuissance, qu'ils se perdront dans l'inanité d'une faconde insane ? Que les mots sur le sujet ne font que s'assembler pour créer l'immuable ritournelle messéante dans laquelle le psittacisme inepte règne en Léviathan, tantôt sur le ton du condouloir, tantôt celui de la philippique, jamais celui de l'euristique puisque nous savons déjà tous cette horreur, jamais non plus celui de la résipiscence collective. Les raisons de cet exercice d'écriture existent pourtant, Nietzsche nous fournit des explications nourries. L'une d'entre elles est d'ordre piaculaire, une décharge indispensable d'émotion, lorsqu'après avoir fait bombance à répétition, replet, en nous point une tension jusqu'à devenir... dérangeante dans notre confort de bien portants aux poignées d'amour. Et comment ? Comment en effet, écrire sur le sujet sans risquer la turpitude des lieux communs, la banalité, le truisme, l'imprécision, le manquement, le fatalisme nauséabond, et une fois de plus l'indécence qui naît entre la gravité du sujet et celui qui n'apporte aucune solution, ne dénonce aucun fait nouveau, et n'a même jamais fréquenté ces territoires de misères sur lesquels la faim tue en quimboiseurs chaque seconde des êtres qu'il n'a pas plus rencontrés.
La pitié, la compassion, et même l'auto-flagellation d'un être qui se prétend impuissant devant la scène d'horreur qu'il découvre en image, d'un enfant desséché faute de nutriment, ne changera rien à la

situation dramatique des affamés de notre monde. Nietzsche nous éclaire encore sur ces réactions comportementales humaines (trop humaines...) qui introduisent la notion de mauvaise conscience, nous indique par exemple que celui qui éprouve ces émotions (qui d'entre nous ne les éprouve pas ?) s'empare (consciemment ou inconsciemment ?) de sa volonté dont le but est d'atteindre une augmentation de sa puissance qu'il transformera en pouvoir destiné à s'imposer sur ses semblables (sous quelle forme ?...)
N'avons-nous jamais appris aussi bien une poésie qu'en la répétant de nombreuses fois jusqu'à en imprégner la mémoire parfois rétive à l'exercice ? Pour autant, est-ce le meilleur procédé qui permet la pleine conscience du texte acquis ? Car :

Nietzsche : « *Tant que les vérités ne s'inscrivent pas dans notre chair à coup de couteau, nous gardons vis à vis d'elles, une certaine réserve qui ressemble à du mépris.* »[102]

Certes, nous pouvons pérorer tout en ductilité sur la manière d'aborder le sujet de la faim dans le monde, mais dénoncer et dénoncer encore et toujours cette maladie de l'homme souffrant de l'homme, ne sera jamais vain tant que le remède pourtant en notre possession ne sera pas à disposition de tous.

A Bruxelles en décembre 2010, une commissaire européenne m'apprit à mon grand étonnement la présence de plus de cent dix ONG (Organisation Non Gouvernementale) à vocation majoritairement humanitaire, dans le seul pays du Burkina Faso. Faut-il conclure que les moyens humains pour résoudre ce fléau de la faim dans le monde ne manquent pas ? Mais que fait-il donc défaut ? Les moyens financiers, une organisation efficiente ? Où réside le dysfonctionnement ? Dans un possible détournement des fonds, d'un népotisme exacerbé, d'une collusion à échelle planétaire, d'une appétence de trop nombreux satrapes ? Pourtant, des milliers de femmes et d'hommes travaillent de manière oblative et continue à la résolution de ce fléau, de nombreuses structures interétatiques existent depuis longtemps déjà. Pour la seule année 2014, plus de dix mille

---
[102] F. NIETZSCHE : Fragments Posthumes (4, 311). Extrait du livre de Karl JASPERS : "Nietzsche, Introduction à sa philosophie" Gallimard 1950.

conférences d'experts ont été menées dans les bâtiments de l'ONU (Organisation des Nations Unies). Comment s'organisent-elles ? Quelles sont leurs moyens, et d'où proviennent-ils ? Quels sont les effets produits sur ces territoires de faim ? Tel sera l'angle de vue de ce court chapitre, celui des moyens actuels mis en œuvre pour livrer bataille (ou non) contre cette hydre humaine génératrice d'engeance humaine.

Tout en m'efforçant de faire preuve de cautèle, je décide d'écrire sous perfusion de nombreux rapports de commissions de l'ONU, de la FAO (organisation pour l'agriculture et l'alimentation) du PAM (programme alimentaire mondial), de l'UNICEF (Fond des Nations Unies pour l'enfance), de l'OMC (Organisation Mondiale du Commerce), du FMI (Fond Monétaire International), et de l'OMS (Organisation Mondiale de la Santé).

La race humaine totalise sept milliards de personnes, parmi lesquelles chaque année, plusieurs millions d'hommes de femmes et d'enfants périssent de la faim. Le temps d'apprécier, charentaises aux pieds, la caudalie d'une seule gorgée de "fine Napoléon", c'est déjà deux à trois enfants de moins de dix ans qui meurent quelque part sur la planète, c'est à dire devant chez nous, faute de nourriture suffisante. Soit un enfant de moins de dix ans toutes les cinq secondes, près de quatre millions chaque année. Sans accroître, aucunement le niveau de production de l'agriculture mondiale, ce sont douze milliards d'êtres humains qui pourraient, en permanence être alimentés,[103] plus qu'il ne faut donc pour éradiquer définitivement cette anomalie humaine, cette opprobre collective, ce scandale planétaire à ciel ouvert. La conscience humaine et disons-le plus spécifiquement occidentale, demeure ostensiblement indifférente, donc complice de ce massacre de masse, moralement sans doute et assurément sur le plan pénal eu égard à la violation permanente de la Déclaration Universelle des Droits de l'Homme. En effet, le 10 décembre 1948, l'ONU adopte à l'unanimité « la Déclaration Universelle des Droits de l'Homme » dont l'article 25 définit le droit pour tout être humain à l'alimentation (eau potable également) renforcée par le pacte international de 1966 dont l'article 11 précise :

---

[103] OMS sur la base de 2200 calories par jour.

"le droit à l'alimentation est le droit d'avoir l'accès régulier permanent et libre soit directement, soit au moyen d'achats monétaires à une nourriture quantitativement et qualitativement suffisante, correspondant aux traditions culturelles du peuple dont est issu le consommateur et qui assure une vie psychique et physique individuelle et collective, libre d'angoisse, satisfaisante et digne." [104]

A la lumière de ces seules informations, il est difficile d'admettre les raisons qui rendent dramatiquement inextinguible ce fléau puisque les moyens organisationnels existent, les moyens alimentaires existent également en quantité suffisante, ainsi que le droit international qui prouve non seulement l'émergence d'une conscience "macro-politico-humaniste", mais également l'obligation d'enrayer cette réalité aux conséquences humaines majeures. Dans ces conditions, chaque personne morte de faim n'est-elle pas un assassinat, chaque jour qui passe ne relève-t-il pas du crime contre l'humanité ? Que manque t-il donc à l'homme pour, d'un geste court, jeter au sol son plus lourd fardeau ?

L'étude des rapports onusiens fait rapidement apparaître que "la faim" est très inégalitaire pour toucher majoritairement les pays pauvres du sud en premier lieu, ceux de l'Asie, l'Afrique, puis l'Amérique. Elle revêt deux caractères dont les conséquences sont les mêmes, c'est à dire la mort d'êtres humains qui aurait pu être évitée, qui aurait du être évitée. Le premier est d'ordre structurel par une production agricole insuffisante, dont les ressources alimentaires du pays ne couvrent pas les besoins en nutriment des populations. Paradoxalement, dans ces pays ce sont les producteurs eux-mêmes, les paysans les plus affectés. Ainsi que les pauvres urbains désireux de prendre part à l'activité économique secondaire ou tertiaire mais dont le niveau de qualification ne le permet que rarement. Ces portefaix survivent en inquilins des villes économiquement plus actives.

Le deuxième caractère est d'ordre conjoncturel. On entend sous cette terminologie les évènements ponctuels susceptibles d'affecter gravement les populations souvent déjà fragiles. Dans cette catégorie,

---

[104] Adopté par l'ONU le 16 décembre 1966.

les catastrophes naturelles sont le plus souvent les prodromes du drame de la faim : ouragan, sécheresse, inondation, invasion d'insectes nuisibles comme le criquet pouvant ravager des hectares de champs céréaliers en quelques minutes, mais aussi la violence des guerres qui suscite l'exode de populations souvent réfugiées dans des camps pour lesquels le PAM agit comme dernier espoir. Ces deux caractères de la faim peuvent malheureusement se conjuguer pour mener à une accélération des conséquences humaines dramatiques.
Qu'entendons-nous par fléau de la faim ?
L'OMS fixe à 2200 calories jour, le seuil en dessous duquel un adulte ne parvient plus à couvrir la consommation d'énergie exigée par son métabolisme associé à une activité modérée. Dans ces conditions, la déchéance physique et psychique s'amorce avec son cortège de maux dont la gravité est ascendante : léthargie, marginalisation sociale, perte d'autonomie économique, agonie, perte des défenses immunitaires, mort. Chez l'enfant, le processus de consomption est beaucoup plus rapide et expéditif. Après avoir brûlé ses sucres puis ses graisses, le corps s'effondre laissant la porte ouverte aux parasites buccaux puis respiratoires et intestinaux, déclenchant des diarrhées qui accélèrent la destruction de ce qui reste en masse musculaire dans des souffrances effroyables, évidemment non soulagées par de fantasmagoriques substances topiques qui demeurent inaccessibles. Très vite les jambes ne supportent plus le poids-plume de l'enfant, les bras deviennent ballants, le visage semble vieillir de jour en jour, l'enfant se recroqueville comme un retour à l'âge fœtal, puis vient alors l'inexorable mort. Plus encore que l'adulte, l'enfant jusqu'à ses cinq ans subissant des situations mêmes passagères de sous-nutrition, développe des conséquences mutilantes irréversibles qui le condamnent à vie s'il a la chance (ou non) de pouvoir vivre puisque, si l'espérance de vie en Europe est de quatre-vingts ans environ, elle n'excède pas les trente et un ans dans certains pays d'Afrique dont la faim conjuguée au sida fait des ravages.[105] En d'autre termes, si l'enfant ne reçoit pas régulièrement, jusqu'à ses cinq ans, une nourriture quantitativement et qualitativement suffisante, les conséquences seront telles sur sa santé qu'il ne pourra pas s'insérer

---

105 Institut National de démographie, Paris 2014.

socialement avec les répercussions que l'on connaît dans les pays en difficultés, ou en voie de développement pour occidentaliser le propos, pays dont le système de couverture sociale est défaillant voire inexistant pour certains d'entre eux. A l'inverse, un adulte en bonne santé connaissant une période de sous-alimentation extrême et sauvé à la dernière limite, peut recouvrer toutes ses facultés physiques et psychiques sans aucune conséquence secondaire. Le drame du cas de l'enfant, c'est qu'il est tué dans l'œuf si je puis me permettre l'expression, ou plutôt dans le ventre de la mère dont la prise en charge des soins obstétriques s'élèvent, en 2015, à dix huit euros en Afrique contre mille deux cent cinquante euros en Europe. N'oublions pas qu'une mère victime de sous-nutrition condamne son bébé in-utéro avant même son premier vagissement, par des carences graves qui provoquent des dégâts irréversibles (déficiences physiques, malformations cérébrales) lorsque ce n'est pas la mère elle-même qui meurt à l'accouchement. Parturition serait d'ailleurs le vocable plus indiqué eu égard aux conditions dans lesquelles certaines mises au monde se déroulent. Cinq cent mille décès par an de mères condamnant inexorablement l'enfant sont ainsi recensés.[106] Ne sera pas développé ici l'autre fléau, celui du sida qui affecte dans des proportions particulièrement élevées les pauvres, victimes de sous-nutrition, car si dans la pensée des occidentaux, le développement galopant de cette maladie procède de pratiques sexuelles à risques (non protégées) doublées d'un accès restreint aux traitements thérapeutiques existants, la transmission de ce fléau mortel n'en demeure pas moins liée à l'alimentation, qui lorsqu'elle fait défaut, affaiblit dans de grandes proportions les défenses immunitaires de l'organisme facilitant grandement la transmission de la maladie.[107]

Nietzsche : « *Le bruit du présent ne laisse plus rien croître. Tout parle mais par suite de l'inattention, on n'entend rien !* »[108]

C'est ainsi que neuf cents millions de personnes sont directement

---

106 François SOUDAN : "Les femmes et les enfants en dernier".
107 Peter Piot : " la première ligne de défense " PAM 2014 Rome.
108 NIETZSCHE : Fragments Posthumes (06, 271). Extrait du livre de Karl JASPERS : "Nietzsche, Introduction à sa philosophie" Gallimard 1950.

menacés de mort par la sous-nutrition. A cela, il faudrait évidemment ajouter les répliques de cette indécence méphitique comme la malnutrition (nous le verrons) ainsi que l'extrême pauvreté de ceux dont le revenu journalier n'excède pas 1,90 dollars et permet la tout juste survie.[109]

Si nous comparons sur quarante ans, la courbe de la démographie mondiale en hausse constante de quatre cents millions de personnes en moyenne chaque année, à celle des victimes de la faim, nous pouvons constater que cette dernière augmente beaucoup plus rapidement pour exploser entre 2006 et 2009 avec cent millions de personnes supplémentaires, alors que les récoltes n'ont subi aucun désagrément particulier durant cette période. En 2011, la FAO lançait une alerte avec quatre-vingts pays sous le seuil de sécurité alimentaire. Sur neuf cents millions de sous-alimentés en 2014, la majorité, près de 90 % est regroupée en Asie et Pacifique pour 520 Millions, et Afrique subsaharienne pour 260 millions. Désormais, un être humain sur sept est victime de sous-alimentation mortelle. Les pays industrialisés n'échappent pas au désastre, certains dans une moindre mesure, mais peut-être plus surprenante. D'après UNICEF, en 2012, deux millions deux-cent mille enfants espagnols de moins de dix ans sont gravement sous-alimentés du fait direct de la politique d'austérité du gouvernement Rajoy. Ce même phénomène existe également de façon moins sporadique en Europe de l'Est et Ex-Union Soviétique.

    En parallèle du drame planétaire de la sous-nutrition faisant des millions de victimes annuelles, cohabite un aspect de la faim tout aussi délétère, exposant particulièrement encore les plus faibles des plus pauvres, c'est à dire les enfants. Cette réplique plus sournoise que la sous-nutrition, est connue, tue en masse, cependant son appréhension demeure plus difficile parce que moins perceptible à priori. La FAO ne l'ignore pas mais la recense dans d'autres catégories. Il s'agit de la déficience du corps en micronutriments, vitamines et sels minéraux nommée la malnutrition ou "faim silencieuse" par les Nations Unies. La différence avec la sous-nutrition qui rappelons-le, est une déficience en calories aux

---
109 IFAD rapport sur la pauvreté rurale 2014, Université d'Oxford.

conséquences "pré-mortelles" parfaitement visibles est que la malnutrition, quand à elle, touche particulièrement et mortellement encore plusieurs millions d'enfants de moins de dix ans mais sous des apparences corporelles normales.[110] En effet, ces particules qualifiées de "micro" car indispensables à la vie en quantité infime, n'agissent pas sur la masse corporelle. Cependant, leurs déficiences provoquent à terme une grande vulnérabilité aux maladies infectieuses comme la Noma, gangrène foudroyante qui se développe dans la bouche et ravage le visage, mais aussi, la diminution des capacités d'apprentissages, le retard mental, la léthargie, l'anémie et la mort. Ces carences essentiellement en Fer, vitamine A et iode, sont prises en charge par l'UNICEF mais ne rentrent pas dans les statistiques de la FAO. Pourtant, la dernière évaluation (2014) en carences de micronutriments sur la population mondiale révèlerait qu'un tiers des hommes, femmes et enfants serait affecté au point de ne pouvoir réaliser pleinement leur potentiel physique et intellectuel.[111] Dans les cinquante pays les plus pauvres, 30% des bébés naissent avec une déficience mentale, treize millions d'entre eux deviennent rapidement aveugles par manque de vitamine A sur quarante millions affectés.[112] Quand au manque d'iode, il affecte un milliard de personnes dont les conséquences sont immédiatement fatales pour les fœtus. Pour la moitié d'entre eux, les carences micro-nutritionnelles sont cumulatives, c'est à dire qu'elle s'ajoute au manque de plusieurs vitamines ou plusieurs minéraux avec les conséquences multiples et associées conduisant à la mort chez les plus jeunes, puisque la moitié des enfants de moins de cinq ans décédés le sont directement à cause de la malnutrition, soit plusieurs millions de vies chaque année assassinées. N'oublions pas également que les chiffres ne mentionnent jamais certaines conséquences de la malnutrition, comme l'angoisse, l'humiliation d'une désocialisation, la dépression, la perte de dignité face à l'enfant qu'on est incapable de nourrir convenablement...
Ce scandale insane est d'autant plus messéant que ce problème de malnutrition peut être réglé d'un claquement de doigt par la fabrication de gélules concentrées en micronutriments très peu

---

[110] Hans Kourad Biesalki : " Micronutriments et nutrition " septembre 2010.
[111] "Carences en vitamines et minéraux ", évaluation globale UNICEF 2014.
[112] UNICEF : Conférence Einbeck-Northeim, Janvier 2011.

coûteuses et de faible encombrement, ce qui facilite grandement le transport, ainsi que leur administration qui ne nécessitent aucun acte médical ni même de structure spécialisée.

Les images moins sensationnelles que celles des corps décharnés frappés de sous-alimentation, les effets amoindris produits sur notre conscience ethnocentrée, l'urgence de situations conjoncturelles... Que sais-je encore... à ce stade une citation de Nietzsche me revient à l'esprit : " *l'homme préfère vouloir le néant, plutôt que de ne pas vouloir.*" Je souscris assurément, en déduis que la volonté de l'homme n'est pas absente et qu'elle agit sans intermission, mais en dépit des moyens dont l'homme s'est doté, et face aux pitoyables résultats obtenus, sa volonté est-elle réellement orientée vers l'objectif de la résolution du fléau de la faim ? Pourtant en 2000, l'ONU s'est engagée à réduire le nombre de victime de la faim dans le monde de moitié en quinze ans avec le MDG (Millenium Development Goals). Force est de constater que l'objectif n'est pas atteint même s'il faut noter un fléchissement significatif de la courbe des affamés ces quatre dernières années (de 2014 à 2018). A ce stade, la compréhension fait défaut, nous disposons en effet des moyens, des outils et semble t-il de la volonté, pourtant le calvaire continue. Existerait-il une force obscure qui agirait à contrario des efforts engagés ? Ou bien les six septièmes des biens portants de notre monde se voileraient-ils d'illusion pour se convaincre de leur vérité bâtie en idéal d'où serait exclue toute forme d'injustice ; paradigme dans lequel seule la conscience agissant en filtre égotique serait admise ? La seule possible certitude, est qu'il ne peut exister aucun fatalisme à cette situation et quiconque prétend le contraire se rend complice de ce massacre de masse.

Dans " le principe espérance "[113], Erns Bloch (1885-1977), philosophe allemand, cherche à analyser les principes et les conséquences de l'autorité capitaliste des pays dit développés et plus finement établir le lien aliénant qui s'introduit chez l'homme dès son plus jeune âge entre sa liberté et son idéologie. Pour éclairer son analyse, il met en place le principe d'une double histoire, l'une est l'histoire vécue par le corps au travers des évènements de la vie qui seront gérés de façon

---
113 Erns Bloch : "le principe espérance" développé de 1954 à 1959.

pragmatique, raisonnée et l'autre, l'histoire de la conscience génératrice d'idéal, d'espérance, d'utopie, de fantasme. Pour Erns Bloch, les deux histoires sont consubstantielles dans le processus créatif indispensable à l'existence des sociétés humaines. Le problème majeur est que "l'élevage hyper-capitalistique" et ses valeurs factices de ce dernier siècle ont rompu cet équilibre chez l'homme qui semble par compensation rétablir inconsciemment une solution eschatologique alimentant l'idée d'un fatalisme ontologique. "L'idée d'un fatalisme comme une donnée de la vie ? " Mais comment une idée peut-elle avoir plus de pouvoir que le réel et sa conscience, face aux scènes marquées du sceau de l'horreur que nous connaissons tous? Il semblerait que nous ne pouvons traiter même partiellement, ce problème de la faim dans le monde sans prendre en considération un personnage dont l'influence fut majeure au point de générer durablement toute absence d'intérêt, toute forme d'empathie pour les plus pauvres agonisant de notre planète. En effet, avant le milieu du 20ème siècle, la faim était considérée comme un massacre inévitable, un tabou, une donnée de la nature telle qu'aucune volonté humaine n'ait le pouvoir un jour de la modifier, pire nécessaire pour certains... Cette vision fataliste de l'histoire de l'humanité s'est enracinée au 18ème siècle avec nombre de thèses développées sur le besoin d'une démographie qui aurait trouvé sa forme naturelle dans une autorégulation des peuples par la faim. Ces thèses pernicieuses sont le plus souvent assurées par la pensée darwiniste extrapolée, en vertu de laquelle si certaines populations sont incapables de subvenir à leurs besoins les plus élémentaires, le processus naturel les conduira à l'extinction pour le bien de l'espèce humaine. Parmi les auteurs de ces douteuses pensées, l'anglais Thomas Malthus (1766-1833) en fut sans doute le catalyseur. Pour lui, la faim relève de la loi de la nécessité sans laquelle une catastrophe finale de nature économique serait à l'origine de l'extinction de toute vie humaine sur notre planète. Lisons quelques extraits de son livre majeur, "Essai sur le principe de population dans la mesure où il affecte l'amélioration future de la société".

« *Dans le règne végétal et dans le règne animal, la nature a répandu d'une main libérale, prodigue, les germes de vie. Mais en comparaison, elle a été avare de place et de nourriture. S'ils avaient assez d'aliments et de surface pour se développer librement, les germes d'existence contenus dans notre petit bout de terre suffiraient pour remplir des milliers d'années. Mais la nécessité, cette loi impérieuse et tyrannique de la nature, les cantonne dans les bornes prescrites. Le règne végétal et le règne animal doivent se restreindre pour ne pas excéder ces limites. Même la race humaine, malgré tous les efforts de la Raison, ne peut échapper à cette loi. Dans le monde des végétaux et des animaux, celle-ci agit en gaspillant les germes et en répandant la maladie et la mort prématurée : chez l'homme elle agit par la misère. »*[114]

et de poursuivre :

« *D'après cette loi de population, qui tout exagérée qu'elle puisse paraître, est, j'en suis convaincu, la plus en rapport avec la nature et la condition de l'homme, il est évident qu'il doit exister une limite à la production de la subsistance et de quelques autres articles nécessaires à la vie. A moins d'un changement total dans l'essence de la nature humaine et dans la condition de l'homme sur terre, la totalité des choses nécessaires à la vie ne pourra jamais être fournie en aussi grande abondance. Il serait difficile de concevoir un présent plus funeste et plus propre à plonger l'espèce humaine dans un état irréparable d'infortune que la facilité illimitée de produire de la nourriture dans un espace borné... »*[115]

avec l'aide de dieu maintenant...

« *Le Créateur bienfaisant qui connaît les besoins et les nécessités de ses créatures d'après les lois auxquelles il les a assujetties, n'a pas, dans sa miséricorde, voulu nous donner toutes les choses nécessaires à la vie en aussi grande abondance. Mais si l'on admet (et on ne saurait s'y refuser) que l'homme enfermé dans un espace limité voit que son pouvoir de produire du blé à des bornes, dans ce cas la valeur de la quantité de terre dont il se trouve réellement en possession dépend du peu de travail nécessaire pour l'exploiter comparativement au nombre de personnes que cette terre peut*

---

114 Thomas Malthus : " Essai sur le principe de population dans la mesure où il affecte l'amélioration future de la société " 1798, traduction Pierre Theil 1963, éditions Seghers. Paris.
115 Ibidem.

nourrir. »[116]

Malthus poursuit en aiguisant sa pensée au fil des chapitres qui deviendront de plus en plus orientés vers les lois sociales britanniques avec à la clef le développement d'un ressentiment haineux envers les classes prolétariennes. Quelques florilèges de bon goût "so british"...

« si un homme ne peut pas vivre de son travail, tant pis pour lui et pour sa famille. »
« les épidémies sont nécessaires. »
« les lois sociales sont nuisibles...elles permettent aux pauvres d'avoir des enfants... »
« il faut que le pauvre sache que les lois de la nature, qui sont les lois de dieu, l'ont condamné à souffrir lui et sa famille. »
« les taxes sont écrasantes pour les pauvres ? tant pis. »[117]

Je poursuis la lecture de ce chef-d'œuvre un peu pressé d'en finir. Pour conclure son ouvrage magistral, Malthus verse dans la haine raciale, tout le monde en prend pour son grade, personne n'échappe à cet escogriffe sauf bien entendu, la classe dirigeante, les riches, la noblesse dont il est issu. Ainsi pour Malthus les indiens d'Amérique du nord :
« ces peuples chasseurs sont comme les bêtes de proie auxquelles ils ressemblent. »[118]
ou bien encore :
« si les Africains ne faisaient pas autant d'enfants, il y aurait moins de bouche à nourrir, moins de problème de faim. »[119]

Malheureusement, au delà des classes dirigeantes, l'idéologie malthusienne ravagea la conscience occidentale en rendant les Européens aveugles aux souffrances des victimes affamées. Finalement, nous pourrions dire que Thomas Malthus ne fit que répondre au besoin de ceux dont la faim ne sera jamais un problème

---
116 Ibidem.
117 Ibidem.
118 Ibidem
119 Ibidem

en créant cet espace qui manquait à la conscience humaine occidentale, ce désert infécond fait de sable calorifique dans lequel tous ceux qui ne supportent pas la vérité du monde parce que trop éloignée de leur spectre égotique, peuvent à volonté plonger la tête pour y nourrir leurs rêves de grandeur.
Déni mû par l'animal le plus craintif : l'homme, dirait Nietzsche.

Il fallut les horreurs de la seconde guerre mondiale, ses camps d'extermination, ses milliers de "cadavres vivants" pour provoquer le pic existentiel salvateur des hommes, un électrochoc des consciences et renvoyer Malthus aux poubelles de l'Histoire. En 1945 le "plus jamais ça" estampille les sociétés humaines au plus profond des consciences dans sa forme sociale. Le "Manifestes Philosophique" de Ludwig Feuerbach devient en quelques mois performatif avec la création d'organisations interétatiques à même d'éradiquer ce que plus personne ne saurait tolérer sans remettre en cause sa propre identité, sa propre dignité.

Ludwig Feueurbach (1804-1872) : « *La conscience entendue dans son sens le plus strict, n'existe que pour un être qui a pour objet sa propre espèce et sa propre essence...être doué de conscience, c'est être capable de science. La science est la conscience des espèces. Or, seul un être qui a pour objet sa propre espèce, sa propre essence est susceptible de prendre pour objet dans leurs significations essentielles, des choses et des êtres autres que lui.*»[120]

Ainsi l'ONU crée la FAO dont la mission est d'assurer le développement de l'agriculture vivrière ainsi que l'équité dans la répartition de la nourriture parmi les êtres humains. En 1948, les soixante quatre Etats membres des Nations Unies adoptèrent "la Déclaration Universelle des Droits de l'Homme" qui stipule à l'article vingt cinq le droit à l'alimentation. En 1963 pour faire face aux vicissitudes conjoncturelles, les Nations Unies crée le PAM (Programme Alimentaire Mondial) programme de soutien alimentaire. En 1966, l'ONU adopte deux pactes internationaux visant au respect

---
120 Ludwig Feueurbach : "Manifestes Philosophiques", traduction Althusser 1960.

de l'application des résolutions économiques, sociales, civiles et politiques se rapportant au droit à l'alimentation, avec la nomination de dix huit experts chargés de valider un rapport obligatoire tous les cinq ans pour chaque Etat-partie devant justifier les mesures mises en œuvres pour satisfaire au droit alimentaire. Ainsi, pour la première fois dans l'histoire de l'humanité, l'alimentation devient justiciable, des mesures concrètes et collectives, sont mises en place. Cet étage de la conscience humaine nouvellement atteint rend l'homme responsable de l'éradication de la faim, le fatalisme n'a plus de légitimité, l'ennemi peut être, doit être vaincu, la loi du silence enfin brisée, plus aucune fatalité ne préside au massacre, il s'agit d'en débusquer les causes et de les combattre.

Au-delà de quelques considérations collectives qui trouvèrent leur explication en accord avec une raison occidentale devenue semble t-il résipiscente, je pense notamment à la forte natalité des plus pauvres réellement justifiée par le besoin vital d'une assurance vie alimentaire des personnes âgées que les politiques gouvernementales locales sont incapables d'assumer, je pense également aux thèses des races génétiquement inférieures aux facultés diminuées procédant en réalité d'estomacs vides avec toutes les conséquences déjà citées ; des travaux scientifiques d'importances ont été nécessaires pour remonter des conséquences de la faim aux causes. Les conclusions de toutes ces études sont unanimes, convergentes : le problème de la faim dans le monde est politique, d'aucune manière possible la persistance de ce fléau ne peut être imputée à la nature des sols, mais seulement aux comportements des hommes. La faim perturbe dans son essence toutes les sociétés, celles des affamés comme celles des rassasiés, pire elle rend impossible une société pacifiée en créant un état de tension permanent, un état de vigilance larvé, autrement dit :

« *Il faut supprimer les mendiants car on s'irrite de leur donner et de ne pas leur donner.* »[121]

Le paradoxe tend donc à son paroxysme, car face à l'absolu drame de la faim dans le monde qui s'éternise inlassablement, nous disposons

---
121 F. NIETZSCHE : Aurore, aphorisme 185.

de nutriments en quantité qui dépassent les besoins de tous, nous disposons de la force de frappe des moyens techniques modernes, de moyens logistiques assurés par des structures interétatiques, d'une volonté qui semble vouloir achever ce fléau, d'une conscience collective depuis soixante dix ans, fin de la seconde guerre mondiale, et enfin d'une absolue obligation légiférée de mettre un terme à cette inégalité monstrueuse. Alors pourquoi "l'homme demeure t-il un loup pour l'homme"[122] au détriment de sa dignité ? L'ONU est-elle un club de riches travaillant au seul apaisement des consciences occidentales ? Une idéologie malthusienne modernisée jusqu'au point d'acmé de son euthymie malsaine ? Ou bien existe t-il des paramètres multifactauriels dont les effets dévastateurs échappent à tous les protagonistes de la " planète faim " ?

Orientons-nous vers les causes endémiques des territoires concernés, ces camps de concentration du 21ème siècle à ciel ouvert où l'on meurt chaque seconde exsangue, le plus souvent à même le sol.

Certes, il existe des situations où les plus touchés par la faim sont eux-mêmes responsables de l'aggravation de leur sort, mais en rien ces situations n'expliquent à elles-seules ce massacre de masse qui n'en finit pas de durer. Je pense notamment à certaines attitudes patriarcales de certains pays d'Asie et d'Afrique comme en Somalie où femmes et filles doivent subir une discrimination permanente de la part des hommes qui s'octroient seuls le repas, laissant après avoir quitté les lieux, les restes de la bassine parfois vide. Dans ce cas, femmes et filles resteront sans manger de galimafrée.[123] Je pense également au fonctionnement de la FAO qui agit sur le terrain aux situations conjoncturelles, mais sur la base de logarithmes, de modèles statistiques mathématiques, d'informations chiffrées, dont la substance est fournie par les pays en difficultés eux-mêmes qui ne possèdent pas de structures étatiques suffisamment maillées pour permettre la collecte de données fiables, ce qui explique parfois des drames humanitaires dont aucune solution onusienne ne se révèle efficiente. Mais au-delà de ces épiphénomènes qui n'en demeurent pas moins graves, il existe certaines réalités qui révèlent davantage des causes premières de la faim dans le monde. En effet, dans beaucoup

---
122 Référence à Hobbes et son ouvrage : "le Léviathan" de 1651.
123 FAO : "Affamées mais dans leur propre maison" : Vérone, Juillet / Août 2013.

de pays en voie de développement, les professionnels de la terre et de la mer, exercent leur activité de misère dans des conditions de misère. Les équipements sont inappropriés voire inexistants, les paysans ne possèdent ni tracteur, ni même pour la plupart d'animaux de trait, pas de système d'irrigation, pas d'engrais ni de pesticide, pas de semences sélectionnées. Ces paysans pratiquent encore, comme il y a deux mille ans, l'agriculture de pluie avec toute la contingence associée, synonyme de famine. La FAO estime à 25 % les récoltes détruites par les intempéries ou les animaux nuisibles. Au Bénin, au Mali, au Niger, au Burkina Faso, au Sahel, un hectare de céréale produit six cents à sept cents kilogrammes de grain, alors qu'en France pour la même superficie, le rendement est de dix mille kilogrammes (dix tonnes) soit quinze fois plus... et évidement dans des conditions de travail et de pénibilité incomparables. L'absence de silo permettant le stockage et de crédit bancaire qui leurs permettraient d'en financer, aggravent la situation de ces malchanceux contraints de vendre leur récolte au pire moment, c'est à dire immédiatement après moisson, lorsque les prix sont au plus bas.

Plus laid encore, certaines structures internationales comme le FMI (Fonds Monétaire International) ou l'OMC semblent agir contre l'intérêt des plus pauvres. Pour exemple, le Niger est le deuxième pays le plus pauvre de la planète. Il possède vingt millions de têtes de bétails. Sur ces un million de kilomètres carré, 4% seulement des terres sont cultivables. Depuis la grande sécheresse des années 1980 qui dura cinq ans, le rythme des catastrophes s'accélère avec une famine déclarée tous les deux ans qui touche dix millions d'hommes de femmes et d'enfants chaque fois. Deux aspects sont la cause de cette aggravation. Le premier est le FMI qui s'ingère dans la politique du pays à cause de sa dette écrasante. Ainsi, plusieurs réajustements structuraux ont été décidés au détriment des populations sous couvert du sacro-saint dogme du libre-échange, comme la suppression de l'office national vétérinaire transformant le pays en marché libre sur lequel des sociétés multinationales privées de la pharmacopée s'implantent avec toutes les dérives possibles favorisées par la désormais absence d'organisme de contrôle national. Les vaccins sont donc systématiquement vendus au-delà des dates limites d'utilisation aux prix imposés par ces sociétés. Résultat : le bétail n'est pas protégé efficacement, tombe malade et périt, avec une santé humaine qui se détériore également par l'ingestion de ces viandes. De plus, le FMI a imposé la liquidation d'un stock tampon de quarante mille tonnes de céréales, indispensables aux situations d'urgences conjoncturelles des plus vulnérables, là aussi considérant que ces réserves pervertissaient le bon fonctionnement des cours du marché d'échange mondial. Pourtant, depuis une dizaine d'années environ, plusieurs rapports d'études techniques démontrent que le pays pourrait atteindre l'autosuffisance alimentaire par la chance géologique dont il dispose. En effet, les nappes d'eau souterraines dans ce pays sont immenses et permettraient par un système d'irrigation capillaire primaire de rendre quatre cent cinquante mille hectares de terre définitivement arables, et éradiquer ainsi le fléau redondant de la famine au Niger. Hélas ! Les multiples richesses géologiques de ce pays semblent lui porter préjudice, car les mines d'uranium pullulent au Niger, faisant de ce pays le deuxième producteur mondial ne rapportant pourtant que de très maigres ressources en devises. Pourquoi ? Car une seule société d'exploitation dicte sa loi au gouvernement depuis cinquante ans. Il s'agit de la société française AREVA, soupçonnée en février 2010 d'avoir organisé un coup d'état militaire afin de mettre en place Salou Djibo, un colonel obscur qui, une fois installé, s'empressa de réaffirmer l'exclusivité française pour l'exploitation des mines indispensables à notre partielle indépendance énergétique nucléaire. En effet, l'ex-président Mamadou Tanja était devenu gênant pour la société AREVA. En quoi ? En 2007, voulant regimber sans doute devant l'habituel pillage des richesses de son pays organisé en maillage bien tissé par les "ex-colonisateurs" occidentaux, le président Tanja eut l'outrecuidance de délivrer un permis d'exploitation minier au consortium dont il porta son pays à hauteur de 33% du capital en associant la Chine à hauteur de 67%. Consortium qui aurait permis de multiplier le PIB nigérian sans coup férir par la légitime valorisation des richesses géologiques dont le pays est pourtant seul propriétaire.[124] Dommage ! Les devises auraient pu financer au comptant les installations techniques d'irrigation permettant de mettre un terme au

---

124 Greenpeace : Dossier Areva / Niger 6 mai 2010.

massacre humain dont le monde n'a que faire... Il n'est donc pas étonnant que les troupes d'Al-Qaida recrutent sans peine leurs soldats parmi les jeunes Touaregs des contreforts de Tibesti, réduits à une vie de misère et de désespoir permanent imposés par la politique dictatoriale d'AREVA.

En outre, et au-delà des aspects de la faim dans le monde qui associent la misère structurelle et conjoncturelle, il existe des cas particuliers dont la volonté manifestement délibérée est d'utiliser la faim comme arme de guerre sur des populations civiles. C'est le cas d'une crise qui n'en finit plus de se prolonger et qui échappe totalement aux statistiques de la FAO. Depuis 1947, la bande de Gaza longue de quarante kilomètres sur dix de large, voisine de l'Égypte, abrite des réfugiés Palestiniens et leurs descendances, issues essentiellement de la période des guerres israélo-arabes de 1967 et 1973. En dépit du droit international humanitaire, les populations civiles de ce territoire exigu peuplé de 1,5 millions d'habitants, subissent depuis 2006 un blocus israélo-égyptien renforcé par une situation alimentaire gravement détériorée avec toutes les conséquences liées à la sous-nutrition et malnutrition[125]: chômage pour 80 % de la population active, revenu par habitant divisé par deux en quatre ans avec 30 % de la population vivant avec 1,90 dollars par jour, et 75 % d'entres-eux intégralement dépendant de l'aide alimentaire internationale.[126] Depuis les grillages électrifiés érigés tout autour de Gaza par les Israéliens, cette bande est devenue un ghetto dans lequel s'éteignent peu à peu ses occupants sous les assauts périodiques des F16 israéliens testant le plus souvent de nouvelles armes sur les populations civiles comme celles de ces bombes au tungstène qui pénètrent le corps avant d'exploser...[127] Les cibles ne sont pas uniquement humaines, les infrastructures liées à l'alimentation sont particulièrement sélectionnées afin que soit organisée avec un minimum d'intervention la déliquescence des Palestiniens. C'est ainsi que le plus grand moulin de blé de Gaza a été détruit par missile air-sol, l'usine d'épuration d'eau a subi le même sort rendant l'eau impropre à la consommation. Lors de leurs destructions,

---
125 Rapporteur spécial de l'ONU pour les territoires Palestinien occupés : Richard Falk..
126 ONU New York 2009, commissaire d'enquête mandaté par le conseil des droits de l'homme.
127 Rapport Goldstone "les morts et les blessés" chapitre 6.

aucun combattant Palestinien n'occupait pourtant ces cibles. Ces frappes aériennes "chirurgicales" ont donc été délibérément choisies pour organiser l'affaiblissement du peuple Palestinien par la faim. Sous couvert du droit international, ces actions sont donc qualifiées de "crimes de guerre"[128](la formule me choque à plus d'un titre, je ne développerai pas ici). Ainsi, l'arme de guerre de la faim se montre tellement silencieuse qu'elle se fait passer pour la paix...

Nous venons de le voir, contre la résolution du fléau de la faim, certains facteurs structurels, ainsi que conjoncturels localement spécifiques, agissent parfois de concert. Mais au-delà de toutes ces considérations qui à elles seules congédient déjà toute notion de morale, il en est une qui semble impossible à combattre tant son ADN est commun à tout être humain : la loi d'airain du libre-échange, du néo-libéralisme, fabuleux terrain d'expression pour l'homme de son avidité, de sa cupidité. En effet, dans le système actuel de la lutte contre la faim, loin de faire l'unanimité de très nombreux spécialistes, 2008 l'année effroyable, aurait du être particulièrement instructive quand à l'aberration de l'entendement humain. Car, cette année a révélé le lien indéfectible entre une situation macroéconomique et la volonté de lutter contre les victimes de la faim. Comme si le droit international et la vie de millions d'hommes se résumaient en données immuables des circuits financiers mondiaux, alors qu'ils devraient en toute logique, relever de la seule conscience humaine, de l'urgence à traiter d'un problème qui tant qu'il n'a pas trouvé sa solution, devrait empêcher le monde de tourner. En 2008 donc, le tremblement de terre et les nombreuses répliques des "Sub Primes" ne se sont évidement pas arrêtés aux seules frontières des États Unies ni même au seul secteur de l'immobilier. La banque mondiale a anticipé en 2009 les répercussions d'une crise financière aux conséquences bien supérieures à celles de 1929. Le nombre de personnes vivant dans l'extrême pauvreté, c'est à dire avec moins de 1,25 dollars par jour allait croître, selon elle, de quatre-vingt-neuf millions, quant aux "personnes pauvres" disposant de moins de deux dollars par jour, leur nombre augmenterait de cent vingt millions. Malheureusement, ces prévisions ont été confirmées. La production industrielle mondiale

---

[128] "crimes de guerre, blocus de Gaza" Université de Genève 2011, Stéphane Hessel.

ayant régressé de 20% en 2009, le flux des capitaux privés vers les pays du sud a reculé de 82%. En 2010, c'est mille milliards de dollars de crédits qui sont arrivés à terme avec l'insolvabilité des entreprises des pays du sud engendrant un nouveau fléau sur les déjà plus pauvres (faillites, fermetures des structures, chômage de masse...)

Qu'importe les plus pauvres, plutôt sauver les institutions bancaires lombardes, c'est à dire celles coupables de cette folie spéculative des prédateurs du capital financier aux répercussions alimentaires planétaires, qu'ils jugent secondaires. C'est ainsi qu'en 2008-2009, les Etats occidentaux ont injecté dans la machine délinquante, huit mille neuf cents milliards de dollars pour qu'elle reluise de plus belle. Durant ces deux années, l'aide humanitaire a dramatiquement chuté (on ne peut pas s'occuper de tout...) et bien-sûr des centaines de milliers de victimes de la faim supplémentaires.

Huit mille neuf cents milliards de dollars injectés sur quelques mois représentent soixante quinze ans d'aide publique au développement...[129] A titre de comparaison, la FAO estime que quarante-quatre milliards de dollars d'investissement sur cinq ans dans l'agriculture vivrière des pays du sud, suffiraient à atteindre l'objectif du "MDG"[130] de l'ONU. Objectif rappelons-le, visant à diminuer de moitié le nombre de victimes de la faim dans le monde. Huit mille neuf cents milliards de dollars déferlant en quelques mois sur la planète finance pour nourrir (sic) un système qui fait la preuve de son échec périodiquement, pour faire redémarrer une machine tueuse aux conséquences cataclysmiques, contre quarante quatre milliards de dollars sur cinq ans pour sauver durablement des millions de vies humaines... L'argent existe donc à profusion, fallait-il en douter ? Quant à sa destination...

Nietzsche : *« je crains que les animaux ne considèrent l'homme comme un de leurs semblables qui a perdu le bon sens animal de manière extrêmement dangereuse, comme l'animal délirant, comme l'animal rieur, comme l'animal pleurnichard, comme l'animal malheureux. »* [131]

---

129 Déclaration de Berne, bulletin du 1er février 2009.
130 Millenium Development Goals, engagement pris en 2000 par l'ONU.
131 Nietzsche : " Le Gai Savoir " troisième livre, aphorisme 224.

Cinquante ans se sont donc écoulés depuis le dernier pacte majeur signé par les Etats onusiens visant, rappelons-le une fois de plus, au respect du droit à l'alimentation et à la surveillance des politiques mises en place pour assumer cette obligation. En dépit d'une baisse non négligeable des affamés de notre planète ces quatre dernières années, toute résolution semble obsolète comme anacoluthe sous l'angle des chiffres qui témoignent encore et toujours avec huit cents millions de personnes directement menacées de mort par la faim, sans compter les malnutris menacés de mort eux aussi.

A ce stade déjà, nous pouvons donc conclure à l'échec de la dignité humaine face au triomphe d'un système capitaliste rendu incontrôlable par une donnée humaine tout aussi incontrôlable : la cupidité, l'avidité, "la rapace attitude..." qui, par voie de conséquence, rassemble 80 % des richesses de ce monde par seulement 1 % de la population.

Dieu est-il réellement mort ? Celui de Nietzsche sans doute, bien que l'écho de sa voix ne cesse de résonner chez certains. Cependant, Dieu était amour, était créateur, mais semblerait-il, fût aussi procréateur, car sa descendance existe, elle est en effet plus proche des hommes, plus à l'écoute de leur perfidie, elle milite pour un nihilisme sans nom, une impéritie sans concession, une engeance généralisée, une cabale débridée... A sa tête, le dieu dollars et sa dizaine de saints tous dévolus au programme de la destruction humaine, à commencer par la faim. Leurs noms : Cargill, BASF, DuPont, Mosanto, Bayer, Syngenta, Pioneer, Aventis, Continental Grain. Cette dizaine de sociétés transcontinentales surpuissantes de l'agroalimentaire mondial, agit en prédateur oligarque, contrôlant ainsi 80 % du royaume de la faim. Le but commun de cette escouade serait-ce la mise à disposition pour tous de l'alimentation ? Non bien évidemment, plutôt des milliards de bénéfices pour une poignée de zélotes, la recherche constante de profits colossaux par tous les moyens possibles, en contrôlant l'ensemble des maillons de la chaîne alimentaire de base : semences, engrais, pesticides, stockage, transport, transformation, distribution, et leurs traders qui fixent les prix sur les marchés financiers. Ainsi, ces compagnies font la loi pour des millions de paysans à travers le monde qui cultivent dans la Beauce ou dans le Punjab. Ce cartel qui a le monopole de la nourriture mondiale, embaucherait moins de un million de salariés[132] pour des dizaines de milliards de dollars de bénéfices nets chaque année, le plus souvent enregistrés sur des comptes au Delaware[133] et autres paradis fiscaux. Rappelons-nous encore, quarante quatre milliards de dollars investis sur cinq ans pour atteindre l'objectif du "MDG"...

La puissance de ce cartel dépasse de loin celle des Etats. Pour exemple, la seule compagnie Cargill est le premier marchand mondial de grains céréaliers, premier transformateur de maïs et blé en oléagineux du monde, premier producteur mondial d'engrais minéraux, deuxième plus gros marchand de viande, deuxième plus gros propriétaire d'établissement d'élevage intensif de bœufs, le troisième éleveur mondial de dindes, le deuxième fabriquant au monde d'aliments pour bétails, le premier marchand mondial de coton, grâce entre autres à l'exploitation de deux cent cinquante mille enfants payés cinq centimes de dollars par kilogramme cueilli, et soumis à un quota journalier qui, s'il n'est pas atteint, se transforme le plus souvent en maltraitance physique.[134] Pour finir, Cargill est propriétaire avec trois autres compagnies complices de 80% des abattoirs de tous les États Unis.

Dans ce contexte, le but de ces oligopoles n'est pas de produire des aliments, mais des marchandises pour thésauriser à l'extrême. Celui qui dispose d'un tel monopole fixe évidement le prix de sa marchandise, et lorsqu'il s'agit de nutriments de première nécessité, cela revient à dire qu'il a le pouvoir de vie ou de mort. Ainsi, entre Janvier 2006 et Juin 2008, le prix du riz sur les marchés financiers a triplé, celui du maïs et soja a augmenté de plus de 150 %, celui du blé a doublé, avec des millions de victimes supplémentaires de la faim constate "Food and Wather Watch". Les techniques sont connues et d'une simplicité désarmante. Grâce à leurs installations portuaires et la pléthore de silos à disposition sur toute la planète dont ils sont propriétaires, ces trusts prédateurs stockent leurs marchandises après

---

132 Rapport " Food and Water Watch " Washington 2009.
133 Delaware: État près de New York, est le plus gros paradis fiscal au monde et ne figure pas sur la liste noire demandée en 2009 par Barack Obama !
134 Dan Morgan " Merchants of Grain, The Power and Profits of the five Giant Companies at the Center of the World's Food supply " New York 2010.

récolte, refusant de les vendre pour faire monter ainsi les cours sur les marchés financiers. Selon les besoins en quantité des clients, les seigneurs du grain fixent donc leur prix au plus haut, puis, lorsqu'ils le décident, écoulent la totalité de leurs stocks en un temps record, grâce à la flotte de navires cargos, avions, camions, dont ils sont là aussi propriétaires. Bien entendu, la vitesse de l'opération ne permet pas la réaction immédiate des marchés financiers à la baisse. Autre technique : Si d'aventure quelques paysans s'organisaient sur un coin de la planète afin de subvenir à leurs besoins alimentaires en toute indépendance, en d'autres termes, si un marché jugé menaçant se développait, les saintes compagnies inondent le territoire concerné des marchandises localement produites à des prix cassés, le temps nécessaire, souvent quelques mois suffisent, pour que les paysans ne soient plus concurrentiels, doivent faire face au remboursement de leur investissement, se retrouvent en surendettement et finissent par être étranglés par le garrot de la dette, puis se suicident pour beaucoup (250 000 suicides de paysans ces dix dernières années rien qu'en Inde). Bien évidement, une fois la concurrence écartée, les mallophages éradiqués, les parasites écrasés, le prix des marchandises concernées remontent comme par miracle...
Mais, *« personne ne demande au vainqueur s'il a dit la vérité.»*[135]

L'OMC et le FMI, indépendants de l'ONU, sont complices de ces chevaliers de l'apocalypse, on l'a vu, même si Dominique Strauss-Kahn a élargi l'accès au financement des pays en voie de développement sous son mandat de 2007 à 2011, leur poids financier donc leur pouvoir n'est pas de nature à rivaliser avec la dizaine de compagnies cabalistes dominant le monde de l'agroalimentaire. Quand à la FAO et le PAM, avec un budget ridicule de 2,7 milliards de dollars par an en moyenne, ils ne jouent qu'un rôle mineur voire résiduel. Telle est la loi d'airain du néolibéralisme, du libre-échange applaudie par tous les occidentaux.
Pire, en 2005, l'OMC, sous la pression de ces mêmes compagnies de l'agroalimentaire surpuissantes, argumente en faveur de la suppression de la gratuité des aliments des pays donateurs du PAM sous prétexte

---
135 Adolf HITLER.

d'un déséquilibre des marchés financiers.[136]L'OMC exigea la mise sur le marché des surproductions alimentaires et des taxes s'y rattachant de sorte que le PAM dont les subventions ont chuté trois ans plus tard de manière catastrophique après la crise des "sub primes", finance elle-même à hauteur de 100 % l'aide alimentaire des plus démunis. Les débats furent houleux et conduisirent à une alliance des pays du sud pour s'élever contre l'OMC qui finalement n'eut pas gain de cause dans ce combat aux allures de naumachie.

Nietzsche : « *La manière la plus perfide de nuire à une cause est de la défendre intentionnellement avec de fausses raisons.*»[137] (sans commentaire...)

On le voit, l'élévation de la conscience humaine post-malthusienne s'est essoufflée et ne produit plus de réplique positive sur la base des moyens mis en place il y a soixante ans.

- L'hyper-mondialisation des marchés,
- la suppression du protectionnisme étatique,
- la "géantisation" des grandes compagnies avec des contre-pouvoirs résiduels sous leurs dictats comme ceux du FMI ou de l'OMC,
- le budget pitoyable de la FAO et du PAM, tous deux exsangues,
- la raréfaction et dégradation de la qualité de l'eau qui est à l'origine de 80 % des maladies dans les pays en voie de développement en faisant la première cause de mortalité,

---

136 Mémorandum du PAM 5 décembre 2005.
137 F. Nietzsche: " le gai savoir " Aphorisme 191.

- le processus climatique qui s'accélère, aux conséquences désastreuses pour les populations les plus pauvres,

- la toute puissance de la finance et ses Day-Trader jouant au scalping à coup de bougies japonaises en valeur graphique deux minutes, sur les produits alimentaires de base,

- la production croissante de biocarburant à base d'amidon provenant du maïs et du blé entre autres, et dont il faut quatre mille litres d'eau pour fabriquer un seul litre de bioéthanol ; avec cent cinquante millions d'hectares de terre désormais consacrés,

- la multiplication des Edge funds jouant sur les lois sociales internationales et la spéculation à outrance,

- le vol odieux des terres cultivables, et cultivées depuis des générations par les paysans colombiens, souvent assassinés pour les plus rétifs, avec trois cent cinquante mille hectares spoliés pour la culture de l'huile de palme destinée à la production d'agrodiesel,

- la communauté européenne qui détruit par des procédés chimiques, des milliers de tonnes de nourriture (lait, pommes de terre, viande...) pour maintenir les cours tout en subventionnant ses paysans dont le niveau de vie est tout juste décent,

- la volatilité erratique mais orchestrée du cours du pétrole dont la chute vertigineuse a ruiné des pays comme le Venezuela provoquant pauvreté et famine de toute la population,

- la complicité des Etats occidentaux avec les satrapes pour piller les richesses de leur pays (exemple du Niger),

- l'absence de concurrence réelle sur la production, la transformation et la distribution de toute l'alimentation mondiale sous contrôle de trusts surpuissants et sans scrupule,

- les phénomènes conjoncturels de plus en plus violents...[138]

Que peut aujourd'hui le système onusien contre la faim dans le monde, face à cette avalanche de paramètres contemporains ?
Réponse : RIEN
Rien qui ne puisse faire face efficacement aux forces humaines du mal, génératrices de gangue humaine.
Quel dommage ! La crise mondiale tentaculaire des Sub-Primes aux conséquences financières d'un désastre sans précédent dans l'histoire de l'économie, aurait pu être un prodigieux révélateur de conscience, un temps dans l'histoire humaine, imparti à la réflexion sur le lien direct de l'évident corrélat existant entre la macroéconomie et ses conséquences sans délai sur la vie quotidienne de chacun d'entre-nous. Malheureusement, les huit mille neuf cents milliards de dollars surgit d'un claquement de doigt, ont semble t-il agi en fumigène d'une fête foraine, annonçant les jours prospères des déjà plus riches, qui en réalité sont les bâtisseurs d'un système pyrotechnique sur lequel toute la "mondiale économie" repose. Qu'importe la machine financière qui tue puisqu'elle est aussi machine à rêve, machine à mirage désireuse d'offrir le jackpot aux plus puissants, aux plus affairistes, aux plus ambitieux, aux plus rapaces, aux plus requins, aux plus acharnés, aux plus démagogues, aux plus sophistes, aux plus retors, aux plus violents, aux plus prédateurs...
Alors que le coût de la vie ne cesse de monter, la valeur de la vie baisse... Inutile d'y songer désormais, l'indifférence humaine étant à son zénith, l'intérêt pour l'humain à son Nadir, il n'y aura plus de prise de conscience collective, pas plus qu'une hypothétique résipiscence occidentale, quand au malvenu agonisant faute d'aliment : *"son*

---
138 Rapport Humain Rights Watch, Berne avril 2013.

héritage est le courage, son horizon la vérité, son arme l'amour."[139]
Tel est le niveau de conscience de l'homme au 21ème siècle. Les moyens dévolus et conjugués qu'ils soient financiers, humains, techniques, législatifs... ne sont plus un problème, et pourtant seul le problème subsiste dramatiquement.
Devant l'image d'un enfant que nous assassinons faute de respecter le droit international, tout en disposant de tous les moyens pour veiller à son application, nous allons jusqu'à pervertir nos réactions, en compatissant, en nous émouvant, en nous effrayant, en priant, parfois même en pleurant, tout en prenant soin de rester statiques, perclus, dans notre univers mental capitonné, protégés par les frontières de l'hypocrisie qui mettent à l'abri notre insatiable droit au pouvoir et à l'héritage. Dans ces conditions, l'enfer confirme les vertus du paradis...

Nietzsche : « *[...] honte, honte, honte, - telle est l'histoire de l'homme ! Et c'est pourquoi l'homme noble s'impose de ne pas faire honte : il s'impose la honte devant tous ceux qui souffrent. En vérité, je ne les aime pas les compatissants, qui sont bienheureux dans leur pitié : il leur manque par trop la honte.* »[140]

Pourtant, ces hommes, ces femmes et ces enfants jetés dans l'antichambre de l'humanité, n'étaient pas qu'une unité statistique, mais plutôt des êtres uniques, singuliers, irremplaçables, venus sur terre pour aimer, être aimés, et vivre une existence unique.
Les six septième de l'humanité semblent donc conclure de l'animal-homme, qu'il ne répond par ces attitudes, qu'aux lois naturelles applicables au vivant dans son ensemble décrites par Darwin : les plus forts vivront, les plus faibles mourront... tel le "Sipo Matador", cette liane des forêts de Java, qui étrangle en s'enroulant autour des troncs de chênes plusieurs fois centenaires, afin de s'élever jusqu'à la canopée pour enfin fleurir et se reproduire. La vie est donc un combat à mort qui légitime la mort d'autrui au profit de sa propre vie.
Existerait-il comme un fatalisme, un déterminisme de la nature ? Une répétition des sphères noires qui plongent l'homme dans les fissures

---
139 Mahatma Gandhi.
140 F. NIETZSCHE : Ainsi parlait Zarathoustra, "Des compatissants".

d'un sol desséché ? Certainement pas, de tels développements nous conduiraient à conclure aux vertus de notre perfidie décrites par Malthus. Considérons davantage que l'existence de l'homme précède son essence, qu'il se nourrit de son vécu, qui à chaque instant s'enrichit pour induire le mouvement dans la direction désirée qu'il peut à tout moment réorienter pour un devenir qu'il perçoit comme meilleur. Si "l'Éternel Retour" de Nietzsche consiste à considérer que tout ce qui existe mourra pour recommencer de nouveau à l'identique [141], pourquoi ne pas considérer pour l'homme, qu'il n'a pas encore atteint la fin de son histoire qui se diluera dans son début ? Pourquoi en effet, ne pas considérer que "le pessimisme de la raison, oblige à l'optimisme de la volonté"[142], que cette fraction agonisante de l'humanité doit être intégrée pour une possible rédemption salutaire de tous ? Verticale, la charité humilie, horizontale la solidarité aide, pourquoi par syllogisme, ne pourrait-on pas inventer une verticalité solidaire ?

Bien-sûr quelques mesures concrètes d'extrême urgence peuvent être prises pour infléchir la courbe mortelle des plus pauvres, à commencer celles qui visent au respect du droit international, ensuite de considérer au moins pour les pays en voie de développement voire pour tous, la nourriture de première nécessité, aliment de base, non comme une marchandise mais plutôt comme bien immatériel au même titre que l'air respiré par tous, ce qui de facto, supprimerait toute possibilité de "trade" sur les marchés financiers ou bien encore, de cesser le développement des biocarburants qui ne seront jamais l'alfa et l'oméga des énergies propres... Mais cessons-là puisque les solutions sont connues de tous, toutes les armes sont en place depuis longtemps pour mettre un terme définitif sans barguigner aux charniers de la faim dans le monde.

Nietzsche : « *Dans un monde essentiellement faux, la véracité serait une tendance contre-nature.* »[143]

---

141 Aussi "théorème de récurrence", démontré par Henri Poincaré en 1889.
142 Antonio Gramsci 1891-1937.
143 F. NIETZSCHE : Fragments Posthumes (12, 127). Extrait du livre de Karl JASPERS : "Nietzsche, Introduction à sa philosophie" Gallimard 1950.

Seule la volonté fait donc défaut ou plutôt agit à contrario pour maintenir dans des proportions toujours aussi élevées cette néguentropie humaine, mais pour d'aucuns indispensable à la mécanique mercantile du monde, un rouage à préserver, à maîtriser, à huiler pour le bon fonctionnement des flux de capitaux : générateur de richesses liquides ; des rapports de forces inégaux : générateur du vol des ressources primaires ; de la soumission par la faim comme arme : générateur d'une main d'œuvre d'esclaves en abondance... Après de tels évidents constats, comment ne pas conclure, de l'extrême pauvreté dans le monde qu'elle est un business juteux, une possibilité très pratique pour puissants d'exploiter au fil des événements de l'histoire, cette partie de l'humanité, sous le joug de leur vouloir tyrannique ? La misère est en effet une marchandise bien cotée sur le marché de l'opulence...

C'est ainsi que l'Afrique deviendra sans doute encore davantage les prochaines années, le centre des convoitises de masse, l'objet d'un formatage à l'occidentale de nature à générer un marché gigantesque pour Européens avides d'exportation. La croissance économique qui atteint jusqu'à 8 % annuels, est déjà amorcée dans beaucoup de pays du continent, et la volonté de la France de moderniser et d'étendre à tout le territoire le réseau électrique, ne rêvons pas, n'est pas signe d'altruisme...

Faute d'opportunité décidée par les pays riches eux-mêmes en vue de leur propre enrichissement, les pauvres, les affamés, les sous-nutris, les malnutris doivent malheureusement compter sur eux-mêmes pour sortir de leur fondrière mortelle qui les menace chaque jour. Se résoudre à la dépendance des plus riches, à leur apathie, c'est se résoudre à une mort probable. Cependant, à défaut de conscience donc de résipiscence humaine, c'est sous l'angle de la technique, de la science exponentiellement croissantes, qu'un espoir est semble-t-il permis. De nos jours, la courbe du savoir humain paraît se situer à la troisième étape d'une hyperbole, c'est à dire quasiment à sa verticale. Le développement de la technique rendu possible par la science accélère à de telles vitesses que les applications liées à une découverte scientifique ne sont parfois imaginables qu'à sa dernière phase. Les ressources en énergies propres sont à disposition et en quantité infinie.

Pour exemple, et à en croire les scientifiques, la planète reçoit en énergie solaire durant une heure, ce que l'humanité consomme en un an, toute consommation d'énergie confondue. Quand aux moyens de captation et de stockage, les progrès sont fulgurants. Le programme français "Iter" inspiré du processus nucléaire solaire au plasma est déjà en construction et très prometteur semble t-il, en production immense d'énergie sans déchet polluant. N'oublions pas non plus, déjà en 1878 lors de l'exposition Universelle de Paris, un exposant fabriquait de la glace en captant uniquement l'énergie du soleil ; que Ferdinand Porsche mit au point le premier véhicule 100 % électrique en 1898 : la Löhner. Les moyens techniques existent depuis longtemps déjà, seule la volonté, et spécifiquement politique, fait défaut. Et que dire de l'eau dont on sait qu'elle est la première cause de mortalité mondiale ? N'est-ce pas un paradoxe risible et pathétique à la fois au regard des sept dixièmes de la surface de notre planète recouverte de ce liquide indispensable à la vie ? Là aussi, la technique de désalinisation est largement maîtrisée depuis longtemps, le Qatar en témoigne par sa consommation établie à 85 % d'eau de mer. L'Espagne, face aux pénuries d'eau douce, emboîte le pas avec de nombreuses stations déjà construites. A l'heure où nous parlons tant d'une montée des océans aux conséquences désastreuses pour les déjà plus pauvres, pourquoi ne pas généraliser cette technique pour puiser cet excédent et l'acheminer sur des terres arides, de permettre ainsi la possibilité d'une agriculture qui fait tant défaut aux affamés de notre siècle ? Des pipelines traversent des continents entiers pour acheminer du pétrole, pourquoi pas de l'eau désalinisée ? Au-delà des hommes qui la colonisent, la santé de la planète elle-même aurait fort à y gagner, car nous savons tous que le végétal est le moyen le plus efficace en captation de dioxyde de Carbone (CO_2) dont les quantités rejetées dans notre atmosphère ont par ailleurs battu le record historique en 2017 ! Là encore, ne faudrait-il pas y voir ici un étonnant échec quand nous nous efforçons par des protocoles multiples dont le premier est celui de Kyoto signé en 1997 (cent quarante et un États cosignataires), à vouloir réduire les émissions de gaz à effet de serre ?!...

Bien évidemment, il est fort à parier que les applications des derniers savoirs ne pourront être accessibles aux plus pauvres que lorsqu'ils auront atteint leur obsolescence pour les autres... Ainsi, si des abîmes sociaux sont fort à craindre dans leur formes pérennes, il n'en demeure pas moins que le fléau de la faim devrait disparaître grâce aux techniques dont s'empareront les affamés de notre siècle. A l'aurore du transhumanisme, telle est ma modeste vision. Cependant aussi, chacun d'entre nous est en capacité de s'enquérir d'audace, de courage, d'initiative pour activement contribuer à la résolution de ce fléau...

Prenons acte de ce fléau pour conclure : de l'extrême pauvreté de ceux qui n'ont pas accès à la nourriture, et de l'extrême pauvreté de ceux qui ont les moyens d'y mettre fin...

*****

Nietzsche: *L'homme nu constitue en général un spectacle scandaleux, je parle de nous, Européens (quand aux Européennes, je n'en parle même pas !). Supposons que les convives participant aux plus joyeux des banquets se voient brusquement, par la malice d'un magicien, dévêtus et mis à nu, je crois qu'à tout le moins, cela dissiperait la bonne humeur et découragerait le plus solide des appétits. Il semble que nous, Européen, ne puissions absolument pas nous passer de cette mascarade que l'on appelle le vêtement. Mais le travestissement des "hommes moraux" leur déguisement sous des formules morales et des concepts exprimant la bienséance, toute la bienveillante dissimulation de nos actes sous les concepts de devoir, de vertu, de solidarité, d'honorabilité, d'abnégation, n'auraient-ils pas tout aussi bonnes raisons ? Non pas que l'on doive, à mon sens, déguiser par là la méchanceté et la bassesse humaines, bref la bête sauvage mauvaise en nous; ma pensée est tout au contraire que c'est justement en tant qu'animaux apprivoisés que nous offrons un spectacle scandaleux et que nous avons besoin de travestissement de la morale, que "l'homme intérieur" en Europe est bien loin d'être assez mauvais pour pouvoir se "montrer" sous cet aspect (pour être beau sous cet aspect).*

L'Européen se travestit de morale parce qu'il est devenu un animal malade, souffreteux, infirme qui a de bonnes raisons d'être "apprivoisé" parce qu'il est presque un avorton, quelque chose d'amputé, de faible, de gauche... Ce n'est pas le caractère terrible du prédateur qui éprouve la nécessité d'un travestissement moral, mais au contraire, l'animal de troupeau avec sa profonde médiocrité, la peur et l'ennui qu'il inspire lui-même. La morale pare l'Européen, avouons-le ! - pour le rendre plus noble, plus important, plus respectable, "divin".[144]

---

144 F. NIETZSCHE : Le Gai Savoir, cinquième livre, aphorisme 352, "en quoi il est difficile de se passer de morale".

ELECTION PRIMAIRE

« *Ils étaient amis mais ils ont cessé de l'être et ils ont en même temps dégagé leur amitié des deux côtés, l'un parce qu'il se croyait trop méconnu, l'autre parce qu'il se croyait trop reconnu et en cela, ils se sont trompés tous deux ! Car chacun ne se connaissait pas assez lui-même.* »[145]

---

[145] F. NIETZSCHE : Aurore, aphorisme 287.

Comment distinguer l'ami de l'étranger, le passant pérégrin de nos portes, aux enfants que l'on a, fruits de l'amour ? Comment établir une intersubjectivité sagace, alliciante, esthétique voire éthique ? Comment faire confiance, lorsque d'aucuns s'illustrent par leurs perfidies répétées, pour tisser la relation au sein de laquelle nous aspirons tous à nous épanouir dans la joie ? Car comme le dit si bien Nietzsche :
« L'art de fréquenter les hommes repose essentiellement sur l'habileté (qui présuppose un long entraînement) à accepter, à absorber un repas dont la préparation n'inspire aucune confiance... »[146]

Dans ce dessein, pourquoi ne pas commencer par exclure l'utopique patenôtre de "l'amour du prochain" ? Cet idéal chrétien dont on a vu les limites dans sa forme égalitariste, dont on sait ce qu'il engendre par ses thuriféraires qui l'ont mis en pratique : pieux massacre des indiens, inquisition, violence de la guillotine sous la terreur, apologie de l'eugénisme, ethnocide puis génocide nazi, bolchevisme, tortionnaires de femmes et d'enfants, collaborateurs, sycophantes...
Toutes ces catégories ont déclamé "l'amour du prochain" de façon dramatiquement inchoative et performative ; l'amour de Dieu pour le salut de notre âme égarée ! C'est sans compter non plus sur cette formule chère aux chrétiens : "l'amour du prochain" qui en effet, est mal traduite, car l'Hébreu fait partie de ces idiomes difficile à restituer dans une autre langue, d'où la tentative de la Septante d'ailleurs. La traduction la plus proche serait "aime ton ami comme toi-même". "Amour du prochain" ou "aime ton ami comme toi-même", la différence semble assez perceptible pour faire l'économie d'un commentaire ! Pour autant, le cour de l'histoire chrétienne en aurait-il été différent ?... Car dans ces logiques, autrui est la périphérie d'une relation égoïste à Dieu. Dès lors, toute entreprise d'intersubjectivité n'est qu'aporie, faussée par l'absence de singularité de l'altérité qui de facto n'en est plus une. Ainsi, l'autre, le sujet de Dieu, la créature du divin est à considérer comme tel, qu'il soit prix Nobel de la paix ou

---

146 F. NIETZSCHE : Le Gai Savoir, 5ème livre, aphorisme 364.

son pire ennemi. Peut-on trouver plus folle faribole ? A moins bien sûr d'être soi-même un parangon du Paraclet, un cadavre que l'on continue au fil des heures canoniques à flageller, à martyriser dans sa chair jusqu'à ce que toute notion du bien qui fait du bien et du mal qui fait du mal disparaisse. L'hédonisme ou l'eudémonisme ne sont de toute évidence pas inscrits dans le champ sémantique du paradigme de ceux-là.

Nietzsche : « *L'un cherche un accoucheur pour ses pensées, l'autre quelqu'un qu'il puisse aider : voilà comment naît un bon dialogue.* »[147]

Pourquoi pas ?! Pour autant avec les autres, et gageons qu'ils soient nombreux, opérer une distinction entre les êtres, trier le bon grain de l'ivraie ne devrait pas être synonyme de jugement au sens essentialiste, c'est à dire fabriquer des catégories et classer ses rencontres dans des armoires que l'on ouvrirait au gré de nos envies ou besoins, mais plutôt évaluation au sens d'une perception chez l'autre des caractéristiques de son idiosyncrasie, de nature à pouvoir susciter une relation saine, épanouissante, constructive, jubilatoire, joyeuse ou amoureuse. Dans ce dessein, il n'est donc pas question d'aimer son agresseur pas plus que de le détester, ou de le vouer aux gémonies, domaine réservé à la justice institutionnelle des hommes. Mais plutôt de le déserter, de fuir, de lui tourner le dos sans mépris aucun, puis d'appliquer la politique de l'oubli juste pour son propre bien ou plutôt pour l'évitement de son propre mal.

Nietzsche précise : « *Il pleut, et je pense aux pauvres gens qui s'agglutinent les uns aux autres avec tous leurs soucis et sans s'être exercés à les cacher, donc prêts et disposés, tout autant qu'ils sont, à faire du mal à autrui et à se procurer même quand il fait mauvais temps, une pitoyable espèce de bien-être. C'est cela, rien que cela, la pauvreté des pauvres !* »[148]
Ou bien :
« *Je n'aime pas les hommes qui, pour faire de l'effet, doivent exploser*

---
147 F. NIETZSCHE : Par delà Bien et Mal, aphorisme 136.
148 F. NIETZSCHE : Le Gai Savoir, 3ème livre, aphorisme 206.

comme des bombes, et à proximité desquels on est toujours exposé au danger de perdre brusquement l'ouïe, voire plus encore. »[149]

Dans cette entropie humaine, dans ce chilligone des possibles, afin de pouvoir envisager l'harmonie dans la relation à l'autre, me plaît-il de concevoir un principe calqué sur celui de l'héliocentrisme. Nous savons que ce concept révélé par Aristarque de Samos (3ème siècle avant JC) est faux à l'échelle de l'univers, son élaboration première, mais vrai à celle du système solaire. Ainsi, d'aucuns ont proposé cette métaphore simple et judicieuse, celle du mouvement et de la distance, celle du soleil et des planètes en gravitations. Il s'agit de considérer sa propre personnes, son égo, son moi, comme étant le soleil, chaud, rayonnant et statique, et disons quatre planètes du système solaire en mouvement elliptique autour de l'astre éclairant, dynamiques donc et ayant leurs propres caractéristiques toutes différentes : la couleur bleue de l'eau pour la terre, le caractère tempétueux de l'atmosphère de Jupiter, l'aridité géologique de Mars, l'originalité très personnelle de Saturne et de ses anneaux... Ces caractéristiques aident en quelque sorte à l'anamnèse du sujet côtoyé qu'il s'agit d'élire ou non par rapport à notre égo... et notre inspiration. Ainsi, le principe est sélectif dans le rapport à autrui. A partir de son propre ressenti procédant des informations recueillies par le comportement de l'autre, nous le plaçons sur l'une des orbites du moi. Les plus proches de soi sur la première orbite du soleil, et pour ceux dont le renvoi est nécessaire sur la plus lointaine des orbites tant les points d'accroches sont absents. Pour autant, évitons d'élire trop prématurément, mû par un irénisme tant utopique qu'aveugle, des sujets sur notre première ou deuxième orbite. Plaçons les d'abord dans le système solaire du moi, puis jouons de l'heuristique avant d'appliquer au fil du temps, des échanges, de la découverte de l'autre, de la jouissance ressentie, des réjouissances vécues, une force qui les rapproche du soleil et qui les fait graviter plus proche de nous ou bien une force antagoniste qui les éloigne. Ainsi vivre notre relation à l'autre devient plus hiérarchisé, structuré, donc plus structurant pour nous-mêmes, ce qui permettra l'utilisation appropriée de son propre comportement, des gestes, des

---
149 F. NIETZSCHE : Le Gai Savoir, 3ème livre, aphorisme 218 (Mon antipathie).

attentions, comme des intentions, de la profondeur de la pensée partagée, du temps consacré...

De par son aspect dynamique, cette hiérarchisation qui agit comme un vade-mecum permet l'ouverture de son propre champ gravitationnel à tous, et le passage d'un sujet de l'une à l'autre des possibles orbites sur le mode du rapprochement astringent ou de l'éloignement sans bellicisme aucun. Le spectre des possibilités reste donc pleinement ouvert, car face à la bigarrure des affects, il ne s'agirait pas de succomber à la médiocrité d'un choix préalable de sujet que l'on plongerait à demeure perclus dans un statisme orbital, pas plus qu'il n'est question dans ce principe électif d'organiser un phalanstère sur le modèle de Charles Fourier, ou bien encore de cultiver l'arcane ésotérique d'un rhéteur à des fins cénobitiques, car :

« Il suffit d'un unique homme triste pour répandre une morosité permanente et un ciel chargé sur une famille entière; et il faut un miracle pour que cet unique individu n'existe pas ! Le bonheur est loin d'être une maladie aussi contagieuse, d'où cela vient-il ? »[150]

De même, il ne s'agirait pas de concevoir un tel système dont les fondements ne seraient pas établis sur une intersubjectivité nourrie de manière synallagmatique. Précisons-donc qu'il s'agit d'un modèle à conscience égocentré, irénique, exotérique, nullement égoïste.

Dans une telle entreprise, les relations les plus lumineuses, celles dont la chaleur est astringente, sont à placer au plus près du soleil : l'amour, l'amitié sincère et prouvée sont donc sur la première orbite. Les relations régulières de camaraderie, de sympathie, de fraternité avec un sujet sont à placer en attente d'un éventuel changement sur la deuxième orbite. Les relations imposées mais cordiales, étymologiquement qui facilitent le travail du cœur : travail, voisins, sont placées sur la troisième orbite. Quand à la quatrième orbite, considérons qu'elle peut être le droit d'entrée de notre moi, celle sur laquelle une personne est élue par des affinités apparentes ou supposées, mais qu'il s'agira d'affirmer puis consolider ou de choisir l'éviction. Pour les autres, avec lesquels nous n'avons aucun point

---

150 F. NIETZSCHE : Le Gai Savoir, 3ème livre, aphorisme 239.

d'accroche ou pire... nous les rejetons dans les limbes hors de notre système solaire ou pour faire preuve d'une irréfragable ouverture d'esprit, loin sur notre ceinture de Kuiper.

Voici donc les linéaments du principe électif des affinités. Reste à définir sa dynamique sur les fondements indéfectibles cités plus haut à savoir : égocentrisme non égoïsme pas plus qu'oblatif, ouverture à tous dans l'éventualité d'une élection avec mobilité, liberté des déplacements. Fondement et fonctionnement dont on s'amusera à souligner la proximité d'avec le modèle atomique : au centre un noyau considéré comme statique constitué de protons et neutrons qui caractérisent sa nature, et la gravitation d'électrons qui tournent en couches électroniques ; deux électrons possibles pour la première couche "K", la plus immédiate du noyau (K2) ; huit électrons possibles sur la couche suivante (L8) ; dix-huit électrons possibles sur la couche suivante (M18) et ainsi de suite avec mobilité possible d'une couche à l'autre des électrons au gré des charges électriques évolutives. Plus qu'une proximité avec le système sélectif des affinités, ne faudrait-il pas y voir presque une fractalité ?...

Dynamique disais-je : l'on peut déjà aisément comprendre que toute relation vécue sur le mode ataraxique, seul rapport qui devrait être justifiable dans la durée, ne peut être que la complétude de notre moi. Il semble alors évident que la substance élective qui procède de ses propres attentes est aussi variée que peut l'être la richesse et la diversité de la planète bleue ou bien l'aridité concolore inerte de la surface minérale de Mars aussi originale soit-elle.

Mais puisque la vie est un mouvement permanent ininterrompu, et pour ne pas tourner en derviche sur l'orbite égocentrée de notre moi générateur de passions tristes, il appartient à chacun d'élire une direction ou un faisceau de direction vers une destination qui nous paraît roborative, nourricière, pourquoi pas quelque peu idéalisée.

Cette dynamique est donc l'une des conditions de possibilité de ce mouvement tendu en direction d'un point que l'on veut quintessencié. Elle est le vouloir impérieux de l'homme, générateur de ce mouvement et s'apparente au fluide qui permet le passage de l'une à l'autre des orbites du principe électif des affinités qui rend possible le transfert, ou la conversion chère à Nietzsche. La complexion de ce fluide que l'on propose à autrui et que l'on doit vouloir le plus proche de la monade, procède essentiellement de la dialectique corporelle. Son principe actif est la gamme positive des affects et toutes ses variations. En premier lieu la politesse, le respect, la considération à priori, la galanterie, la délicatesse, la prévenance, le condouloir, la courtoisie, l'accortise, la civilité, la douceur, caractéristiques dont chacun appréciera les nuances positives soucieuses d'autrui et de son plaisir, ainsi que de son propre plaisir.

Nietzsche : « *S'accommoder des hommes, tenir maison ouverte avec son cœur, cela est libéral, mais ce n'est que libéral. On reconnaît les cœurs qui ne sont capables que d'hospitalité distinguée aux nombreuses fenêtres voilées et aux volets clos : ils gardent vides leurs meilleurs chambres. Pourquoi donc ? - Puisqu'ils attendent des hôtes avec lesquels on ne s'arrange pas "comme on peut"...* »[151]

Ainsi cette dynamique du principe électif est pourvoyeuse de hiérarchie entre les êtres plus ou moins valeureux, eu égard au seul étalon de notre moi bien évidement, c'est à dire sous l'angle de l'aspect positif ou de l'aspect négatif ressenti. Elle n'a pas d'autre objectif que de multiplier les occasions conjointes de jubilations et de diviser les motifs personnels de souffrir. C'est un système hédoniste donc, décomplexé, à l'antipode de la doctrine de "l'amour du prochain" qui plaît tant aux revendeurs d'arrière monde. Évidement, toute personne désireuse d'un tel système doit être capable d'accepter un retour négatif, fût-il par son effort obligatoirement entrepris à priori dans la relation à l'autre. Mais qu'importe si nombreux seront les essais infructueux mais brefs, et plus rares les expériences de la première orbite mais jouissives au long court.
Ainsi, la situation orbitale d'autrui est due à son seul comportement. S'il excelle dans le dessein hédoniste, s'il contribue à la multiplication des occasions de jouissances, les élus travailleront dans le sens du rapprochement et d'anonyme qu'il fût, il deviendra le nommé par excellence. Si au contraire, il fait preuve de négligence, s'il est incapable de prévenir les plaisirs d'autrui, ses douleurs et ses peines

---

[151] F. NIETZSCHE : Le Crépuscule des idoles, "Flâneries inactuelles", aphorisme 25.

ou pire s'il couvre le monde de son sophisme impérieux, il contribuera à son éviction, car finalement comment peut-il en être autrement ? Quel paysage de notre moi, de notre vie, pourrions-nous peindre avec les couleurs du pernicieux, de l'histrion, du docte, du flagorneur, du protée, du polymorphe, de l'usager de la palinodie, de l'outrecuidant, de l'escobar, du spécieux, du commensal, du philistin... Pour ceux-là, aucune possibilité d'élection, aucune mithridatisation possible.

Nietzsche : « *Je trace des cercles autour de moi et des frontières sacrées ; toujours moins nombreux sont ceux qui montent avec moi sur des montagnes toujours plus hautes : je construis un massif avec des cimes toujours plus sacrées. Mais où que vous vouliez grimper avec moi, ô mes frères, prenez garde qu'un parasite ne grimpe pas avec vous !* »[152]

Volonté de jouissance contre idéal ascétique, tel est le plan de ce système planétaire du moi.
On l'aura compris, dans cette cosmologie, sa propre éthique est immanquablement un point focal pour la pépinière étoilée de l'autre, d'où l'obligation d'un minimum de connaissance et d'affirmation de soi-même à l'autre, condition essentielle d'une intersubjectivité limpide, sagace, susceptible de relations efflorescentes.
« *Connais-toi toi-même.*» disait Socrate inspiré de Pindare. Certes, et gageons que ces propos aient été prononcés, car comme nous le savons Socrate n'écrivait pas, dans le but d'une meilleurs mise en forme de la relation à l'autre, d'une définition claire du lien tressé dans laquelle chacun des protagonistes s'élit sur les fondements d'une maïeutique développée et solide mais pas nécessairement immuable. Pas plus que la connaissance de nous-mêmes est immuablement figée tant au fil de notre vie, la construction, l'évolution, l'élévation donc le mouvement jusqu'à notre trépas en demeure les fondements. Et c'est heureux, car quelle danse dionysiaque plus merveilleuse que celle de ce rapport insécable de la modélisation de soi par la modélisation de l'autre qui se modélise par nous, en nous ? Nous sommes les artistes peintres de notre moi, toile blanche guidée par l'objectif hédoniste

---

152 F. NIETZSCHE : Ainsi parlait Zarathoustra, "Des vieilles et des nouvelles tables."

mue par le principe : support matériel composé de nos pinceaux. Il convient de susciter l'obtention des couleurs chatoyantes en l'autre dont nous avons besoin pour l'aboutissement de notre œuvre.

Mais revenons donc un instant sur la politesse, le principe premier du système électif des affinités. Car en effet, à l'heure de l'isolement physique généralisé que nous proposent les réseaux sociaux anthropophages, des générations fracturées par l'ésotérisme du vocabulaire néologique des "sms" à foison, ou autres communications virtuelles qui nous sédentarisent jusqu'à en être perclus, n'est-il pas apparu un appauvrissement du vocabulaire dans la relation à l'autre accompagné inexorablement d'une politesse pour le moins édulcorée dans la célérité d'une société dont l'individualisme, le consumérisme débridé, le nombrilisme et sa précarité, deviennent les pitoyables fondements crispatoires ? Dans ce cloaque de plus en plus anxiogène et nauséabond, la politesse semble se métamorphoser en vulgarité quintessenciée, en grossièreté tribale. Pour autant, loin d'être une vertu, la politesse est la condition essentielle de l'ordre institué entre les êtres. Elle est prévenante dans notre dessein à l'autre, révélatrice de notre disposition à viser la dialectique bienveillante en sa direction. Elle est l'art verbal qui veut signaler à l'autre qu'il est bien sur l'une des orbites de notre système solaire se voulant réciprocitaire sur le mode irénique. La politesse signale que je prends la mesure du désir de l'autre et exercée en miroir rend le projet jubilatoire possible au moins pour un temps, celui durant lequel elle est pratiquée par les deux, car si le défaut de symétrie est révélé, c'est encore par elle qu'il sera possible de choisir l'éviction. La politesse permet l'esthétisation de la relation par l'harmonie et l'équilibre des forces éprouvées qui se transforment en intimité astringente et solipsiste aux parts maudites du monde qui nous entoure. Elle est l'instrument chirurgical, l'aiguillon bienveillant qui permet l'accès au cœur d'autrui tout en lui épargnant les déconvenues d'une convalescence pénible. *On peut par un peu de politesse et d'amabilité rendre souples et complaisants jusqu'à des hommes revêches et hostiles. La politesse est donc à l'homme ce que la chaleur est à la cire[153],* nous dit Schopenhauer. Cependant, aussi subtilement pratiquée soit-elle, la politesse n'est pas

---

153 Arthur Schopenhauer : Aphorismes sur la sagesse dans la vie, &141.

de facto synonyme d'intimité réplétive, étouffante. Nietzsche considère qu'elle est souvent à l'origine d'une erreur de jugement car lorsque l'on offre à l'autre tout le "confort" de sa politesse, il pense souvent pouvoir obtenir des droits sur nous. Pour un fonctionnement idoine, elle nécessite ce que le philosophe nomme "le pathos de la distance", ou "eumétrie", néologisme empreinté à d'autres.

Schopenhauer encore lui, illustre judicieusement dans son *"le Monde comme Volonté et comme Représentation"* cette notion. Il s'agit de considérer deux porcs-épics dehors en hiver. Ils ont très froid et disons-le pour abuser du bestiaire, ils ont... la chair de poule ! Nos deux animaux décident de se blottir l'un contre l'autre pour se réchauffer, mais dans la précipitation d'un froid... de canard, qu'il fallait soulager, ils en ont oublié leurs piquants acérés, s'infligeant ainsi par la maladroite manœuvre, une souffrance supplémentaire. Forts de cette expérience... de chien, ils décident de s'éloigner l'un de l'autre, mais ils s'aperçoivent que les calories qu'ils avaient emmagasinées malgré tout lors de leur rapprochement se dissipent dans l'atmosphère, et nos deux porcs-épics sont de nouveau pétrifiés de froid. L'alternative est évidente, ou nos deux comparses choisissent la distance qui leur évitera les blessures mais ils n'auront pas résolu leur problème de départ qui était la souffrance du froid, ou bien ils choisissent la proximité qui les réchauffe, mais "aie", alerte aux piquants ! Schopenhauer opte pour la bonne distance, celle qui évite les excès de froid et de piqûres. Il s'agit de payer un peu de chaleur d'un peu de désagrément et un peu de préservation de son intégrité d'un peu de froid. Cette bonne distance, ce pathos de la distance, cette eumétrie, Schopenhauer l'appelle : la politesse.

Il est évident qu'il en va ainsi des rapports humains, nous pouvons souffrir de trop de distance qui nous isole, mais aussi de trop de proximité qui nous use, nous assomme.

Ce système d'élection des affinités n'offre-t-il pas la possibilité d'une prise de conscience que l'homme a besoin d'un groupe défini, hiérarchisé, sur ses orbites du moi mais pas en lieu et place de son soleil ? Ainsi, la politesse est aussi l'art de la bonne distance.

Ce système par sa structure, permet seulement de préparer notre esprit car en effet, il semble évident que la richesse qui le nourrit, repose

essentiellement sur la contingence de la vie, le hasard des rencontres. Même si, certains comme Louis Pasteur vont à dire que "le hasard ne sourit qu'aux esprits préparés."
Qu'importe ! Ne faut-il pas voir justement dans le hasard une réjouissance tant le risque potentiel devient une richesse nouvelle, tout inconvénient possible peut devenir un avantage réel ? Les artistes que nous sommes exigent le goût de l'aléatoire. Certes, nous ne pouvons éviter la nécessité, mieux la vouloir et l'aimer dirait Nietzsche. Qu'importe aussi, la nécessité comme le hasard font partie des combinatoires sans lesquelles le mouvement de la vie serait grippé : honneur à Thanatos...
Le hasard synonyme d'inconnu qui inquiète le quidam, permet très souvent l'imperceptible avec lequel s'appréhende l'essentiel. Le sens surgit souvent de l'inattendu, de l'incalculable, des facteurs inconnaissables qui dansent au-delà du langage et de la raison. Il manifeste la facticité et la contingence avec lesquelles il faut composer en partenaires impossibles à congédier et congédie lui-même les causalités qui se voudraient simples et translucides. Le hasard, l'aléatoire ou le casuel est une rencontre plaisante sans laquelle le déterminisme s'imposerait avec lassitude. Il est la toute puissance du désordre au sein de nous-mêmes. Nous sommes complices de ce thème imposé. Ne faut-il pas voir dans le hasard, une bienveillance lointaine, une anarchie joyeuse, une création potentielle, un enrichissement jubilatoire, une poétique de l'énergie, une métaphysique du possible ? Comme le suggère Nietzsche dans ce court aphorisme :

« *J'ai discerné la force active, qui crée parmi les contingences ; le hasard lui-même n'est que l'entrechoquement des impulsions créatrices.* »[154]

Considérons donc le hasard comme étant l'ingrédient qui par le vouloir transcende le banal indigeste en une merveilleuse caudalie.
Aucun doute possible, comme la politesse, le hasard sera acteur majeur dans ce système électif des affinités. Eux-deux forment la

---
154 F. NIETZSCHE : La Volonté de Puissance, 1er livre, "l'infinie ressource du vouloir-vivre créateur", 1883-88 (16 & 673) aphorisme 25, Éditions Gallimard 1995.

couleur à l'atelier créateur de notre vie, celle qui transforme la "Joconde" en un chef d'œuvre absolu par la grâce du "Sfumato" qu'elle seule autorise.

*****

Nietzsche : « *Que comprenons-nous donc de notre prochain, sinon ses frontières, ce par quoi il met en quelque sorte son empreinte sur nous ?*
Tout ce que nous comprenons de lui ce sont les changements qui ont lieu sur notre personne et dont il est la cause. Ce que nous savons de lui ressemble à une forme creuse. Nous lui prêtons les sentiments que ses actes provoquent en nous et nous lui donnons ainsi le reflet d'une fausse positivité. Nous le formons d'après la connaissance que nous avons de nous-mêmes pour en faire un satellite de notre propre système : et lorsqu'il s'éclaire ou s'obscurcit pour nous et que c'est nous, dans les deux cas qui sommes la cause dernière, nous nous figurons cependant le contraire !
Monde de fantômes où nous vivons ! Monde renversé, tourné à rebours et vide, et que pourtant nous voyons comme en rêve sous un aspect droit et plein.»[155]

---

155 F. NIETZSCHE : Aurore, aphorisme 124.

MEZZA-VOCE

« Tout homme qui aime, pense en écoutant la musique : elle parle de moi, elle parle à ma place, elle sait tout ! »[156]

---
156 F. NIETZSCHE : La Naissance de la Tragédie, paragraphe 28.

La musique est la bande son de notre vie. Écouter un opéra comme "Carmen" de Bizet en boucle équivaut à se transposer dans des mondes inconnus dans lesquels l'audition devient une ineffable délectation. Le psittacisme musical nous convoque à ces appels euphoniques, où tous tympans vibrent sur la caisse de résonance des affects. La raison en est fort simple, l'origine de toute musique est d'abord affaire de nature par les sons harmonieux qu'elle produit : vent caressant le feuillage des arbres, ébouli minéral, chant printanier d'un oiseau, brisure d'une vague océane... Cette trace de la nature est perceptible de nos jours dans tous les domaines musicaux au-delà des styles, de leurs complexités, des peuples qui les produisent, des époques de création... Cette identité de la nature est transmise comme par phylogenèse, son pouvoir est immense, il coïncide avec le monde, le réel. Cette nature, nous la retrouvons dans la trace la plus ancienne de la musique humaine qui date de l'époque Aurignacienne (- 35000 ans). Elle se situe dans la grotte des trois-frères en Ariège (France). Sur l'une des parois, une fresque représente un personnage revêtu d'un masque zoomorphe, une sorte de Minotaure avant l'heure, jouant de ce que les ethnomusicologues reconnaissent comme un instrument à corde tendu par un bâti en forme d'arc. Nous savons que cet instrument fût confectionné comme tous les autres qui lui ont succédé, de parties animales recyclées : corne d'aurochs, os de cervidé, coquillage marin trépané, nerf de rennes, peau séchée puis tendue... Ainsi, ces portions d'animaux recyclées permettaient-elles la célébration de leurs âmes disparues par les sons produits lors de la percussion, du souffle, de la vibration... L'esprit de la bête perdure sous forme sonore, les sons émis le convoquent en le réactivant. Faire de la musique par une nature recyclée, c'est donc imiter les bruits et les sons de cette même nature prégnante, panthéiste presque spinoziste.
Quelques millénaires plus tard, l'homme ne se contente plus d'imiter la nature en produisant la musique, il la crée par la culture ; peu à peu la musique de Dionysos a laissé place à celle d'Apollon pour le dire dans un contexte nietzschéen. Cette étape "culturée" est inaugurée par

le mythe d'Orphée et des sirènes, deux pistes, dualistes utiles pour penser la musique dans ses effets, pas dans son essence. L'une dans sa propension à générer les envoûtements du corps, les enchantements de l'âme, l'autre les sortilèges chez ceux, qui en général, considèrent la musique comme du bruit volontaire et qui le plus souvent communient sur la pulsion des passions tristes... Ce mythe nous révèle que la musique ne dit rien, ne signifie rien, elle est un ordre du monde dans le monde. En soi, elle n'est pas significative de notre intimité si émouvante soit-elle, cependant son langage rythmé coïncide avec la prégnance immédiate de nos sentiments. C'est sous l'antiquité que son croisement avec la poésie a inauguré une autre ère, celle d'un symbolisme puissant par lequel nous pouvons depuis, pour ainsi dire dialoguer. Nous avons l'illusion d'un langage commun. Ce symbolisme repose essentiellement sur la nature, ses formes, ses chromatismes, l'expression aquatique d'une rivière placide, celle du bouillonnement impétueux d'un torrent à haut débit, du mouvement cyclique des saisons... Cette mécanique intellectuelle de la musique qu'on nomme symbolisme a introduit une notion inchoative de tous les sons de sorte qu'ils sont devenus immédiatement perçus et traduits en sensations, en émotions, et en images, et pour les plus sensibles d'entre nous, ce mécanisme est très proche de la synesthésie. On peut dire de cette perception nouvelle de la musique qu'elle a entraîné d'autres phénomènes comme l'élargissement extraordinaire de l'entendement par le fait que les aspects hideux du monde synonymes de crainte, de peur, ou de stress originairement hostiles aux sens, ont été conquis par la musique et leur donnent un nouveau visage suffisamment adouci pour permettre leur intellectualisation. En d'autres termes, par la puissance de cette musique, les aspects du monde qui jadis n'avaient pas de langue sont désormais dotés d'une parole. Cependant, sa grande force reste dans l'appropriation que chacun fait de son écoute, et selon sa propre sensibilité. Elle demeure une interprétation subjective permanente dont la représentation, certes peut être commune dans certains cas comme celui qui procède de l'écoute de Mendelssohn avec son « Le songe d'une nuit d'été » mais qui la plupart du temps, n'aboutit à aucune vérité si ce n'est la confusion de son essence et de son être en dehors de toute autre considération. Je citerai donc Büchner : "Contente-toi du monde donné". La musique est, c'est tout. Et même s'il est coutume de dire que le silence après Mozart c'est encore du Mozart, nous pourrions en dire autant de la lecture de Jankélévitch qui écrit superbement sur la musique ! L'immatérialité caractérise donc la musique par l'agencement des sons qui eux-mêmes sont immatériels, car ils ne font que souligner expressément la pointe aiguë du présent avant d'être évanescents dans ce même présent fugace qui les absorbe pour un passé dissout. La musique est donc une somme immatérielle d'instants figés qui constituent un mouvement dans des formes qu'on nomme symphonie, lied, sonate... C'est cette impalpabilité qui souligne le mystère pourtant productif d'effets corpusculaires. Pour reprendre le vocabulaire métaphysique d'Aristote, je dirai de la musique, voyons... qu'elle est une cause incausée, un premier moteur immobile générateur de variations de son propre thème par le jeu habituel des influences, pour atteindre sa beauté nominaliste dont l'ontogenèse récapitule la phylogenèse !

Plus sérieusement, l'essence de cette immatérialité reste quand même mesurable, par un acousticien qui dira sa vérité la seule qui existe, des vibrations mécaniques, des ondulations de pression atmosphérique de l'élasticité du spectre volumétrique ou encore de sa mesure logarithmique, du décibel... Cependant, des siècles de culture tous horizons, toujours plus sophistiqués, intellectualisés, ont réduit la nature à une part congrue de la musique. Mais que l'on ne s'y trompe pas, cette part reste à tout jamais le code génétique qui sourd dès les premières notes composées produisant un pouvoir inouï sur le corps ; il s'empare de la totalité de la chair, âme comprise.

Dans le domaine de la sophistication, le vingtième siècle explose les codes dès la publication du manifeste bruitiste en 1913 du Luigi Russolo. Notons que, depuis cette époque, le silence joue désormais un rôle majeur dans la musique. Debussy en fait de plus en plus usage, ce qui rend par cette technique ses œuvres plus éthérées, plus diaphanes, plus célestes, plus intellectualisées faisant la joie des musicologues, contrairement à celle de Berlioz qui compose davantage pour les mélomanes avec un phrasé plus lourd, plein, moins gracile. Si je me permettais la comparaison philosophique, je dirais volontiers que lire du Bergson c'est un peu entendre Debussy, et lire Kierkegaard c'est un peu entendre Berlioz. Cependant, lorsque la culture atteint son point d'acmé en la personne de John Cage, qui nous propose en 1952 de nous purifier de ce que nous sommes, en nous invitant à payer notre place à l'auditorium pour un concert de silence de quatre minutes, trente trois secondes, doutons que ce néant quétaine nous propulse sur des orbites interstellaires ! Qu'importe, le pouvoir de la musique produit de la magie sur tout ce qui est, sur tout ce qui vit, animaux et végétaux compris. Ces atomes excités, ordonnés qui se détachent d'une matrice et qui circulent dans l'air pour atteindre nos oreilles de plus en plus intellectualisées, nous convoquent dans une transe indicible, des extases corporelles ineffables, sollicitant la danse scandée, rythmée, le corps tout entier agissant en athanor des atomes entendus. Ce symbolisme puissant nous révèle parfois dans notre "infinitésimal" créant ainsi un grand écart entre la grandeur du spectacle et les minuscules que nous sommes, générateur de pics existentiels qui portent parfois haut et loin. On raconte même qu'au Moyen-âge, un placide roi danois fut à ce point transporté par la musique d'un ménestrel, qu'il descendit de son trône pour tuer cinq personnes de sa cour. Pourtant, aucun casus-belli, aucun bellicisme ne régnait à l'encontre de ces malchanceux, et le roi lui même n'était pas réputé fou. L'explication la plus rationnelle semble être la force de la musique qui remonte du sentiment à la cause, assez puissante pour congédier la raison. Gageons que la musique militaire a su utiliser les ressorts générateurs d'extases, à des fins thanatophiles.

Paradoxalement au langage musical devenu infiniment riche, il n'est pas chose facile d'expliquer cette puissance immédiate et les effets produits sur les êtres par la musique. Le plus souvent, pour ceux qui ont réfléchi le sujet, un état descriptif est rapporté sur les effets de la musique et les constatations de son écoute. Tous sont unanimes, les conséquences de la musique sur les corps sont immenses, mais aucune phénoménologie n'a été dressée avec pertinence. Nous constatons, nous tâtonnons de l'expérimentation jusqu'au domaine médical. L'origine de cette puissance due à l'appropriation que tout individu fait de manière positive ou négative de la musique doit être recherchée dans la période prénatale. Le fœtus ne connait qu'un monde de sons et de vibrations, et même de rythmes variés avec les battements du cœur de la mère. Outre les multiples sons internes, le ventre tendu de la mère agit en caisse de résonance. Cette musique du monde qui pénètre l'âme en gésine de l'être agit de manière agréable ou désagréable sous l'angle de la nature des stimuli auditifs. Il peut alors paraître évident que plus le milieu dans lequel la mère évolue sera anxiogène, cris, bruit en milieu urbain... plus les sons seront coefficientés et imprimés via les réseaux hédoniques ou anhédoniques pour reprendre Laborit le célèbre psychanalyste. Comment expliquer autrement que des années plus tard le violoncelle nous insupporte et que la flûte traversière nous fasse pleurer ? Pourquoi la voix d'une cantatrice nous ravirait-elle alors que celle d'une autre interprétant le même opéra nous crisperait-elle ? Bien évidement, les mécanismes, à ce jour, de cette impression prénatale restent grandement inconnus, mais la réception du plaisir comme la récusation du déplaisir essentialisent les sensations, les émotions qui tendent à définir un jugement de goût perceptible plus tard sans l'effort sollicité de la mémoire.

Que nous dit cette science médicale ?

Platon déjà, nous révèle de la musique, qu'elle soulage les angoisses phobiques, les terreurs. Mais force est de constater que la musique est un moyen confus qui ne peut être utilisé de manière rationnelle et avec une suffisante précision exigée par la science. Certes, un document daté de 1500[157] nous révèle que des ecclésiastiques ont sauvé de la folie un peintre en lui jouant de la cithare en abondance. Toujours à la Renaissance, Marsile Ficin[158], inspiré des platoniciens et des écrits de Ptolémée, publie « De Vita triplici » un traité philosophique de 1489 destiné au bien être intellectuel dans lequel un long chapitre est développé afin de conjurer la mélancolie propre aux artistes de l'époque, par des traitements musicaux. Sa théorie audacieuse et bancale inspirée par un espagnol Ramos de Pareja, s'efforce d'associer à la musique, la philosophie, la médecine et l'astrologie (rien que cela !) Et comme il est de coutume chez l'homme lorsque la science marque le pas, les fariboles célestes prennent le

---
157 Panofsky et Saxl, "Dürers Melencolia 1".
158 Marsile Ficin (1433-1499).

relais. Ainsi, aux quatre tonalités majeures de la musique, sont associées quatre caractéristiques humaines, elles-mêmes rattachées à quatre planètes du système solaire:

- Le ton « protus » correspond au phlegmon et à la lune.
- Le ton « tritus » correspond au sang et à la planète Jupiter.
- Le ton « deuterus » correspond à la bile et à la planète Mars.
- Le ton « tetartus » correspond à la mélancolie et à la planète Saturne (influence maligne).

Ce manuel hygiéniste en appelle à la spiritualité cosmique par des prières incantatoires et des hymnes orphiques accompagnées des quatre tonalités de la musique que Ficin prétend princeps et auxquels les "hermétistes" prêtaient des pouvoirs si puissants qu'elles coïncideraient même avec le "spiritus"[159] tant recherché. Ficin se perd en conjectures sur plusieurs chapitres en s'efforçant de justifier scientifiquement les effets de la musique qu'il finira par composer lui-même en vue de guérir cette dyscrasie propre aux extases contemplatives des artistes. Lisons le un court instant :

« *le son musical par le mouvement de l'air, meut le corps: par l'air purifié* (sic) *il excite l'esprit aérien* (sic) *qui est le lieu entre le corps et l'âme* (sic); *par l'émotion, il affecte les sens et en même temps l'âme; par la signification, il touche l'intellect. Finalement, par le mouvement même de l'air subtil, il pénètre profondément et avec véhémence* (sic); *par son harmonie, il caresse suavement* (sic); *par la conformité de sa qualité, il nous inonde d'une merveilleuse volupté* (sic): *par sa nature tant spirituelle que matérielle, il saisit d'un seul coup l'homme tout entier et il le possède complètement* »(sic)[160]

Quid de la science?
Pourtant, Ficin marqua longtemps son époque. Soyons indulgent,

---
159 Spiritus : esprit subtil.
160 Marsile FICIN « Opera omnia » vol 1 chapitre 28.

accordons lui un crédit poétique ! D'ailleurs, ce cher Ronsard s'en est inspiré pour ses célèbres poèmes, mais aussi quelques cabalistes !
Au 17ème siècle, les thèses "médico-musicales" fleurissent en tentant la description physiologique pseudo-scientifique. On parle de vibrations musicales qui divisent puis fluidifient les matières épaisses de l'atrabile !
On monte d'un ton, si l'on peut dire, au 18ème siècle avec les effets mécaniques de la musique sur l'homotonie des fibres, toujours sous couvert d'une soi-disant science qui donne l'illusion de l'évidence par un ton bien assuré... Voici un extrait des écrits publiés du docteur Marquet de Nancy épaulé par Pierre-Joseph Buchoy :

« la musique qu'on doit employer pour la guérison des tempéraments mélancoliques secs, se doit commencer par les tons plus bas et s'élever ensuite insensiblement aux plus hauts; c'est par cette gradation harmonique que les fibres roides habituées aux différents degrés de vibration se laissent insensiblement fléchir. Ceux au contraire qui ont un tempérament mélancolique et humide demandent pour leur guérison une musique gaie, forte, vive, variée, parce qu'elle est plus propre à remuer les fibres et à les roidir. Si donc les nerfs languissent et sont abattus, si le liquides sont épais et incapables de mouvement, si l'âme et le corps sont fortement affectés, il faut recourir à la musique simple, sonore, agréable, cette musique chatouille le nerf auditif et les autres nerfs sympathiques, qui étant frappés agréablement aiguillonnent la lymphe spiritueuse, dissolvent et divisent les liquides, les rendent plus propres aux mouvements, fortifient, réjouissent le cœur et rendent les sécrétions plus faciles, de là viennent les idées douces et agréables, de là, les membres sont plus dispos, l'esprit plus gai et les fonctions animales se font mieux. » [161]

Après cette lecture décontractante, force est de constater que dans l'aspect médical de la musique, ce que le 18ème siècle perd en poésie, il le comble en hilarité ! Il faut attendre le 19ème siècle pour que la maturité scientifique accepte l'imprécision en abandonnant

---

[161] Docteur MARQUET François-Nicolas : "Nouvelle méthode facile et curieuse pour connoitre le pouls par les notes de la musique" augmenté du mémoire de P-J BUCHOZ "Mémoire sur la manière de guérir la mélancolie par la musique" Amsterdam 1769.

prudemment et définitivement la rationalité des mécanismes par lesquels les excitants sonores agissent sur les sentiments, les passions ou les organes du corps. La science consent à reconnaître qu'il est impossible de déterminer avec précision la nature des stimuli dans le sens thérapeutique souhaité.

Sous cet aspect de la musique en science et plus particulièrement en médecine, il est important de souligner que la philosophie peut amener davantage de précisions dans un domaine où la science achoppe inexorablement malgré des siècles d'étude. Le point me paraît particulièrement intéressant si l'on considère que des philosophes matérialistes comme Nietzsche ne font pas appel à la métaphysique qu'ils conspuent y compris dans un domaine aussi complexe que celui de la musique où beaucoup de philosophes se sont risqués avec plus ou moins de pertinence tandis que beaucoup d'autres ont évité le sujet pourtant essentiel. Un de nos contemporains français est particulièrement habile et profond dans cet exercice, il s'agit de Clément Rosset qui a travaillé avec précellence. Pour les philosophes plus anciens, et de tout ce que j'ai pu lire, il n'y a que Jankélévitch, le pape de l'immanence ainsi que Nietzsche capables de nous éclairer avec pertinence et talent sur le sujet. Le philosophe allemand inaugure le thème dès son premier ouvrage en 1872 avec « la Naissance de la Tragédie » qu'il consacre intégralement à la musique dans le contexte hellénistique de la dyade dualiste dionysienne – apollinienne, dont la volonté est de combattre le nihilisme de l'Allemagne décadente qui pourtant vient de remporter la guerre, ce qui représente une défaite intellectuelle pour le philosophe. Mais au-delà de l'Allemagne, Nietzsche veut et défend l'idée d'une esthétisation du monde, pensant que le réel ne peut être sauvé que par une appréhension phénoménale sous cet angle. La pensée conceptuelle de Nietzsche est donc développée ici sur une matrice musicale de sorte que nous pourrions définir son œuvre comme philosophico-musicale. C'est d'autant plus perceptible que la "laideur" qu'il trouve "intéressante" s'entend comme étant l'opposé voire l'inverse de la beauté platonicienne et qui doit être utilisée comme antidote à la beauté nouménale imposée depuis plus de vingt siècles de conserve avec Dieu. Nietzsche décrit donc une réalité de la dissonance qu'il oppose à l'idéalité de la consonance.

C'est donc en musique qu'il souhaite la vérité par le verbe dionysiaque, la modulation des sirènes, la parole du dieu Pan, la mélodie d'Orphée qui s'adressant aux pierres parvient à les émouvoir, ainsi que tous les codes de la Tragédie athénienne d'Eschyle, Euripide, et Sophocle à savoir l'aulos, l'hypocrisis, le coryphée, le dithyrambe, le lied, le bouc...

Le philosophe au marteau va donc très loin dans l'analyse, plus globalement, il est convaincu pour l'homme du caractère vital de la musique et de l'art plus généralement: « *nous avons l'art pour ne pas mourir de la vérité* »[162] ou encore : « *... Sans musique, la vie serait une erreur...* »[163] nous dit-il. "La Naissance de la Tragédie", que je finis de lire pour la troisième fois en huit ans, est une œuvre difficile à appréhender car demande de bonnes connaissances sur cette période athénienne antique ainsi que sur la tragédie elle-même.

Nietzsche : « *La musique est un écho d'états dont l'expression conceptuelle était le mysticisme ; un sentiment de transfiguration, d'illumination chez l'individu. Ou encore, la conciliation des antinomies internes à l'intérieur d'une synthèse nouvelle, la naissance d'une tierce réalité.* »[164]

Pour Nietzsche, cette tragédie attique qui rappelons-le exista sur quatre vingts ans seulement, est d'une telle puissance par les clefs logiques contenues, qu'elle justifie et éclaire à elle-seule l'histoire de l'humanité jusqu'à nos jours. Il est extrêmement difficile de résumer cette œuvre originale, résolument technique, dont l'explication de la vérité du monde repose sur l'art mû par la musique dans le contexte d'une abréaction tragique créée par le duo dionysien-apollinien. Outre, le bagage technique nécessaire à sa compréhension, cette œuvre bien que d'une hauteur magistrale a besoin d'être lue et relue, ruminée, infusée, macérée, digérée et nous pourrions dire vécue dans son intellect mais aussi par son corps tant elle fait appel à des expériences dont les plus sensibles d'entre-nous ne sont pas étrangers. Voici

---

[162] F. NIETZSCHE : La naissance de la tragédie (1872).
[163] F. NIETZSCHE : Le Crépuscule des idoles, Maximes et Pointes, aphorisme 33.
[164] F. NIETZSCHE : La Volonté de Puissance, 2ème livre 1884 (14, 1er partie, & 282) aphorisme 451 Gallimard 1995.

quelques extraits pour l'ambiance :
Nietzsche nous parle ici de la dualité, mais aussi de l'insécabilité de l'apollinien et du dionysien qui font sourdre une première étape dans la décharge émotionnelle de l'abréaction issue du tragique.

« Parmi les effets esthétiques propres à la tragédie musicale, nous avons pu relever une illusion apollinienne qui tout en nous préservant de tomber dans une identification immédiate avec la musique dionysiaque, permet à notre émotion de se décharger dans un domaine apollinien, un monde visible qui vient s'immiscer en médiateur entre elle et nous. Mais en outre, il nous a bien semblé remarquer que, grâce précisément à cette décharge émotive, ce monde médiateur de l'action scénique, le drame en général, parvenait de l'intérieur à un degré d'évidence et d'intelligibilité qui reste inaccessible aux autres arts apolliniens. De sorte que nous avons dû reconnaître que, là où l'esprit de la musique donne pour ainsi dire des ailes à l'art apollinien et l'emporte dans son essor, celui-ci atteint son plus haut degré d'intensité et que par conséquent, c'est dans l'alliance fraternelle d'Apollon et de Dionysos que culminent à la fois les deux formes de l'art, l'apollinienne aussi bien que la dionysiaque... »[165]

Un autre extrait moins technique cette fois, sur la surpuissance de la musique et le besoin qu'ont les Grecs de l'utiliser comme philtre nécessaire à leur guérison face aux guerres menées contre les Perses :

« ...si nous nous interrogeons sur le remède qui a permis aux Grecs, dans leur grande époque, au moment où leur double impulsion, dionysiaque et politique, atteignait une force sans précédent, de ne s'épuiser ni dans les brumes de l'extase ni dans la poursuite effrénée de la gloire et de l'hégémonie mondiales, mais de réussir ce dosage admirable qui, tel un noble vin, à la fois met en feu et porte à la méditation, force nous sera bien alors de penser à la puissance prodigieuse qui est celle de la tragédie et qui rend capable de stimuler, de purifier et de décharger la vie de tout un peuple ; cette puissance dont nous ne commencerons à soupçonner la suprême

---
165 F. NIETZSCHE « La naissance de la tragédie » paragraphe 24

valeur que lorsqu'elle nous apparaîtra, ainsi qu'elle le faisait aux Grecs, comme la quintessence de toutes les vertus prophylactiques, comme la médiatrice qui établit son règne en séparant les plus vigoureuses qualités d'un peuple de ses défauts les plus néfastes... »[166]

Le génie de Nietzsche en la capacité à déployer de telles analyses prolixes sur un thème aussi difficile que celui de la musique mue par un savoir et une culture qui relève de la polymathie digne du Pic de la Mirandole, est l'une des nombreuses clefs de mon admiration pour lui. Sa logique ultra sagace, auto décryptée offerte comme un viatique, un extracteur, un révélateur de conscience pour quiconque désire travailler à la vérité, sans cesse me subjugue.

Quel que soit le sujet traité, souvent teinté d'une pointe de poésie, et c'est là un aspect peut-être plus personnel encore, la lecture de ses aphorismes résonne en musicalité que nous ne saurions définir avec précision, une sorte de paréidolie auditive vécue par le corps, une synesthésie saine et roborative qui produisent chez certains lecteurs des extases très semblables à celles que peuvent produire la musique. Gageons qu'une étude scientifique de la métrique nietzschéenne révèle une grande parenté avec celle d'une partition d'un compositeur comme Richard Wagner par exemple, qui fut son ami dans un temps premier et même à l'origine des premières publications du philosophe. A y réfléchir d'avantage, nombreux doivent être les lecteurs attentifs de Nietzsche éprouvant ce même phénomène, je pense notamment à Richard Strauss qui mit en partition l'ouvrage du philosophe de 1883 « Ainsi parlait Zarathoustra » et qui illustra sur toute sa longueur l'excellent film de Stanley Kubrick : « 2001 l'odyssée de l'espace » de 1968 que nous connaissons tous. Voilà ce qui confirme somme toute l'évidence. Toute l'œuvre de Nietzsche est en effet musicale, et le paroxysme de cette réalité semble être atteint dans "Ainsi parlait Zarathoustra" chef d'œuvre philosophique, chef d'œuvre littéraire mais aussi composition musicale sur le mode de la monodie grégorienne. Le choix des mots "pointilliste" est une réalité permanente chez le philosophe allemand, surtout dans les assonances, puis les consonances, les harmonies, les allitérations, le refrain qui ponctue

---

166 F. NIETZSCHE : La Naissance de la Tragédie, paragraphe 21-2.

quasiment tout les chants par « Ainsi parlait Zarathoustra » mais aussi le choix des personnages très fortement inspiré par un opéra de Wagner pourtant devenu son pire ennemi à cette époque, avec le personnage principal "Zarathoustra", une kyrielle de seconds rôles... le décor, volcan, désert, montagne, grotte, le lyrisme imaginaire du bestiaire, les grands airs principaux : la mort de Dieu, l'Amor Fati, la vérité de la Volonté de Puissance, la révélation de l'Éternel Retour, le Surhumain, alternant avec des airs plus légers, plus reposants... Il paraît clair dans cette œuvre si particulière, que Nietzsche met son génie au service du pathos et de la prosodie.

De plus, Nietzsche lui même fut dès l'age de dix ans jusqu'en 1887 compositeur amateur au piano. Amateur n'est d'ailleurs pas le terme qui convient puisque soixante dix morceaux ont été composés avec un point d'orgue : « Hymne à la vie » que j'eus la chance de pouvoir écouter il y a quelques années. Cette œuvre musicale demeure fortement inspirée par l'atmosphère de Schumann et surtout celle de Chopin, compositeur auquel Nietzsche vouait une passion particulière au point de dire : *« je donnerais pour Chopin tout le reste de la musique. »*[167] Au point aussi de vouloir écrire sur lui en compagnie de son ami Peter Gast à Venise ; projet qui ne verra finalement pas le jour.

Son œuvre musicale inspirée également par des textes qu'il affectionne comme ceux du poète Junge Firscherin, me fut jouée sur un piano à queue de 1905, un "Pleyel" que j'acquis lors d'une vente aux enchères. Cet instrument nécessita de grandes restaurations qui découragèrent plus d'un artisan. C'est au bout de quelques semaines de recherche que je fis connaissance d'un sorcier avec lequel nous eûmes Chopin pour passion commune. Me découvrant au fil de nos discussions également passionné par ce que Catherine Deneuve appelle "le génie français": l'artisanat d'art de très haute facture, ce grand restaurateur facteur me fit l'honneur de me faire vivre par des visites fréquentes de son atelier, les nombreuses étapes nécessaires à la restauration de mon piano, qui marqua m'eut-il précisé, un palier de sa vie professionnelle par le résultat final qui le surprit positivement. Il voua sembla t-il une telle dilection pour mon instrument qu'au

---

[167] F. NIETZSCHE : Ecce Homo, "Pourquoi je suis si avisé", aphorisme 7.

terme des huit mois nécessaires à sa renaissance, il en tomba amoureux et me demanda, après m'avoir invité à l'un de ses concerts de Chopin joué sur mon piano, de pouvoir l'acquérir. Je fus assez surpris par sa démarche (impromptue !) qui ne m'enthousiasma que très moyennement, mais quelques jours après une réflexion plutôt rétive, je décidai d'accepter sa demande en pensant au bonheur qu'il parut éprouver lorsqu'il interpréta du Chopin sur mon "Pleyel", ainsi qu'au bonheur qu'il m'avait procuré par sa passion, sa gentillesse, son talent et sa personnalité débonnaire. Affaire fut donc faite, mais non sans lui avoir fixé une condition bien particulière qui l'étonna pour le moins. Je lui déclarai, en effet, qu'il ne serait pas propriétaire de mon instrument tant qu'il ne se serait pas équipé des partitions de Nietzsche pour les travailler suffisamment, afin de me les interpréter au mieux sur mon piano ! Je ressentis cet habituel goguenard un brin contrarié, car ne sachant pas le philosophe compositeur, il craignit sembla-t-il de ne pouvoir relever le défi, faute de partitions justement ; mais après l'avoir rassuré sur leur publication, il finit par accepter. Quatre mois s'écoulèrent sans nouvelles de part et d'autre. Je marquai quelques signes d'inquiétude à l'idée d'imaginer mon imposant instrument trônant majestueusement dans une des salles de sa magnifique demeure. J'avais cependant pris soin d'assurer mon "Pleyel" sur la base d'une expertise préalable indispensable à la transaction ; transaction dont il se dit fin prêt par un appel téléphonique un soir de semaine, ou plutôt un matin à 00h30 ! Ah, les artistes ! Nous convînmes, pour cette occasion, d'une fin d'après midi qui serait suivie d'un souper partagé par quelques uns de ses amis bambocheurs. C'est donc à cette occasion que Nietzsche s'adressa à moi en musique, autrement que par la pensée. Quelle soirée délicieuse... (Hommage à Emile pour tant de bonheur partagé, et pour ce cadeau sublime...). Car, après avoir scellé tous les aspects de notre transaction mercantile entre concert et souper, ce cher Emile se leva au milieu du repas pour annoncer ce qui fut pour moi, le point zénithal de cette soirée déjà très riche en émotions. Le voilà, debout, joyeux, digressant d'un panégyrique qui me fut destiné je ne sus pourquoi au juste et qui glissa, au fil des phrases prononcées vers des apparences d'oraison que je ne pouvais justifier autrement que par un demi repas déjà bien arrosé d'alcool. En réalité, l'attitude de componction qu'il incarna à merveille fut jouée avec l'accord secret de la dizaine d'amis complices et présents à cette soirée. Des sentiments, d'amusement, de reconnaissance, puis d'étonnement, puis d'inquiétude, puis presque de crainte, s'emparèrent de moi. Le temps me parut s'étirer dans des proportions de plus en plus désagréables, car ce bougre d'Emile commença à manier avec allégresse la rhétorique en jouant de métaphores mortifères presque sataniques qui toujours me furent adressées. Percevant mon malaise, Emile finit par cesser ses logorrhées douteuses puis, d'un geste court, souleva la nappe brodée d'une blancheur immaculée recouvrant la table, pour y glisser la main droite et se saisir d'une enveloppe kraft de format A4 qu'il m'exhorta à ouvrir après me l'avoir tendue avec une gravité cérémoniale qui restera gravée dans ma mémoire à tout jamais. Je m'exécutai sans un mot et perçus autour de moi les visages se détendre. De cette enveloppe, j'en retirai une courte lettre écrite en allemand estimai-je eu égard à la lointaine connaissance de cette langue. Cette lettre sembla être ancienne, sa couleur avait virée au jaune par endroits. Le papier épais ressembla plus à un palimpseste à en juger par sa texture. Je parcourus ces quelques phrases manuscrites dont je ne compris strictement rien, tant par la langue que par une cursive, certes élégante mais très personnelle. Puis, mon regard se posa sur les derniers mots accompagnés d'une signature: *« ihr treuester Liebe »*. A cet instant, Emile me tendit un certificat d'authenticité dans lequel la traduction de ces quelques phrases apparut. Il s'agissait d'une dizaine de lignes écrites de la main de Nietzsche lui-même remerciant Lou Andréas Salomé d'une de leurs soirées passée en Octobre 1882 ; la lettre est datée du 25. « Ceci est pour vous Olivier ! » me dit Emile, puis enchaîna tout excité sur quelques explications de cette relique acquise sur un site web de collectionneurs. Je fit très gêné de ce geste généreux et délicat, l'émotion l'emporta ce qui fût rire la bande de joyeux drilles.

Après cette digression lyrique, revenons un instant sur une partie des analyses de Nietzsche à propos de la musique. J'évoquerai seulement deux aspects de son travail. Le premier, assez surprenant et somme toute sombre, nous indique que la montée en symbolisme et en puissance de la musique est pour une part, supposons la faible, actrice du tragique du monde. Cette analyse rejoint l'idée que l'intellectualisation engendrant tout concept humain édifié, devient hautement délétère dès lors qu'elle recèle en gésine l'aspect d'un faux présupposé sur la nature procédant de la crainte. Lisons cet aphorisme pour plus d'explication :

Nietzsche : « *...ici encore le côté du monde qui passait pour laid à l'origine a été conquis par l'intelligence artistique. De cela, quelle est la conséquence ? Plus l'oreille devient susceptible de pensée, plus elle s'approche des limites où elle devient immatérielle : la joie se loge dans le cerveau, les organes des sens eux-mêmes deviennent mous et faibles, le symbolique prend de plus en plus la place du réel, et ainsi nous arrivons par cette voie à la barbarie aussi sûrement que par toute autre. En attendant, on peut dire encore : le monde est plus laid qu'autrefois, mais il signifie un monde plus beau qu'il n'y eût jamais. Mais plus le parfum d'ambre de cette signification se répand et se volatilise, plus rare deviennent ceux qui le perçoivent encore : et les autres en restent enfin à la laideur et cherchent à en jouir directement en quoi nécessairement ils échoueront toujours. Il y a ainsi en Allemagne un double courant de développement musical : ici un groupe de dix mille personnes aux prétentions toujours plus hautes, plus délicates et écoutant toujours davantage ce que « cela veut dire » et là l'immense majorité, qui devient chaque année plus incapable de comprendre l'élément significatif même sous la forme de la laideur matérielle, et par cette raison apprend à saisir dans la musique ce qui est en soi laid et odieux, c'est à dire bassement matériel, avec de plus en plus de plaisir.* »[168]

Le deuxième aspect que j'aborderais tout aussi brièvement est celui du poids de la religion sur la musique (en Europe toujours) qui assurément a modifié le cours de développement artistique en introduisant sans relâche de nouvelles notions symboliques comme celle du transcendantalisme, de la béatitude, ou de la soumission. Le phénomène est très perceptible à la Renaissance d'abord avec

---

168 F. NIETZSCHE: Humain trop humain « L'immatérialité du grand art » aphorisme 217.

Palestrina (1526-1594) ; ce compositeur Italien qui avait fait écouter trois de ses messes au Concile de Trente (vers 1555) à la suite de quoi, le Pape Paul cinq renonça au projet qu'il avait de supprimer la polyphonie. Le paroxysme de cette inflexion fût atteint par le génial Jean-Sébastien Bach (1685-1750), maître du contrepoint édifié en mathématicien, en scientifique, grand organiste, débutant sa carrière musicale à Weimar en Saxe puis rattaché à Leipzig où il sera nommé Cantor. Sa musique percluse de piétisme est d'une telle puissance qu'elle incite sans détour à la profondeur d'une vie monastique pour qui l'écoute même sans en être imprégné. Enchaînons par une courte lecture de Nietzsche sur cet aspect de la religion et de la musique. Je frise le contre-sens qui ne plairait pas aux lecteurs avertis du philosophe tant épris de vérité, en disant de cet aphorisme qu'il me paraît de nouveau un peu sombre, mais ces aspects insolites de la musique me semblent aussi importants à évoquer pour comprendre ce que nous sommes nous-mêmes dans notre essence.

« Ce n'est pas sans un profond chagrin qu'on s'avoue que les artistes de tous les temps, dans leurs aspirations les plus hautes, ont rapporté précisément ces représentations à une explication céleste, que nous connaissons aujourd'hui pour fausse : ils ont glorifié des erreurs religieuses et philosophiques de l'humanité, et ils n'auraient pu le faire sans la foi en leur vérité absolue. Or, si la foi en une telle vérité diminue, les couleurs de l'arc-en-ciel pâlissent autour des fins extrêmes de la connaissance et de l'illusion humaine : ainsi cette catégorie d'art ne peut plus refleurir qui, comme la Divine Comédie, les tableaux de Raphaël, les fresques de Michel-Ange, les cathédrales gothiques, suppose non seulement une signification cosmique, mais encore une signification métaphysique des œuvres d'arts. Il sortira désormais une légende touchante de ce qui fut un tel art, une telle foi d'artistes. »[169]

Ce dernier aspect de la musique évoqué ici renvoie particulièrement sur une notion plus générale de l'art. En effet, de tout temps, lorsque l'art dont on peut penser qu'il est une activité créative

---
169 F. NIETZSCHE : Humain trop humain, " L'au-delà dans l'art", aphorisme 220.

sans limite, exprimée sur le terrain d'une liberté la plus grande possible, où les bornes-frontière semblent être abolies, permettant ainsi l'exploration dans toutes les directions de toutes les manières possibles du moment qu'elle produit une interpellation, voire une émotion, ou qu'elle délivre un message social, politique, culturel... lorsque cet art donc, devient encagé, limité par la contrainte, opprimé par une autorité, que ce soit par le catholicisme, on l'a vu, ou bien sous l'occupation allemande de la deuxième guerre mondiale ou bien encore durant la première guerre avec l'émergence du mouvement Dadaïste par exemple, c'est précisément à ces occasions que sa créativité en est potentiellement exacerbée, qu'elle explose parfois dans une certaine forme de richesse susceptible de mouvements durables (voir chap."Le sens de l'art".) Cette énergie créative contenue dans une forme est fascinante et lorsqu'elle est contenue dans un corps humain, elle l'est encore davantage, mais lorsque cette énergie s'exprime par le corps jusqu'à le déformer, le sculpter, un cercle vertueux s'enclenche produisant toujours plus d'effets, une sorte d'Ouroboros qui tourne en derviche produisant de plus en plus de synergie, ou seul un événement majeur ou bien dans certains cas la mort de l'artiste lui-même, peut en freiner le processus.

Nietzsche : « *Un artiste qui, dans tout ce qu'il entreprend, outrepasse ses forces, finira par entraîner la foule avec lui, par le spectacle même de la lutte formidable qu'il lui offre : car le succès n'est pas toujours seulement avec la victoire, mais parfois déjà dans le désir de vaincre.* »[170]

    Enfin, et pour conclure ce chapitre, que dire de la beauté d'une œuvre musicale ?
Nous savons déjà que Nietzsche ne s'engage pas sur le terrain de l'universalisme. Lorsqu'il s'agit de savoir si une œuvre musicale est belle, nous ne cherchons pas, en effet, à savoir si quelqu'un d'autre que nous éprouve les mêmes formes de jugement à l'écoute.
Kant au contraire distingue la sensation subjective, "sentiment dans lequel l'objet est considéré comme objet de satisfaction" et sensation

---
[170] F. NIETZSCHE : Humain trop Humain, Opinions et Sentences mêlées, aphorisme 166, "Vouloir vaincre".

objective, qui aurait pour effet de révéler l'existence d'un certain contenu en dehors de nous et saisissable par notre entendement. Or, la matière musicale, s'il en est, est un monde de "l'entre-deux" où le concept matériel insuffisamment caractérisé suspend de facto tout saisissement possible de l'entendement dans le plaisir que nous prenons à l'écoute d'une symphonie par exemple. La matière musicale n'est pas allégorie mais uniquement symbolisme, on l'a vu ; de fait, nous ne pouvons en aucun cas chercher à traduire ce type de composition en formes sensibles pour accéder à l'idée d'un esthétisme hiérarchisé. Et c'est précisément cela qui caractérise la force inouïe de la musique. En effet, notre subjectivité exempte de contraintes suffisamment caractérisées par un concept quasi inexistant, pousse au paroxysme notre imagination créatrice de nature à pouvoir nous libérer de nous-mêmes. Ce qui revient à dire que nous ne pouvons juger de la qualité d'une œuvre musicale, en dépit de sa matérialité, que par l'aptitude qu'elle a, à donner forme à notre puissance de représentation, de ce qu'il y a de plus profond et de plus idéel.

Si nous poussons le raisonnement, nous serions tentés d'admettre qu'en matière d'esthétisme musical, "tout se vaut", "à chacun sa beauté !" Et d'ajouter que deux artistes se rencontrent dans une composition musicale, pour l'un, "l'agenceur" de notes, pour l'autre, le créateur d'idées représentées ; que l'un comme l'autre ondulent sur le champ de la puissance créatrice, et de poursuivre que les extases esthétiques qui en procèdent dans toutes leurs puissances, ne font que révéler en nous notre propre puissance d'être dans un solipsisme définitivement supérieur.

Pour Nietzsche même, la décharge piaculaire, cathartique, éprouvée dans l'imaginaire créatif est de nature à pouvoir libérer l'artiste auditeur au point d'atteindre sa propre perfection.

*****

Nietzsche : *« j'ai entendu hier – le croiriez-vous – pour la vingtième fois le chef-d'œuvre de Bizet. De nouveau j'ai persévéré jusqu'au bout dans un doux recueillement, de nouveau je ne me suis point enfui.*

Cette victoire sur mon impatience me surprend. Comme une œuvre pareille vous rend parfait ! A l'entendre on devient soi-même un "chef-d'œuvre". Et, en vérité, chaque fois que j'ai entendu Carmen, il m'a semblé que j'étais plus philosophe, un meilleur philosophe qu'en temps ordinaires : je devenais si indulgent, si heureux, si indou, si rassis... Être assis durant cinq heures : Première étape vers la sainteté! [...] Cette musique de Bizet me semble parfaite. Elle approche avec une allure légère, souple, polie. Elle est aimable, elle ne met point en sueur. "Tout ce qui est bon est léger, tout ce qui est divin court sur des pieds délicats" : première thèse de mon esthétique. [...] je me sens devenir meilleur lorsque Bizet s'adresse à moi. Et aussi meilleur musicien, meilleur auditeur. Est-il possible de mieux écouter ? – J'ensevelis mes oreilles sous cette musique que, j'en perçois les origines. Il me semble que j'assiste à sa naissance – je tremble devant les dangers qui accompagnent n'importe quelle hardiesse, je suis ravi des heureuses trouvailles dont Bizet est innocent. – Et chose curieuse, je n'y pense pas, ou bien j'ignore à quel point j'y pense. Car des pensées toutes différentes roulent à ce moment-là dans ma tête... A-t-on remarqué que la musique rend l'esprit libre ? Qu'elle donne des ailes à la pensée ? Que l'on devient d'autant plus philosophe que l'on devient musicien ? [...] Nous embrassons le monde comme si nous étions au haut d'une montagne. – Je viens justement de définir le pathos philosophique. – Et sans que je m'en aperçoive des réponses me viennent à l'esprit, une petite grêle de glace et de sagesse, de problèmes résolus... Où suis-je ? Bizet me rend fécond. Tout ce qui a de la valeur me rend fécond. Je n'ai pas d'autre gratitude, je n'ai pas d'autre preuve de la valeur d'une chose. »[171]

---

[171] F. NIETZSCHE : "Le Cas Wagner", lettre de Turin, Mai 1888, aphorisme 1.

LA VOLONTE DE PUISSANCE

« [...] la connaissance est une façon de comparer entre elles, les erreurs anciennes et les erreurs récentes. »[172]

---

[172] F. NIETZSCHE : La Volonté de Puissance, livre premier, Éditions Gallimard 1995.

Cette noria nietzschéenne s'achève sur la lecture des quatre livres de "la Volonté de Puissance" que je relis pour conclure ces lignes. Tout un symbole... Ces œuvres publiées à titre posthume sont incomplètes car inachevées, polémiques car fragmentaires et falsifiées par la sœur du philosophe dans un premier temps. Néanmoins, l'on y trouve toute la trame philosophique de la pensée de Nietzsche, qui n'est autre qu'une irruption volcanique dionysiaque en pleine dépression spirituelle du 19ème siècle. Cette chaîne alpine demeure enchanteresse pour des siècles à l'image de Sils Maria (Suisse) qu'il aimait tant, faite d'air pur glacial, de chemins sinueux, roides et escarpés mais toujours qui conduisent au sommet de la précellence pour qui fait l'effort ; faite aussi d'impétuosité du torrent bouillonnant qui se fracasse, perce, creuse et transforme le granite des pensées que l'on croyait éternelles en roche fissile ; faite également du repos des eaux placides, noires et profondes des âmes de la Sépia... En somme, une symphonie pastorale où s'illustre la sagace conscience de l'aigle qui officie en chef d'orchestre sur les basses côtes d'un chameau qui n'a d'autre but que de s'alourdir la vie d'une charge toujours plus réplétive ; où s'illustre le serpent qui se meut, ondoie au sol comme sur un palestre, en s'accommodant de ses orbes comme autant d'ouroboros qui appellent à *l'Éternel Retour* ; mais aussi où s'illustre la probité de l'enfant que nous incarnons tous dans son *Innocence du Devenir*.

Comment pourrions-nous nous satisfaire de l'homme du présent des vallées polluées, obérant sans cesse l'avenir lorsque, face à nous se dresse l'efficiente promesse de l'ivresse des hauteurs et des cimes ? « *Il naîtra une chose plus grande encore que la tempête, la montagne ou la mer, mais sous la forme d'un fils d'homme.* ».[173] Tel est en effet le grand projet de "La Volonté de Puissance" nietzschéen. Comment ne pas préliber à de telles perspectives héliotropes ? Bien sûr aussi, le courage, la témérité presque ordalique sont requis lorsque l'on décide de chausser les crampons de la volonté pour en découdre avec ces montagnes philosophiques qui provoquent le vertige, qui, nuement,

---

[173] F. NIETZSCHE : La Volonté de Puissance : 1882-1886 (12, 2ème partie, & 682) livre quatrième, Éditions Gallimard 1995.

font trembler tant les chemins de la pensée prégnante, surclassent l'entendement empoussiéré des esprits grégaires et pulvérisent l'actuelle marche normée de l'humanité.

Pour exemple : « *Pour décider si telle ou telle chose est réelle (par exemple les faits de conscience) il faudrait savoir ce qu'est l'être, la certitude, la connaissance, et ainsi de suite. Mais comme nous ne le savons pas, toute critique de la faculté de connaître est dénuée de sens ; comment l'instrument se critiquerait-il lui-même, s'il ne dispose que de lui-même pour cette critique ? Il n'est même pas en mesure de se définir!* »[174].

Cependant, des voix s'élèvent pour reconnaître en Nietzsche le messager de joie d'un grand avenir humain et l'œuvre entière du philosophe nous y conduit tant elle incarne ce syncrétisme en un Nouveau Testament de cette humanité en devenir.

« *Le royaume des cieux est un fait d'expérience, un état de cœur... le messager de joie n'a pas prêché, n'est pas mort pour le rachat des hommes, mais pour leur démontrer comment il faut vivre, comment on peut réaliser sur la terre un bonheur effectif, au lieu de vivre de la promesse d'un bonheur futur... Le Fils de l'homme est une réalité éternelle, un symbole psychologique qui échappe au concept de temps.* »[175]

Embrassons du regard ces vastes perspectives prometteuses, plaçons-nous sur cette observatoire élevé si nous voulons saisir comme un tout les fragments devant lesquels nous nous trouvons à ce jour leurrés. Alors seulement nous comprendrons comme autant de lemmes la tâche gigantesque que le destin avait placée devant Nietzsche pour nous offrir l'occasion providentielle de connaître l'élévation heureuse, la sustentation enivrante de la vie.
Chevalier de l'Antéchrist, devant sa tâche Nietzsche n'a jamais été

---

[174] F. NIETZSCHE : La Volonté de Puissance, 1885-86 (16 § 486), livre premier : critique des valeurs supérieures rapportées à la vie, chapitre 2 : la volonté de trouver "le vrai" aphorisme 188 Gallimard Éditions 1995.
[175] F. NIETZSCHE : L'Antéchrist, (1894).

rétif à poursuivre son chemin au bout duquel il sut créer la mitose de l'harmonie en accouplant les intempérances de Dionysos, représentant du monde de la vie exubérante poussée à son paroxysme, avec la lumineuse beauté rassurante et ordonnatrice d'Apollon, représentant du monde aux couleurs célestes qui béatifient face à l'illusion ; au bout duquel aussi, en s'égarant bien malgré lui dans les méandres d'une solitude irréparable, il incarne les dix dernières années de sa vie, le symbole du nihilisme de l'humanité, indispensable à la renaissance d'un nouvel ordre joyeux. Car le nihilisme n'est qu'un purgatoire, une étape transitoire qui conduit à la foi nouvelle d'une vertu créatrice qui rend possible un sanctuaire bâti sur les ruines d'un empire à bout de souffle qu'il nous faut dépasser. Telle est la loi universelle de la vie : tout ce qui advient et vit, n'est possible qu'en se payant de ce qui s'anéantit et disparaît. Ainsi Nietzsche dresse-t-il initialement l'anamnèse des causes du déclin nihiliste qu'il trouve dans les jugements erronés qui encombrent notre morale, notre religion, notre société, notre philosophie, d'où la critique des valeurs dogmatiques les plus hautes et en place depuis des millénaires.

Dès 1867, Nietzsche a lu "Le Monde comme Volonté et comme Représentation" (1819) d'Arthur Schopenhauer, "Force et Matière" (1855) de Ludwig Büchner, ainsi que "L'Histoire du Matérialisme" (1866) de Lange. La vérité radicale comporte une difficulté ontique propre dans le rapport qu'elle entretient avec le réel comme avec le fondement noétique de toute pensée. Pour Nietzsche, toute pensée prend appui sur le chaos génésique des sensations, ce qui constitue déjà, dans cette étiologie, une erreur pour la vérité radicale. D'où son orientation vers une discipline philosophique que nous pourrions aujourd'hui nommer : cognition. Pour le philosophe allemand, n'est concevable que la science des premiers principes destinée à dévoiler l'illusion qui masque la véritable nature de toute chose. C'est donc une pratique historique de la philosophie qui fait écho chez lui, par opposition à la métaphysique. Il cherche à établir l'histoire de la genèse de la pensée, base sans laquelle tout développement intellectuel est un non-sens. Cependant, le philosophe constate une première erreur de taille qui réside dans le fait que toute nécessité intérieure humaine, vise à reconnaître tout objet en soi, de lui attribuer

une essence propre puis de le classer comme entité semblable et immobile. En effet, la recherche de la Vérité, pour une compréhension du monde, semble incoercible au désir de nommer chaque chose dans une permanence (statisme) qui assure une facilité dans sa désignation permettant l'interprétation donc l'hypothétique compréhension. Or, non seulement l'identique n'existe pas dans la nature, mais tout objet, tout organisme est le résultat d'un devenir permanent, ce qui, au passage remet en cause le sens même de la notion de "l'originel".
Nietzsche : « *La croyance que rien ne change provient soit d'une mauvaise vue, soit d'une mauvaise foi. La première se corrige, la seconde se combat.* »[176]

En outre, la racine de ce processus inconscient et erroné de classification est l'établissement de la relation unique que nous tissons avec tout objet sous l'angle du plaisir ou du déplaisir. C'est là l'origine du premier degré de la logique qui induit toute croyance ayant pour fondement la sensation de l'agréable et du pénible par rapport au sujet sentant.
L'appréhension du monde est-elle une erreur au regard de "La Vérité"? Mais rappelons d'abord brièvement ce que nous entendons ici par "La Vérité". Il s'agit bien évidemment de l'existentialisme c'est à dire du rapport à notre existence (Qui sommes-nous ? d'où venons-nous ? quel est notre but le cas échéant ?...) mais pas seulement puisqu'il est question aussi de chercher à savoir si tout ce qui nous entoure détient une vérité en soi, ce que certains philosophes comme Schopenhauer nomment "l'en-soi". La question de "La Vérité" est donc la question de toutes les questions qui se confond avec la question de l'être, et veut dépasser la présupposition de toute pensée et de toute action. En fait, elle tend à détacher son questionneur lui-même de tout ce qui le détermine afin de l'amener sur son horizon le plus vaste. Cependant, cette question de "La Vérité" semble perdre immédiatement son sens originel si l'on exclut à ce point toute référence, tout déterminisme et toute présupposition, car en somme pour la traiter, elle ne devrait reposer sur rien. Or, on ne saurait accomplir une telle démarche intellectuelle sans au moins souscrire à un postulat à priori, ce qui

---
176 F. NIETZSCHE : Fragments Posthumes (26,48).

revient à rétrécir voire dénaturer dans son fondement la nature de cette Vérité qui ne serait plus "La Vérité" du tout mais seulement une vérité particulière caractérisée par sa limite révélée.
Mais à ce sujet, Nietzsche nous apporte déjà quelques éléments de réponse dans cet aphorisme :

« *Est "vrai" ce qui peut être démontré. C'est une définition arbitraire du mot "vrai", elle ne peut se démontrer. C'est comme si l'on disait, simplement : "cela doit passer pour vrai, doit s'appeler le vrai". L'arrière-pensée, c'est que cette appréciation du concept du vrai est utile ; car le démontrable fait appel à ce qu'il y a de plus commun dans les cerveaux, à la logique ; aussi n'est-ce naturellement rien de plus qu'une norme utilitaire dans l'intérêt du plus grand nombre. "Vrais", "démontré" ces mots signifient déduit par raisonnement, à supposer que les jugements que l'on apporte en conclusion soient déjà vrai (c'est-à-dire généralement admis). Ainsi, est vrai ce qui peut être ramené à des vérités généralement reconnues, selon des procédés généraux de raisonnement. Cela signifie que l'axiome : "ce qui peut être démontré est vrai", suppose des vérités données par avance.* »[177]

En effet, dans le domaine de la vérité, ce sont nos sens qui sont les seules interfaces possibles de tout ce qui nous entoure, et qui sont à l'origine de toute pensée. Or, ils sont au nombre de cinq et de surcroît limités dans leur capacité à percevoir ! Sans en modifier leur nombre (difficilement imaginable), imaginons tout de même un instant en modifier leurs performances : une oreille capable de perception élargie sur le spectre des fréquences et du périmètre spatial, à l'identique d'un mammifère marin ; une vision capable de saisir le détail à des distances lointaines un peu à la manière du rapace ; l'odorat d'un chien cinquante fois supérieur à celui de l'homme etc... Que se passerait-il si nous étions dotés de tels sens qui existent bien chez d'autres ? A n'en pas douter, cette nouvelle faculté de perception, modifierait intégralement la représentation du monde tel que nous le croyons immuable aujourd'hui. Rien de ce que nous croyons connaître comme des évidences assertoriques, ne serait similaire ou même

---

[177] F. NIETZSCHE : La Volonté de Puissance, 1887 (13 § 127), livre premier, la confiance en un principe de vérité inhérent aux choses, aphorisme 114 Gallimard Éditions 1995.

ressemblant.

Nietzsche : « *[...]Nous regardons toutes choses avec une tête humaine et nous ne pouvons couper cette tête ; cependant la question reste toujours de dire ce qui existerait encore du monde si on l'avait néanmoins coupée... »*[178]

Si nous voulions illustrer ces propos, nous pourrions comparer le monde représenté d'un aveugle de naissance à qui la science permettrait de connaître pour la première fois la vue à l'âge de quarante ou cinquante ans (nous jouons dans ce cas sur un seul de ses sens). La différence entre son passé représenté et son nouveau présent ne serait-elle pas suffisamment abyssale au point même de le tuer ?

Nietzsche : « *Si nous arrivions à affirmer ou à émousser nos sens en décuple, nous péririons. La nature de nos sens est proportionnelle à une certaine dose de nos possibilités de conservation.* »[179]

Fort de ces premières constatations, il n'en faut pas plus pour Nietzsche pour affirmer à juste titre, que le monde que nous percevons, n'est qu'une sophistique, une représentation qui n'a aucun point commun avec la réalité de ce monde, la fameuse Vérité.
Ainsi, l'acte même de la connaissance est mis en interrogation chez Nietzsche qui inaugure "l'école du soupçon" pour permettre la remise en perspective de l'œuvre de la raison humaine qui conduit à des vérités. Celles-ci, pense-t-il, ont certainement dû être des hypothèses nécessaires à la survie de l'espèce humaine. C'est ainsi que la représentation donc l'illusion au regard de "la vérité" est sans cesse dénoncée par le philosophe allemand au nom d'une plus haute exigence d'assomption du réel. Il découvre que, comme la volonté est inhérente à la dynamique de la raison, celle-ci n'est plus finalement qu'une anti-raison que la raison porterait en elle-même, autrement dit : l'irrationnel.

---
178 F. NIETZSCHE : Humain trop Humain, "des choses premières et dernières." aphorisme 9 , monde métaphysique.
179 F. NIETZSCHE : La Volonté de Puissance, A 1886 (13 § 199), livre deuxième, chapitre 4, la relativité de la mesure et du nombre, aphorisme 339 Gallimard Éditions 1995.

Désormais, Nietzsche met flamberge au vent. Son premier travail consiste donc, dans le cadre de la recherche d'une vérité radicale, en la démystification et la désillusion qui, plus elles seront profondes, plus apparaîtra la racine des erreurs de jugement, ce qu'il nomme "mère de l'être".

Nietzsche : « *1 / Tous les jugements de valeur antérieurs sont nés d'une connaissance fausse et illusoire des choses. 2 / Au lieu d'une croyance qui ne nous est plus possible, nous établissons comme loi au-dessus de nous un vouloir fort qui maintient, par un principe d'heuristique, une série provisoire d'évaluations fondamentales, afin de voir jusqu'où elles peuvent mener. [...] 4 / Les mathématiques contiennent des descriptions (des définitions) et des déductions tirées de ces définitions. Leurs objets n'existent pas. La vérité de leurs déductions repose sur la correction de la pensée logique. Les mathématiques appliqués procèdent comme ces explications qui font appel à la "fin" et aux "moyens" ; on commence par arranger et simplifier (falsifier) le réel. [...] 5 / Ce que nous croyons le plus fermement, notre à priori, n'est pas plus certain du fait que nous y croyons si fort. Il se révèle peut-être au contraire comme une condition d'existence de notre espèce, une sorte de postulat fondamental. Ainsi, d'autres êtres pourraient-ils admettre d'autres postulats, p.ex. Quatre dimensions. C'est pourquoi, tous ces postulats pourraient êtres faux, ou plutôt, dans quelle mesure une chose peut-elle être "vraie en soi ?" C'est là, l'absurdité fondamentale. 6 / C'est un signe de virilité accomplie que de ne plus nous abuser au sujet de ce que notre point de vue a d'humain ; ce que nous voulons, c'est bien plutôt remplir strictement notre mesure et aspirer à conquérir la plus grande mesure de puissance sur les choses. Discerner que le péril est immense, que c'est le hasard qui a régné jusqu'ici. 7 / La tâche de gouverner la terre va nous échoir. De cette question : comment voulons-nous modeler l'avenir de l'humanité ? Nécessité de tables de valeurs nouvelles. Notre devoir le plus urgent : lutter contre les défenseurs des vieilles valeurs "éternelles".*[180]

---

180 F. NIETZSCHE : La Volonté de Puissance, E.1884 (14, 1er partie § 94), livre premier, Gallimard Éditions 1995.

Dans cette quête des profondeurs diaphanes d'un degré jamais atteint, Nietzsche remarque un vide ontologique et le nihilisme radical de la raison humaine où toutes les fins sont abolies. La vérité antérieure que Nietzsche à (re)trouvée procède du désir de connaître la vérité sur la vérité. C'est ainsi que le philosophe ouvre à nouveau toutes les parenthèses entre lesquelles se sont formées les contradictions que nous vivons comme fondement primaire et admis par tous. La conclusion de Nietzsche est sans appel possible : la cause du nihilisme de la civilisation humaine procède de la croyance dans les catégories de la raison d'après lesquelles nous avons interprété les valeurs du monde qui ne peuvent nous convenir qu'au regard d'un monde purement fictif et anthropocentré.

Pour Nietzsche, ce monde fictif est absurde, ne correspond en rien à la Vérité, mais procède d'une crainte de l'homme de s'égarer dans un monde inique, ambigu, hostile, qu'il ne comprend pas (peut-il seulement avoir la moindre chance de le comprendre ?)

Nietzsche : « *[...]C'est parce que nous avons, depuis des milliers d'années, regardé le monde avec des prétentions morales, esthétiques, religieuses, avec une aveugle inclination, passion ou crainte, et pris tout notre saoul des impertinences de la pensée illogique, que ce monde est devenu peu à peu si merveilleusement bariolé, terrible, profond de sens, plein d'âme ; il a reçu des couleurs, mais c'est nous qui avons été les coloristes. L'intellect humain, à cause des appétits humains, des affections humaines, a fait apparaître ce "phénomène" et transporté dans les choses ses conceptions fondamentales erronées. Tard, très tard, il se prend à réfléchir : et alors le monde de l'expérience et de la chose en soi lui paraissent si extraordinairement divers et séparés qu'il repousse la conclusion de celui-là à celle-ci, ou réclame de manière mystérieuse à faire frémir l'abdication de notre intellect, de notre volonté personnelle : pour arriver à l'essence par cette voie, que l'on devienne essentiel. D'un autre côté, d'autres ont recueilli tous les traits caractéristiques de notre monde phénoménal, c'est à dire de notre représentation du monde, sortie d'erreurs intellectuelles et héréditairement transmises, et, au lieu d'accuser l'intellect comme coupable, ont incriminé l'essence des choses à titre de cause de ce caractère réel très inquiétant du monde, et prêché l'affranchissement à l'égard de l'Être. [...] ce que nous nommons actuellement le monde est le résultat d'une foule d'erreurs et de fantaisies qui sont nées peu à peu dans l'évolution d'ensemble des êtres organisés, se sont entrelacées dans leur croissance, et nous arrivent maintenant par héritage comme un trésor accumulé de tout le passé. Un trésor : car la valeur de notre humanité repose là-dessus. De ce monde de la représentation, la science rigoureuse ne peut effectivement nous délivrer que dans une mesure minime, quoi que cela ne soit pas d'ailleurs à souhaiter, pour autant qu'elle n'est pas capable de rompre radicalement la force des habitudes archaïques de sentiment : mais elle peut éclairer très progressivement et pas à pas l'histoire de la genèse de ce monde comme représentation – et nous élever, au moins pour quelques instants, au-dessus de tout ce processus. Peut-être reconnaîtrons-nous alors que la chose en soi est digne d'un rire homérique : qu'elle paraissait être tant, même tout, et qu'elle est proprement vide, notamment vide de sens. »*[181]

Autrement dit, la "chose en soi" n'étant pas mesurable donc pas connaissable, étant même sans commune mesure avec notre être, donc non pensable, dans le sens précis que nous ne pouvons nous en faire aucune représentation, elle échappe donc finalement à toute signification proprement dite. Dès lors, se trouve ébranlée sur ses bases que l'homme croyait nouménales, la prédominance de la raison, de la logique et de la conscience.

Nietzsche sur la logique : « *La logique est attachée à cette condition : à supposer qu'il y ait des cas identiques. En fait, pour pouvoir penser et conclure logiquement, il faut d'abord imaginer que cette condition est remplie. Cela revient à dire que la volonté d'arriver à la vérité logique ne peut s'accomplir qu'après que l'on a admis une falsification radicale de tous les faits. D'où il résulte que ce qui règne ici est un instinct qui dispose de ces deux moyens : falsifier les faits, puis imposer son point de vue : la logique n'est pas née de la volonté*

---

181 F. NIETZSCHE : Humain trop Humain, des choses premières et dernières, phénomène et chose en soi, aphorisme 16.

de parvenir au vrai. »[182] « *[...] La logique a été inventée comme un allègement, un moyen d'expression - non pas comme une vérité... Plus tard, elle a agi comme une vérité.* »[183]

Après la logique, Nietzsche tance la connaissance (c'est logique !) puisqu'elle en procède. Après tout, qu'est-ce que la connaissance, si ce n'est "une façon de comparer entres elles, les erreurs anciennes et les erreurs récentes ? "
A ce rythme, le vieil édifice s'écroule à coup de marteau entraînant dans sa chute tous les systèmes de valeur quels qu'ils soient.

Nietzsche :« *[...]La forme, l'espèce, la loi, l'idée, le but – c'est la même erreur que l'on commet partout, en supposant à la fiction, une fausse réalité ; comme si le devenir portait en lui je ne sais quelle docilité, on fait une distinction artificielle entre ce qui agit et ce qui règle l'action (mais cet agent et cette norme de l'action ne sont posés que par obéissance à notre dogmatisme métaphysico-logique ; ils ne sont pas un "état de fait") Il ne faut pas interpréter cette nécessité où nous sommes de créer des concepts, des espèces, des formes, des fins, des lois (un monde de cas identiques) comme si elle devait nous mettre en mesure de fixer ce qu'est le monde vrai ; il faut y voir la nécessité de nous accommoder un monde qui nous rende l'existence possible ; nous créons par là un monde qui nous paraît prévisible, simplifié, intelligible, etc. C'est nous qui avons créé "la chose", la "même chose", le sujet, l'attribut, le faire, l'objet, la substance, la forme, d'après lesquels nous avons le plus longtemps travaillé à tout égaliser, à tout grossir et tout simplifier. Le monde nous paraît logique parce que nous avons commencé par le rendre logique.* »[184]

Après ce constat effroyable mais combien lucide, Nietzsche objurgue

---

182 F. NIETZSCHE : La Volonté de Puissance, 1885 (16 § 515), premier livre : critique des valeurs supérieures rapportées à la vie, chapitre 2 : la volonté de trouver "le vrai", aphorisme 120 Gallimard Éditions 1995.
183 F. NIETZSCHE : La Volonté de Puissance, 1883-88 (16 § 538), premier livre : critique des valeurs supérieures rapportées à la vie, chapitre 2 : la volonté de trouver "le vrai" aphorisme 117 Gallimard Éditions 1995.
184 F. NIETZSCHE : La Volonté de Puissance, P.A 1887 (16 § 521), premier livre, "la morale vaincue par elle-même", aphorisme 135, Gallimard Éditions 1995.

donc la grande illusion régnante de la vie qu'il voue aux gémonies, car elle favorise la généralisation de la décadence, hostile aux hommes les plus vigoureux, les plus féconds, les plus doués de la grande nature structurante.

La route de la vérité "quêtée" en limier par Nietzsche n'est pas sans danger tant elle est semée de contradictions, de résistances et demande un courage démesuré voire une témérité homérique pour éviter l'aporie intellectuelle. Qui a le courage en effet, de remettre en cause ses convictions, toutes ses convictions ? Qui peut admettre que tout n'est qu'illusion procédant d'une interprétation mue par une volonté inconsciente issue d'une crainte originelle elle-même masquée, le tout nimbé de papier bible que l'on nomme vérité ? Qui a le courage de se nier à ce point pour la grande vérité existentielle dont il n'est pas certain qu'elle soit à notre portée ?

Pour en finir avec toutes les catégories d'erreurs dénoncées par le philosophe comme ayant engendré des "vérités", lisons cet aphorisme sur le langage même :

« L'importance du langage pour le développement de la civilisation réside en ce qu'en lui l'homme a placé un monde propre à côté de l'autre, position qu'il jugeait assez solide pour soulever de là le reste du monde sur ses gonds et de se faire le maître de ce monde. C'est parce que l'homme a cru, durant de longues périodes, aux idées et aux noms des choses comme à des éternelles vérités, qu'il s'est donné cet orgueil avec lequel il s'élevait au-dessus de la bête : il pensait réellement avoir dans le langage la connaissance du monde. Le créateur de mots n'était pas assez modeste pour croire qu'il ne faisait que donner aux choses des désignations, il se figurait au contraire exprimer par les mots la science la plus élevée des choses ; en fait, le langage est le premier degré de l'effort vers la science. De la foi dans la vérité, ici encore, ont dérivé les sources de force les plus puissantes. C'est bien plus tard, de nos jours seulement, que les hommes commencent d'entrevoir qu'ils ont propagé une monstrueuse erreur dans leur croyance au langage. Par bonheur, il est trop tard pour que cela détermine un recul de l'évolution de la raison, qui repose sur cette croyance. La logique aussi repose sur des postulats

auxquels rien ne répond dans le monde réel, par exemple sur le postulat de l'égalité des choses, de l'identité de la même chose en divers points du temps : mais cette science est née de la croyance opposée (qu'il y avait certainement des choses de ce genre dans le monde réel). Il en est de même de la mathématique, qui assurément ne serait pas née si l'on avait su d'abord qu'il n'y a dans la nature ni ligne exactement droite, ni cercle véritable, ni grandeur absolue. »[185]

Le philosophe réfléchit très tôt au sujet des valeurs princeps, génésiques, qui ont présidé à la création même de l'univers, mais l'originalité qui le différencie de ses congénères pensant est qu'il triomphe de l'anthropomorphisme au profit d'un subjectivisme cosmique.

Nietzsche : « *Nous sommes partie intégrante du caractère de l'univers, pas de doute ! Nous n'avons accès à l'univers qu'à travers nous-mêmes ; tout ce que nous portons de haut ou de bas en nous doit être compris comme partie intégrante et nécessaire de sa nature.* »[186]

Dans le "Gai savoir"[187], Nietzsche formule clairement et définitivement l'essence du genre humain qu'il désigne grâce à des expériences singulières et rares d'une classe d'hommes qui s'est déjà débarrassée de sa gangue méphitique et qui tend à la communion étroite avec le cosmos pour une forme nouvelle et supérieure de l'existence. Car, loin de toute verbigération ou palinodie de rhéteurs histrions, le philosophe allemand n'est évidement pas le coadjuteur de ceux qui pérorent avec emphase (les mots usuels qu'il emploie en sont indiscutablement la preuve), pas plus qu'il n'est l'épigone des temps anciens qu'il déclare révolus et délétères, plutôt est-il ce créateur démiurge du génie humain qui a découvert les lois régissant l'évolution de l'univers et dont la retranscription écrite revêt des airs de prophétie mêlés d'une couleur poétique qui atteint son apogée dans "Ainsi parlait Zarathoustra".

---
185 F. NIETZSCHE : Humain trop Humain, "Des choses premières et dernières", le langage comme prétendue science, aphorisme 11.
186 F. NIETZSCHE : La Volonté de Puissance, 9-1885 / 6-1886 (13 § 550), 2ème livre : l'infinie ressource du vouloir-vivre créateur, aphorisme 14 Gallimard Éditions 1995.
187 F . NIETZSCHE : Le Gai Savoir, (1882).

Mais cette belle musique cosmique n'est désormais plus insécable des sciences de la nature, Nietzsche le sait parfaitement, aussi en prend-il la pleine mesure dans la "Volonté de Puissance" avec des théories avant-gardistes voire visionnaires comme la théorie de la relativité qu'il traduit plusieurs décennies avant Albert Einstein en équations philosophiques dans un chapitre dédié aux "choses en tant que quantité dynamique". Pour exemple :

« [...] Le perspectivisme n'est qu'une forme complexe de la spécificité. Je me représente que tout corps spécifique tend à se rendre maître de tout l'espace et à y déployer sa force (sa volonté de puissance) et à repousser tout ce qui résiste à son expansion. Mais il se heurte sans cesse à des efforts analogues des autres corps et finit par conclure un compromis (par "s'unir") avec ceux qui lui sont suffisamment analogues ; ils aspirent ensuite de concert à la puissance. Et le processus continue...[188]

Visionnaire de génie, Nietzsche le fut incontestablement dans toutes les sciences, qu'elles soient naturelles, physiques ou sociales. Que l'on se souvienne de la constitution européenne qu'il prévoit, du développement de l'aviation qui n'existe pas encore à son époque et qu'il envisage à grande échelle planétaire comme un moyen de transport évident, de la langue anglaise comme futur moyen de communication professionnel international, de la séparation de l'Etat et des églises ou plus conceptuellement, l'intuition de "l'Éternel Retour" démontré par la topologie algébrique quelques années plus tard sous la craie d'Henri Poincaré. Pour exemple :

Nietzsche : *« tout ce qui subsiste a déjà été un nombre infini de fois et reviendra un nombre incalculable de fois [...] tout est revenu : Sirius et l'araignée, et tes pensées dans cette heure et cette pensée que tout revient »*[189] ou *« ...comme le temps est infini, il faut que tous les développements possibles se soient déjà produits. En conséquence, le développement présent doit être une répétition et ainsi celui qui l'a*

---
188 F. NIETZSCHE : La Volonté de Puissance, 1888 (16, § 636), 2ème livre : Le monde pensable et mesurable, aphorisme 375 Gallimard Éditions 1995.
189 F. NIETZSCHE : Fragments Posthumes, 12, 62.

produit. Tout cela a déjà été un nombre innombrable de fois.»[190]

Arrêtons-nous un court instant sur cette notion essentielle de la cosmogonie nietzschéenne. Par ce qu'il nomme lui-même "hapax" (chapitre "Pic existentiel et Conatus"), l'Éternel Retour fut révélé à Nietzsche en Août 1881 en Engadine sur les rives du lac Silva-Plana, près d'un rocher en forme de pyramide (nous avons une photo de l'époque). Ce qui primitivement constituait une intuition, évolua en lui en conception mécaniste, un grand équilibre ordonnateur, un Ouroboros cosmique de la connaissance de l'être, puis en doctrine physique, au point où, un an plus tard, il voulu en donner crédit en se procurant les bases mathématiques par de nouvelles études universitaires. Et pourtant, bon nombre de philosophes jusqu'à nos jours, n'y voient qu'une vision restée en l'état, tout au plus le mouvement philosophique d'une pensée transcendante. Quid de la science ? Car en effet, huit ans plus tard en 1889, ce que Nietzsche exprime pourtant très clairement dans ses aphorismes, le français Henri Poincaré le démontre mathématiquement par le théorème de récurrence. Que dit ce théorème ? Que tout système, y compris l'entropie la plus quelconque, évolue selon des lois déterministes et repasse par son état "initial" au bout d'un temps plus ou moins long mais non infini. Précisons au crédit des philosophes détournant, de mon point de vue, le sens nietzschéen de l'Éternel Retour, que les temps exprimés par Poincaré sont supérieurs à l'âge de l'univers, même pour un simple système de quelques particules. Pour autant, et nonobstant l'absence de toute possibilité intrinsèquement empirique de ce théorème, il n'en demeure pas moins théorème au même titre que celui de Thalès ou de Pythagore que nous connaissons tous. Certes, nous pouvons aussi mettre en résonance toutes la pensée de Nietzsche en préservant l'Éternel Retour sous l'angle purement philosophique, en parfilant comme certains l'ont fait, une métaphysique dogmatique de type pré-kantien dont la forme existentielle prendrait corps dans des expressions de l'athéisme ou même du Surhumain. Nous ne développerons pas ici.
Mais au-delà du génie visionnaire, Nietzsche tente de saisir le devenir

---
190 F. NIETZSCHE : Fragments Posthumes, 12,51-53-57.

héraclitéen, la genèse de toutes les formes, leurs croissances et leurs décroissances périodiques avant leurs destructions finales. Là aussi, il trouve une interprétation originale et profonde au très ancien problème de l'individuation. Comment en effet, des formes relativement durables peuvent-elles s'affirmer dans le flux du devenir, en dépit de son écoulement perpétuel ? Comment la nature procède-t-elle pour générer ses créatures qui sans cesse dépassent le niveau précédemment atteint ? Aussi, reconnaît-il en l'homme l'inépuisable vouloir créateur de la vie cosmique qui ne rencontre jamais la consomption ultime. Seul l'homme s'isole par des moyens pernicieux et hostiles à la nature telles les religions, la morale ou la mécanique psychologique prompte à produire l'interprétation, donc l'illusion, donc l'erreur. Ces caractéristiques de l'être demeurent des activités organiques propres à l'intellect humain le conduisant au nihilisme. Et c'est là un effort vain et dangereux qui pousse inévitablement à la destruction et l'effondrement d'une humanité non préparée.

Nietzsche : « *On commence à entrevoir le contraste entre le monde que nous vénérons et le monde dont nous avons l'expérience, le monde que nous sommes. Un choix nous reste : détruire soit notre vénération, soi nous-mêmes. En ce dernier cas, c'est le nihilisme.* »[191]

Le nihiliste est l'homme qui juge le monde tel qu'il ne devrait pas être mais considère le monde tel qu'il devrait être comme ne pouvant exister. Ainsi pour lui, vivre, agir, souffrir, vouloir, sentir n'a pas de sens, seule la conscience que tout est vain l'anime jusqu'au pathétique qui est même une inconséquence pour lui-même. Ce type d'homme est souffrant, improductif, las de vivre. Sa caractéristique réside dans le fait de refuser de croire au devenir, il a peur du devenir jusqu'à le déprécier, d'où le réflexe en la croyance de la permanence, du statisme qui permet la représentation immuable de toutes choses. Or, la différence entre le devenir héraclitéen et le statisme engendre le point d'acmé du nihilisme, sa phase ultime qui appauvrie encore d'un degré le nihiliste qui ne possède désormais plus la force d'interpréter,

---

[191] F. NIETZSCHE : La Volonté de Puissance, 1883 / 88 (16, p 417, § 2,1. 1-4), 3ème livre : introduction, aphorisme 3, Gallimard Éditions 1995.

incapable d'imposer son vouloir aux choses. Cependant, Nietzsche est le seul au 19ème siècle à reconnaître dans le nihilisme montant, un stade nécessaire de notre évolution mentale d'où pourra surgir la force d'en triompher. Le philosophe allemand saisit dans cette phase ultime de dégradation, l'abréaction, la catharsis tirées du vouloir créateur. Car le nihilisme impose de lui-même un sens par le fait qu'il est déjà une mesure de l'énergie que de savoir jusqu'à quel point l'homme peut tolérer de vivre dans un monde dénué de sens.

Nietzsche : « *Car il importe de ne pas faire erreur sur le titre qu'a voulu porter cet évangile de l'avenir. "La Volonté de Puissance essai d'une transvaluation de toutes les valeurs". Cette formule exprime une réaction qui est mon principe et ma tâche ; c'est un mouvement qui dans je ne sais quel avenir abolira ce nihilisme absolu, mais qui le présuppose, logiquement et psychologiquement, qui ne peut venir qu'après lui, que de lui ; car pourquoi l'avènement du nihilisme est-il désormais nécessaire ? Parce que nos valeurs antérieures elles-mêmes aboutissent en lui à leurs conséquences ultimes ; parce que le nihilisme est l'aboutissement logique de nos valeurs et de nos idéaux les plus hauts ; parce qu'il nous a fallu d'abord passer par le nihilisme pour découvrir la valeur réelle de ces valeurs...* »[192]

Telle est la grande prescience de Nietzsche, réaliste, pragmatique et matérialiste qui ne fait jamais dans l'idée pure et commentée, mais plutôt exige t-il des grands problèmes qu'ils passent par le corps, qu'ils traversent la chair pour se transformer en actes et en vouloir, car nous ne saisissons réellement uniquement ce qui a pris corps en nous, nous ne pouvons réellement triompher que de ce qui a vécu corporellement en nous.

Nietzsche : « *J'ai toujours mis dans mes écrits toute ma vie et toute ma personne. J'ignore ce que peuvent être des problèmes purement intellectuels.* »[193]

---

[192] F. NIETZSCHE : La Volonté de Puissance, 11-1887 / 3-1888 (15 préface, § 4), 3ème livre : introduction, aphorisme 9, Gallimard Éditions 1995.
[193] F. NIETZSCHE : La Volonté de Puissance, 1880 / 81 (6, 2ème partie, § 590), 3ème livre : "Ma tâche", aphorisme 312, Gallimard Éditions 1995.

C'est ainsi que le philosophe qualifie toutes les connaissances purement intellectuelles. Rien de bon en effet, n'est jamais sorti du simple reflet que l'esprit contemple de lui-même dans son propre miroir...

Afin d'atteindre ces contrées d'une nouvelle sagesse cosmique "pardelà bien et mal" qui nous reste à repérer afin de nous en emparer, Nietzsche saisit donc la force nécessaire au sein même du nihilisme propre à sa destruction et indispensable jusqu'à sa totale consomption. Cette force est le symptôme d'une volonté qui détruit certes, mais prompte aussi à la renaissance. Ainsi, peut-on dire de la Volonté de Puissance qu'elle est volonté de vie et de création, c'est la meilleure acception possible qui congédie toute notion de polémique à laquelle Nietzsche a dû faire face. Par cette volonté, le philosophe nous éclaire sur des nouvelles formes de religion et de morale, c'est pourquoi, il détruit les anciennes auxquelles, lui aussi, il était attaché de cœur et d'éducation. Ne devrions-nous pas nous emparer du même courage ? Cependant, relève t-il du monde que nous vénérons et du monde que nous expérimentons qu'ils sont devenus antagonistes, dualistes.

Nietzsche : « *L'homme représente biologiquement une contradiction entre les valeurs, il est assis entre deux chaises ; il dit d'une seule haleine Oui et Non... Nous avons tous en nous à notre insu contre notre gré, des valeurs, des mots, des formules, des morales d'origines opposées, nous sommes psychologiquement faux.* »[194]

D'où la nécessité de la transvaluation des valeurs, de toutes les valeurs par ce qu'il nomme le "Moi Cosmique", c'est à dire, au nom et par la nature, en congédiant définitivement la recherche de "La Vérité" dont l'homme doit intégrer par ce nouveau degré de conscience atteint, qu'en l'état, elle n'est désormais pas à sa portée. Pour Nietzsche elle est incommunicable du fait de son indétermination à priori pour laquelle toutes choses ne paraissent plus être. Elle se révèle seulement, pour les plus puissants, de façon indirecte et transcendante, et semble constituer un cercle qui revient jusqu'à la mort, permettant à

---

194 F . NIETZSCHE : La cas Wagner : 1889.

Nietzsche de dire que dans le monde rien n'est vrai, tout est permis.

Nietzsche : « *[...]Principe fondamental : La fausseté semble si profonde, si générale, la volonté est tellement dirigée contre la connaissance de soi et la désignation exacte des choses, que l'hypothèse suivante est de la plus grande probabilité : la vérité, la volonté d'atteindre le vrai est au fond tout autre chose, et elle-même n'est encore qu'un déguisement. (Le besoin de croire est le plus grand obstacle à la véracité.)*[195]

Nietzsche sur le Moi Cosmique : « *L'homme cherche l'image de l'univers dans la philosophie qui lui donne la plus grande impression de liberté, c'est à dire dans laquelle son instinct le plus puissant se sent libre dans son activité. Qu'il en soit de même pour moi !* »[196]

Cependant, Nietzsche nous éclaire déjà dès 1872 sur l'impératif à suivre pour un perspectivisme cosmique, en précisant :

« *L'homme ne découvre que très lentement l'immense complication de l'univers. Il commence par se l'imaginer très simple, c'est-à-dire aussi superficiel que lui-même.[...] L'homme connaît l'univers dans la mesure où il se connaît ; c'est-à-dire que les profondeurs s'en révèlent à lui dans la mesure où il s'étonne de lui-même et de sa propre complexité.* »[197]

Il est stupéfiant de constater que toute la pensée de Nietzsche réside dans son premier livre de 1872 "La Naissance de la Tragédie". Toute l'œuvre du philosophe prend appui sur cette dyade dionysienne / apollinienne. Ainsi, lorsqu'il parle d'un ordre nouveau de l'humanité, la "Sagesse Tragique" est l'expression qu'il choisit tant elle fait appel à trois composantes essentielles mais constamment sécables et irréconciliées sous la période hellénistique. Il s'agit de la sagesse des

---
195 F. NIETZSCHE : La Volonté de Puissance, A 1883-88 (15, § 377), 2ème livre : L'intellect simple organe, aphorisme 278, Gallimard Éditions 1995.
196 F. NIETZSCHE : La Volonté de Puissance, A 1883-88 (15, § 418), 4ème livre : Le Moi cosmique, aphorisme 605, Gallimard Éditions 1995.
197 F. NIETZSCHE : La Volonté de Puissance, A 1872 (10, § 80), 2ème livre , "l'infinie ressource du vouloir-vivre créateur", aphorisme 13, Gallimard Éditions 1995.

philosophes matérialistes présocratiques, de la tragédie grecque de nature à faire sourdre l'abréaction, la catharsis, le piaculaire, le tout sur fond d'univers artistique, milieu qui permet la décharge énergétique la plus brute, la plus pure, la plus génésique donc la plus créatrice. Si cette décharge est à l'origine de la création pour Nietzsche, elle est aussi douleur. En effet, telle une mère qui enfante, la vie qui exulte source de joie, est consubstantielle à l'effort qui déjà est douleur par les forces créatrices qui se heurtent dans la projection active de tout avenir pensé.

Nietzsche sur la douleur source de création : « *[...]La douleur est le sentiment d'un obstacle, la douleur est partie intégrante de tout activité qui est dirigée contre quelque chose dont il faut triompher. La volonté de puissance aspire donc à trouver des résistances, de la douleur. Il y a une volonté de souffrir au fond de toute vie organique, contre le bonheur pris pour fin.* »[198]

Il me paraît évident que cette notion de souffrance a engendré chez Nietzsche le concept de "l'Amor Fati" (l'amour de son destin) indissociable de la Volonté de Puissance, volonté de vie inépuisable et créatrice qui ne peut être envisagée que comme le cycle de la nature rythmé d'assomptions et de consomptions extrêmes, tout à fait synonymes de possible bonheur comme nous pouvons le ressentir dans l'un de ses plus beaux aphorismes :

« *Encore un pas dans la guérison : et l'esprit libre se rapproche de la vie, lentement il est vrai, presque à contrecœur, presque avec défiance. Tout se fait de nouveau plus chaud autour de lui, plus doré pour ainsi dire ; sentiment et sympathie acquièrent de la profondeur, des brises tièdes de toute sorte passent au-dessus de lui. Il se trouve presque comme si ses yeux s'ouvraient pour la première fois aux choses prochaines. Il est émerveillé et s'assied en silence : où était-il donc ? Ces choses proches et à proximité, comme elles lui semblent changées ! Quel duvet et quel charme elles ont cependant revêtus ! Il jette en arrière un regard de reconnaissance pour ses voyages, pour*

---

198 F. NIETZSCHE : La Volonté de Puissance, 1884 (13, § 661), 4ème livre : Dionysos philosophos, aphorisme 554, Gallimard Éditions 1995.

sa dureté et son aliénation de soi-même, pour ses regards au loin et ses vols d'oiseau dans les hauteurs froides. Quel bonheur de n'être pas resté toujours "à la maison", toujours chez lui comme un douillet, un engourdi de casanier ! Il était hors de soi : il n'y a aucun doute ! Il se voit maintenant pour la première fois. Quel frisson inéprouvé ! Quel bonheur encore dans la lassitude, l'ancienne maladie, les rechutes du convalescent ! Comme il se complaît à rester tranquillement assis avec son mal, à filer la patience, à se coucher au soleil ! Qui comprend comme lui, le bonheur qu'il y a dans l'hiver, dans les tâches de soleil sur la muraille ! Ils sont les animaux les plus reconnaissants du monde, et les plus modestes, ces convalescents, à demi revenus à la vie, ces lézards. Il y a tels parmi eux qui ne laissent pas passer un jour sans lui apprendre au bas de sa robe traînante un petit couplet louangeur. Et pour parler sérieusement : c'est une cure à fond contre tout pessimisme (le cancer, comme on sait, des vieux idéalistes et héros du mensonge) que de tomber malade à la façon de ces esprits libres, de rester malade un bon bout de temps et puis, avec un plus long temps encore, de retrouver une bonne j'entends une "meilleure" santé. Il y a science, science de vivre, à ne s'administrer longtemps à soi-même la santé qu'à petites doses. »[199]

Nietzsche que l'on a parfois considéré à tort comme un individualiste, est celui qui a aboli le concept de l'individualité en élargissant l'être unique aux dimensions de l'univers.

Nietzsche : « *Tout individu collabore à l'ensemble de l'Être Cosmique, que nous le sachions ou non, que nous le voulions ou non.* »[200]

Et en liaison avec l'Amor Fati : « *Le Fatum est une pensée exaltante pour quiconque a compris qu'il en fait lui-même partie.*
« *Si l'on n'a pas éprouvé cela, si l'on n'est incapable de l'éprouver, on demeure "l'hôte morne", "l'individu atomique", on n'est pas entré*

---

[199] F. NIETZSCHE : Humain trop Humain, préface, aphorisme 5.
[200] F. NIETZSCHE : La Volonté de Puissance, 1885 (13, § 37,1.2-4), 4ème livre : le Moi Cosmique, aphorisme 606, Gallimard Éditions 1995.

dans le jeu. »²⁰¹

Pour Nietzsche, l'ordre cosmique est accompli quand l'homme s'ordonne selon la loi intérieure de son âme en phase avec la surabondante énergie du cosmos, seulement alors il est élu comme celui qui a intégré sa destinée fatale. De sorte que la désagrégation d'un atome ne se limite pas à un peu de néant carbonisé, une cendre morte, grise et pulvérulente, mais à l'incarnation du cosmos désagrégé en atome individuel. Autrement dit, la désintégration de toute structure libère une quantité d'énergie phénoménale destinée par la volonté de puissance à une concentration de cette même énergie qui se libère dans un sens créateur. La physique nomme ce phénomène : alternance de big-bang et big-crunch. A l'image de cet univers, le projet de Nietzsche n'est donc pas confiné à la destruction de la morale, de la religion, de la société, de la justice… pour un nihilisme libérateur et anarchique qui se suffirait à lui-même, mais bien pour la création d'une nouvelle morale, d'une nouvelle religion, d'une nouvelle société, d'une nouvelle justice… qui prendraient appui sur leurs indispensables destructions antérieures.

Répétons-nous ses paroles pour nous en convaincre : « *Vous dites que c'est une décomposition spontanée de Dieu, mais ce n'est qu'une mue : il se dépouille de son épiderme moral. Et bientôt vous le retrouverez, par-delà le bien et le mal.* »²⁰²

A ce stade de recomposition, "le Surhumain" prend naissance dans "la Sagesse Tragique". L'homme Surhumain est celui qui renaît dans cette voie lactée de pensées étincelantes par le cœur même de notre humanité, celui qui conclut avec le cosmos une alliance nouvelle, signe un pacte de mort dont il sait en pleine conscience qu'il sera la première victime. Une telle mort est le sceau de toute grande passion, de tout grand héroïsme ; se sentir mûr pour elle est tout ce que l'on peut attendre de plus haut, mais aussi de plus ardu, et ne peut se conquérir que par des luttes et des souffrances héroïques. Une mort

---

201 F. NIETZSCHE : La Volonté de Puissance, 1885 (14, & 214, les deux dernières lignes), 4ème livre : le Moi Cosmique, aphorisme 636, Gallimard Éditions 1995.
202 F. NIETZSCHE : La Volonté de Puissance, 1882-84 (12, 2ème partie, § 532), 4ème livre, "l'humanisme qui vient", aphorisme 407, Gallimard Éditions 1995.

semblable n'est-elle pas un évangile d'amour ? En somme, le Surhumain est celui qui incarne tout le processus antérieur nietzschéen par son vouloir, celui qui fait le constat lucide de nos valeurs ne permettant plus l'élévation de conscience, qui transmute toutes ces valeurs jusqu'au nihilisme revendiqué, et procède à l'abréaction dans "l'Amor Fati", pour le nouvel ordre d'une Sagesse Tragique vécue dans l'Innocence du Devenir.

De 1881 à 1889, Nietzsche prend peu à peu conscience de cette longue germination qui est en lui (en nous), ce processus de déploiement continuel, ce contrat entre "l'axis mundis" et sa pensée solaire qui fait de sa philosophie un propylée pour tous. En 1888, Nietzsche atteint incontestablement ce Surhumain avant sa mort intellectuelle. Il écrit à Paul Deussen le 3 Janvier 1888 : « *A présent, je n'ai plus besoin pour toute une suite d'années, que de silence, d'oubli, de l'indulgence du soleil et de l'automne, pour mener à maturité une chose qui veut mûrir, pour sanctifier et justifier de façon rétrospective tout mon être, dans la douceur du fruit de mon existence, sans qu'il s'y mêle rien d'acide ou d'amer.*»[203]

Puis le 4 mai 1888 à Brandes : « *j'ai atteint régulièrement, pendant une à deux heures chaque jour, à cette énergie qui me permet d'embrasser dans sa totalité, du pied au faîte, ma propre pensée, alors que la complexité inouïe des problèmes s'étend devant moi comme un relief clairement tracé [...] on est une nécessité et on l'ignore, il faut voir ces choses comme je viens de les voir pour y croire.* »[204]

Dans un dernier billet à Peter Gast le 4 Janvier 1889 : « *Je sens sur moi, l'haleine de bouches inconnues, la grande fraîcheur approche [...] le monde est transfiguré et tous les cieux chantent de joie.* »[205]

Dans le dithyrambe dionysiaque, le soleil décline... Nietzsche a réussi à exprimer dans une profondeur inouïe, cet état d'âme en incarnant la figure du "Dionysos philosophos". De toute sa volonté de

---
203 F. NIETZSCHE : Correspondance Friedrich Nietzsche (PUF).
204 F. NIETZSCHE : Ibidem.
205 F. NIETZSCHE : Ibidem.

puissance dans laquelle il se jette pour saisir dans le brasier de cette mort spirituelle le sens de la terre, le sens cosmique de notre vie, Nietzsche nous suggère par son œuvre, un sens inédit qui ouvre une nouvelle et sublime perspective de notre sort tragique.

Lorsque l'on vit la philosophie de Nietzsche comme une expérience décisive, à l'intérieur du cercle magique, on finit par dominer du regard l'immense complexité des problèmes, comme un relief aux grandes lignes nettes et claires. Tout s'y enchaîne avec précision et l'on en vient à cette conviction que tout y est nécessaire. Ainsi aperçue, l'énorme matière s'organise sur un plan structurant. La philosophie de Nietzsche : donner la preuve de la puissance et de l'assurance conquises en montrant que l'on a désappris la peur, se sentir libre d'échanger la méfiance et le soupçon contre la confiance dans nos instincts, savoir s'aimer et s'honorer soi-même dans sa sagesse et même dans sa folie, être un peu bouffon, un peu Dieu, sans jamais être un chevalier de la triste figure.

Nietzsche : « *Ma philosophie : arracher l'homme à l'apparence, quel qu'en soit le péril ! Et n'avoir pas peur, dût la vie même en périr !* »[206]

Tel est l'ultime but pour Nietzsche : le "Grand Midi". Cependant, les voies qu'il nous suggère d'emprunter, certes des plus résonnantes, sont-elles pour autant raisonnables ? Ne seraient-elles pas réservées aux élites à même de contenir, de maîtriser l'ébranlement architectonique qu'elles impliquent ? L'ascension jusqu'au Surhumain peut-elle réellement tous nous concerner ? La sagesse dans sa pureté tragique implique-t-elle réellement le sacrifice de toute raison qui conduit au désordre nihiliste, ne nous épargnant d'aucune sorte ? Ces chemins de pensée nous menant au bord d'un gouffre vertigineux, sont-ils réellement source de réactivité vitale ? Renaître de ses cendres n'est-il pas une tâche pour le coup surhumaine ? Peut-être, nous est-il possible de trouver réponse à ces questions dans cet aphorisme de Nietzsche intitulé "Pour Tranquilliser":

« *Mais notre philosophie ne devient-elle pas ainsi tragédie ? La*

---
206 F. NIETZSCHE : La Volonté de Puissance, EA1888 (14, première partie, § 33), 1er livre : "Pensées liminaires", aphorisme 5, Gallimard Éditions 1995.

vérité ne devient-elle pas hostile à la vie et au mieux ? Une question semble peser sur notre langue et cependant ne pas vouloir être énoncée : peut-on consciemment rester dans la contre-vérité ? Ou bien, au cas où il faudrait le faire, la mort n'est-elle pas alors préférable ? Car il n'y a plus de devoir ; la morale, en tant qu'elle était un devoir, est en effet, par notre genre de considération, aussi bien anéantie que la religion. La connaissance ne peut laisser subsister comme mobiles que plaisir et peine, utilité et dommage : mais comment ces mobiles s'arrangeront-ils avec le sens de la vérité ? Eux aussi touchent aux erreurs (puisque, comme il a été dit, ce sont la sympathie et l'aversion et toutes leurs mesures très injustes qui déterminent essentiellement le plaisir et la peine). Toute la vie humaine est profondément enfoncée dans la contre-vérité ; l'individu ne peut la tirer de ce puits sans avoir toutes les raisons de prendre en aversion en même temps son passé, sans trouver ses mobiles présents, comme ceux de l'honneur, dépourvus de rime et de raison, sans opposer raillerie et mépris aux passions qui poussent à l'avenir et à un bonheur futur. Est-il vrai qu'il ne resterait plus qu'une seule manière de penser, entraînant comme conclusion personnelle le désespoir, comme conclusion théorique la dissolution, la séparation, l'anéantissement de soi-même ? Je crois que le coup décisif touchant l'action finale de la connaissance sera donné par le tempérament d'un homme ; je pourrais, aussi bien que l'effet décrit et possible dans des natures isolées, en imaginer un autre en vertu duquel naîtrait une vie beaucoup plus simple, plus pure de passions que n'est l'actuelle : si bien que, d'abord, il est vrai, les anciens mobiles de violence auraient encore de la force par suite d'une habitude héréditaire, mais peu à peu, sous l'influence de la connaissance purificatrice, ils s'affaibliraient. On vivrait enfin parmi les hommes et avec soi comme dans la nature, sans louanges, ni reproches, ni enthousiasme, se repaissant comme d'un spectacle de beaucoup de choses dont jusque-là on ne pouvait avoir que la peur. On serait débarrassé de l'emphase et l'on ne sentirait plus l'aiguillon de cette idée que l'on n'est pas seulement nature ou qu'on est plus que nature. A la vérité il y faudrait, comme j'ai dit, un bon tempérament, une âme assurée, douce et au fond joyeuse, une disposition qui n'aurait pas besoin d'être sur ses gardes contre les secousses et les éclats soudains et qui, dans ses manifestations, n'aurait rien du ton grondeur et de la mine hargneuse, - odieux caractères comme on sait, des vieux chiens et des hommes qui sont longtemps restés à la chaîne. Au contraire, un homme affranchi des liens accoutumés de la vie, à tel point qu'il ne continue à vivre qu'en vue d'améliorer sans cesse sa connaissance, doit renoncer, sans envie ni dépit, à beaucoup de choses : presque à tout ce qui a de la valeur chez les autres hommes ; il doit être satisfait comme de la situation la plus souhaitable, de planer ainsi librement, sans crainte, au dessus des hommes, des mœurs, des lois et des évaluations traditionnelles des choses. Il aime à communiquer – en quoi il aura, il est vrai, une privation, une abdication de plus. Si, malgré tout, on veut tirer de lui davantage, il renverra, d'un hochement de tête bienveillant, à son frère, le libre homme d'action, sans peut-être céder un peu de raillerie, car cette "liberté" a sa conjecture propre. »[207]

Nous pouvons sentir en nous la bonne formule laudative nietzschéenne propre à notre élévation de conscience pour un nouvel ordre heureux. Nous ne pouvons que souscrire sans procrastination à cette toute puissance de nature à dépasser la simple ataraxie. Pour autant, notre conscience est-elle, elle-même prête pour une telle élévation ? Dans un souci farouche de congédier toute forme de pessimisme, je serais tenter par la scansion d'un grand "OUI", mais au préalable, je préfère convoquer mes souvenirs en me rappelant ces mots de mon compagnon philosophe pour une sagesse tragique et pratique dans toute l'innocence de mon devenir, ces mots qu'il est bon de déclamer dans les passages les plus sombres comme dans les plus heureux de la vie .
"Ne reste pas au raz du sol, ne t'élève pas trop haut non plus, car c'est à mi-hauteur que le monde te paraîtra le plus beau". [208]

---

207 F . NIETZSCHE : Humain trop Humain, "Des choses premières et dernières", Pour Tranquilliser, aphorisme 34.
208 F . NIETZSCHE : Le Gai Savoir, "Plaisanterie, Ruse et Vengeance", aphorisme 6.

ABSURDE, SUICIDE ET TRANSCENDANCE

« *La perspective certaine de la mort pourrait mêler à la vie une goutte délicieuse et parfumée d'insouciance – mais, âmes bizarres d'apothicaires, vous avez fait de cette goutte un poison infect, qui rend répugnante la vie tout entière !*»[209]

---

209 F. NIETZSCHE : Aurore, aphorisme 235.

Juillet 2015, quelque part face aux îles d'or...

Des hordes de vacanciers débarquaient à grand flot de voitures rabaissées du poids de leurs bagages. Ce bal annuel annonçait une pause enjouée où enfants et parents se rapprochent dans les mêmes jeux de plage, brisant ainsi la morosité d'un quotidien qui souvent les sépare. Tous enjoués à l'idée de ne faire qu'un avec ce décor de rêve qui promettait de merveilleux jours, je ne pouvais quant à moi, qu'être réduit à contempler impuissant la scène, tapi dans l'ombre d'une salle étrange et obscure dont j'étais l'unique spectateur. Mes choanes sollicitées par les effluves de crème solaire diffusées par les corps d'enfants badigeonnés à blanc, me renvoyaient à la nostalgie d'un monde que je foulais pourtant mais dont je savais déjà qu'il m'était à tout jamais perdu. Le long du rivage, éblouis par la beauté des lieux, baguenaudaient déjà mes congénères le plus souvent en famille, tous affublés d'un maillot de bain surmonté de quelques légers textiles. Leurs visages exprimaient pour la plupart la détente et le repos, une alacrité qui m'était devenue totalement étrangère et pour laquelle je n'osais désormais plus prétendre. Pour autant, sous des airs affables, tous ces gens me paraissaient parfaitement inconscients du bonheur de se sentir épargnés des griffes de la vie, comme celles acérées d'un charognard prêt à en découdre avec une carcasse à l'agonie dont j'étais devenu la proie. Recroquevillé sur moi-même dans une régression introspective, le microscopique devenait peu à peu mon univers, éprouvant davantage le milieu des acariens plutôt que celui des hommes. Quand la noirceur de la solitude est à ce point oppressante, l'idée d'une communication avec le monde paraît impossible. Je tentais malgré tout quelques intermissions auprès des commerçants locaux, une sorte de bouteille à la mer jetée dans la tempête de mon intimité désormais parcellaire. Mais rien n'y faisait ; leur accent qui chantait habituellement les bonheurs du sud-est de la France, se transformait en acouphène insupportable me congédiant dans un solipsisme définitif. Alors, fuyant les hommes telle une bête traquée, je m'offrais exsangue face à cette mer de larmes salée pour

exposer mon âme au ressac incessant qui corrodait plus encore ma piètre existence suspendue depuis longtemps déjà aux barbelés de la douleur. Le passage de la logique à l'épilepsie étant consommé, mes délires dégénéraient en physiologie...
Qu'ai-je fait pour en arriver là ? Me suis-je menti à ce point à moi-même ? Quelle faute ai-je commise pour naître, quel crime pour exister ?
Comme une glace italienne, sous l'œuvre du soleil qui léchait mon corps dégoulinant, je fondais le jour pour mieux me cristalliser la nuit. Cette alternance me restituait à moi-même dans l'inertie d'une métamorphose hystérique d'un art de pourrir... de démence.
Saoulé de cette ivresse d'affliction, en vain je quêtais la posture idoine susceptible de m'offrir une désinvolture facétieuse capable de congédier cette apocalypse de désarroi. Mais les molécules de mon être préféraient semblait-il se déliter en atomes, cherchant à rejoindre leur origine dans l'infini du néant, par une plaie béante pratiquée au scalpel dans un corps meurtri, qu'aucune suture chirurgicale ne saurait refermer. Mon corps en effet, n'était plus qu'un nœud de cabestan où la distorsion du temps apparaissait dans mon âme décomposée, incapable d'éprouver l'objectivité du sablier. Dans ces conditions, la vie n'était plus qu'une faute de goût me disais-je, où Chronos soumet la chair au désordre ravageur par son unité de mesure qui n'était plus la seconde mais le glas de la désespérance. Dans cette noria estivale où je pérégrinais en ma propre compagnie, s'annonçait déjà la perte de cet instant éphémère, et sans le plaisir qu'il pouvait me procurer jadis, frémissait déjà l'angoisse de l'après. Perclus par la mélancolie profonde, aliéné de la souffrance, là où d'aucuns souhaitent un sommeil réparateur pour prolonger la vie, je désirais désormais une mort réparatrice pour un sommeil prolongé... éternel. J'aspirais à devenir l'ultime impulsion de l'aboutissement et m'échouer comme une baleine le ferait sur une plage, pour au moins prévaloir à travers la mort suffocante, l'authenticité de sa suprême grandeur. Mes muscles devenus mollusques, et nonobstant une motilité asynchrone, je poursuivais ma marche de quelques pas au gré du trait côtier, expérimentant en funambule les limites du liquide et du granit, comme un être de l'entre-deux, ni vivant, ni tout à fait mort. Le mistral

donnait son concert de vent en battant à rebours les feuilles de palmiers plantés en bordure de mer depuis un siècle au moins. La mesure était accompagnée d'un sifflement aigu produit par les hauts mâts des voiliers restés prudemment au port. Tout n'était pourtant que vie ici, tout me rappelait mes heures glorieuses de vacances d'enfant, mais à présent, mon être entier n'était plus qu'un ersatz de minéral s'offrant à l'érosion du temps pour un retour à la terre dans le confort d'un après trépas. L'extrême mélancolie a le pouvoir messéant de métamorphoser la poésie des lieux en fange, l'extase en souffrance, le vol élégant d'une mouette en une méphitique tache de fiente. Tout en fixant l'horizon azur, je compris que je me noyais dans l'infini d'un désespoir intérieur qui s'abattait sur moi dans un déluge d'adversité qu'aucune supplication ne pouvait vaincre. Devenu un animal de douleur vivant dans la besace, suffocant d'ondes de détresse, j'expectorais les spasmes gémissants d'un corps à l'agonie, ne faisant que souligner l'inanité d'un esprit qui les ignore, trop occupé sans doute à gérer les feux furieux d'une sénescence accélérée.

Vivre ne vaut rien sans le sentiment de vivre, bien des personnes sont mortes de leur vivant pour n'avoir jamais appris à vivre, alors, lorsque tout n'est qu'une obscure apocalypse, autant dégainer le premier pour tuer la mort, en se croyant vainqueur du néant.

Car même si l'homme contient une propension manifeste à raffiner ses douleurs, lorsque la pièce est enfumée comme le disaient les stoïciens, comment s'en émanciper sans avoir recours au suicide ? Tous les êtres sont malheureux, mais combien le savent ? La conscience du désespoir est une maladie bien trop grave pour figurer sur le registre des agonies, elle rehausse le prestige de l'enfer et convertit en idylles les abattoirs du temps ! De même, la mélancolie profonde est une maladie des plus sévères où la lutte et l'énergie déployée par un scrofuleux ne fait que viser le mouvement frénétique dans la vacuité d'une ultime fulguration irréparable, où les subterfuges de l'espoir sont déjà depuis longtemps sans aucun effet. Qui en effet, ne connaitrait-il pas ces angoisses qui tressaillent la chair jusqu'au problème dernier, ultime ? Puisque la vie n'est qu'un long épuisement à formuler des simulacres devant l'Absolu fiévreusement ridicule, se supprimer ne procède-t-il pas d'une recherche radicale de Salut ? Le suicidé n'atteint-il pas l'idéal de liberté, désespérément inaccessible à celui qui la cherche dans l'inanité d'un futur ? Lorsque justement, son futur a cessé de lui offrir une raison d'être pour lui imposer l'écho du temps qui se déchire dans un délire de vide ; lorsqu'il évolue sur les décombres de son passé, où l'histoire de sa vie s'est érodée à chercher des solutions dans le spectacle du monde borné par des formules d'amertumes corrosives ; lorsque le poids de son existence n'a d'égal que celui de sa souffrance, son esprit grandi par la quantité d'insupportable qu'il a dû assumer ; lorsque son cœur dissout, il recourt aux paupières tombantes en rideaux cramoisis sur la scène du monde où l'amour des hommes ne se réduit finalement qu'à la rencontre de leurs salives vouées à l'infini des impasses ; lorsque son moi est devenu une zone obscure où rôde l'imminence de la terreur dans la négation d'un esprit devenu étranger à lui-même ; lorsqu'il n'aspire qu'aux printemps lointains d'un autre âge, qu'il rêve d'un soleil ennemi de la terre n'éclairant que l'écume des flots, réaction de ce mal de vertige de ne trouver partout que le désir d'être ailleurs ; lorsqu'il exècre ce sort terrestre qui lui est infligé, l'enchaînant à cette matière morose du monde contre laquelle ses pleurs se brisent en larmes pétrifiées de détresse ; lorsqu'il se réveille tous les matins en ennemi du soleil, que ses cauchemars se sont durant la nuit, imposés dans son cerveau, au point de vouloir en découdre avec sa matière vivante et inerte à la fois, qu'un démon s'est noyé dans ses veines au point où ses pensées se convulsent, ses désirs se pulvérisent et se consument de sorte que ses doigts en tamisent la cendre ; lorsque son esprit s'envole à mesure que le vide se dilate dans ses organes, le restituant peu à peu à lui-même de ce qu'il est par la somme de ses échecs ; lorsque enfin l'univers n'est devenu pour lui qu'un sous-produit de sa désespérance et que la vie avec les autres devient intolérable, sa vie avec lui-même plus intolérable encore ; alors comment ne voudrait-il pas tuer le péché du créateur de vie en expiant la sienne pour guérir de sa naissance, dans l'agonie d'un naufrage par-delà le fluide des océans ?

Tromper, se tromper, imposer, être soumis puis mourir dupe en esclave cosmique, voilà la synthèse de toute vie humaine, une initiation au néant, une éducation à la déraison d'être vivant.

Tout s'accélère...

A cet instant, je sentais monter en moi le kairos de délivrance et je me refusais d'y surseoir. Conscient de ce nihilisme en acte et pour en finir avec cette sombre comédie, je m'avançais face aux tumultes des eaux et mis un premier pied dans l'effervescence de ce cocktail de cigüe iodé. Tout en me perdant peu à peu et poussé par un zéphyr en rafale, mon attention fût retenue par la formation d'une vague plus haute au creux de laquelle me fût renvoyé un reflet de lumière, comme le flash d'une balise cardinale en haute mer. Je perçu ce clin d'œil séduisant du large comme étant celui d'une sirène pélagique m'invitant par la grâce d'une danse aquatique, à venir la rejoindre d'une ultime brasse, pour découvrir les profondeurs marines de l'absolu néant.

Courbé dans mes vomissures du délirium, l'injonction aux soulagements furtifs consiste en effet, à savoir qu'un au-delà du pire n'existe pas.

Me voici à présent à demi immergé au beau milieu de la fureur du ressac dont l'écume blanche s'élève comme des flammes pour venir m'arracher la peau. De toutes parts, se dressent vers moi des hurlements, des menaces, de stridents sifflements venant de la tempête qui crie son air sourd tel un taureau qui mugit. Elle martèle la mesure avec une telle puissance, que même ces monstres de rochers que j'ai laissé derrière moi, ont dans leur corps le cœur qui tremble. Puis soudain à quelques mètres, comme jailli du néant, m'apparaît devant le portail de ce labyrinthe infernal, la silhouette d'un grand voilier qui glisse en silence comme un spectre semblant dominer l'apocalypse. Dans un réflexe reptilien, je recule de quelques brasses maladroites tout en me jouant des éléments déchaînés, évitant ainsi l'abordage que j'aurai estimé déloyal.

Le substrat ontique de mon dasein avait décidé pour moi les conditions de ma mort ; je réalisais que mon sursaut d'orgueil veillait aux conditions synallagmatiques d'un pacte aux traits sardoniques.

Bloqué, figé, médusé, hagard, me voilà envoûté, contemplant la bête altière à grandes voilures gonflées comme des poumons toutes alvéoles de vie à l'air. Tout en s'éloignant peu à peu du rivage, ce papillon géant à trois mâts semblait voguer au dessus des existences en ayant embarqué tout le silence et la sérénité du monde. C'est à cet instant que tous les tonnerres des cieux retentirent pour gronder jusqu'aux confins de la galaxie les battements de tambour des mots de Lucrèce. C'est ainsi que tout en suppliant un oreiller cosmique, reposoir de toutes mes agonies, je fus foudroyé d'un éclair lucrécien, et que la lumière de ces phrases me revint en mémoire sans que je puisse l'expliquer à ce jour, sinon par une improbable inversion des pôles...

« Il est doux de contempler du rivage, les flots soulevés par la tempête et le péril d'un malheureux qui lutte contre la mort : non pas qu'on prenne plaisir à l'infortune d'autrui, mais parce que la vue est consolante des maux que l'ont n'éprouve point. »[210]

Aurai-je un jour ma tempête dont je mourrai, comme Olivier... Cromwell mourut de sa tempête ? Ou bien m'éteindrai-je comme une chandelle que le vent n'a pas encore soufflée mais qui s'est fatiguée et rassasiée d'elle-même ; une lumière qui s'est consumée jusqu'à son terme ? Ou enfin, me soufflerai-je moi-même pour ne pas me consumer jusqu'au bout ?

***

« On appelle suicide tout cas de mort qui résulte directement ou indirectement d'un acte positif ou négatif, accompli par la victime elle-même et qu'elle savait devoir produire ce résultat. » Telle est la définition du sociologue Émile Durkheim dans son livre "le suicide"[211] qui semble faire référence aujourd'hui encore. On y apprend que le suicide est un voyage personnel souvent douloureux et non désiré qui touche davantage les classes sociales les plus cultivées et les plus aisées. Depuis toujours, on se suicide partout, dans toutes les sociétés et souvent jusqu'au 19ème siècle, sous un œil complaisant de la société. Les Goths (5ème siècle) pensaient même qu'il était ignoble d'attendre la décrépitude des corps pour mourir d'une mort naturelle qui conduirait dans des antres post-mortem peuplés d'animaux vénéneux. Sans doute préféraient-ils se rendre au sommet de la "roche des Aïeux" de laquelle les vieillards se précipitaient en nombre. Les Traces, les Hérules, les Celtes espagnols congédiaient la vie de la même manière. A Céos, des hommes et des

---
210 Lucrèce : "De la nature des choses" (livre II. sagesse)
211 Émile DURKHEIM : Le Suicide (1897).

femmes se réunissaient autour d'un festin, la tête couronnée de fleurs, et buvaient joyeusement la ciguë après avoir fait safrement bombance de bonne ripaille et dansé la sarabande. Tous les candidats étaient honorés et l'estime publique, dans la tradition stoïcienne, les élevait au rang de sages.
Cependant en Europe, sous l'impulsion de l'Église chrétienne, le suicide devient pénalement sanctionné à partir du concile d'Arles en 452 jusqu'au dernier arrêt du parlement de Paris le 31 Janvier 1749. Durant cette période, le suicidé subissait des supplices. On pend les cadavres à Bordeaux, on les traîne dans les rues de Lille, puis en 1670 Louis XIV codifie ces usages barbares pour en dulcifier leurs effets. En apparence seulement puisqu'il est question désormais de s'approprier le patrimoine du suicidé, voire pour les descendants de la noblesse, de brûler leurs châteaux, couper leurs bois, détruire leurs armoiries considérant que la vie et la mort relèvent toutes deux de la volonté absolue de Dieu. L'Eglise est donc rétive aux célébrations des offices, le plus souvent préfère t-elle garnir les fosses communes à la hâte... Le suicidé subit donc l'ostracisme parce qu'il déroge au culte chrétien. Jadis pourtant, on y voyait au mieux une sagesse, au pire un simple tort civile commis envers l'état, mais le suicide est devenu un acte à effet essentiellement religieux, où l'on considère que notre âme est immortelle, que nous sommes parcelle de divinité et qu'à ce titre nous devons nous être sacrés à nous-mêmes. Il faut attendre le 19ème siècle en Europe pour un retour à une certaine résipiscence collective grâce à l'impulsion de l'italien Enrico Ferri (1856-1929) et son "Omnicido-suicidio" qui précise que nous restons libres de renoncer aux avantages de l'existence en renonçant à la vie. Le droit de vivre implique en toute logique le droit de mourir et les besoins de la société ne sont pas les nôtres, ils n'ont pas pour but notre intérêt propre.
Le suicide exprime une valeur éthique et existentielle induisant des questions connexes d'ordre médical, psychologique, sociologique, philosophique... car son geste implique directement l'entourage (famille, amis, collègues) ou indirectement (médecins, témoins...) si bien que les angles de vue sont parfois opposés. En effet, les philosophes pour la plupart, voient dans le geste du suicide une

affirmation de la liberté humaine, là où les sociologues en font une analyse factorielle, et les médecins, un problème majeur à traiter. Quant à la vision archétypale de notre société européenne, elle semble maintenir le suicide dans un tabou dont la littérature s'efforce d'apporter une valeur morale voire esthétique, à l'image de la tradition courtoise par exemple, qui dit que l'amour loyal doit aller jusqu'à la mort s'il le faut. Le théâtre adopte le même point de vue surtout aux 16 et 17ème siècles. Des auteurs comme Corneille, Racine, Shakespeare, Chateaubriand... trouvent dans le suicide un procédé de choix pour peindre la passion amoureuse, pour Guy de Maupassant, le suicide est même un poème sublime de mélancolie.

Concernant le principal intéressé, l'acte de se tuer revêt un caractère de moyen ou de fin. En Asie, et dès l'antiquité, les sages recherchent le nirvana (la libération de toutes contraintes, la liberté absolue) en se suicidant collectivement lors de fêtes religieuses. Les notions d'honneur et de protestation entrent en jeux avec le fameux hara-kiri pour les uns, ou les cinq cents suicides après l'autodafé de Confucius pour d'autres. En Égypte, des collectifs se forment pour rechercher la mort la plus agréable possible. En Grèce, le philosophe Hégésias pourtant successeur d'Aristippe le cyrénaïque, fait une plaidoirie en faveur du suicide et beaucoup se tuent après sa prestation. (A-t-elle inspiré le suicide de Diogène de Sinope par l'ingestion d'un morceau de poulpe cru qu'il disputait à des chiens ?...)

En Europe au 19ème siècle, une augmentation du nombre de suicides est observée en corrélation semble t-il avec la révolution industrielle et ses facteurs économiques. Aujourd'hui, des collectifs se créent un peu partout pour le droit de mourir dans la dignité (euthanasie volontaire).

Le suicide revêt souvent un aspect histrionique, théâtral, où le public a son rôle, "c'est une parade de mort" qui répond souvent à une frustration associée à une recherche affective plus ou moins revendiquée. Si les facteurs déclenchants peuvent paraître futiles au regard du geste lourd de se supprimer, ils correspondent à des raisons profondes pour l'intéressé. Ainsi, l'isolement, la solitude, les facteurs hormonaux, un régime amincissant, un déménagement, les soucis professionnels, la relation de couple... sont autant d'aspects qui peuvent conduire au suicide, mais le passage de l'idée à l'acte dépend de différents processus dont les plus habituels sont : le processus défensif qui est une réaction de défense et de vengeance surcompensatrice d'un sentiment d'infériorité, le processus punitif dû à un sentiment de culpabilité, le processus agressif qui est l'équivalent subjectif du meurtre d'autrui par identification à l'objet et retournement de l'agressivité contre le sujet lui-même (dans ce cas suicide et homicide vont de pair), le processus oblatif qui est une démarche sacrificielle concernant les personnalités extrêmement fortes ou faibles, le processus ludique caractérisé par des jeux ordaliques du sublime et qui concerne essentiellement enfants et adolescents, le processus d'instinct de mort avec abolition de l'instinct de conservation. Le suicide apparaît souvent comme une réaction inadaptée échappant à la volonté sous le poids du désespoir ou un état de panique devant une situation sociale et émotionnelle intolérable. C'est un acte qui n'a pas d'intentionnalité, pas d'intérêt pour les tiers car la mort est absurde et ne peut faire l'objet d'aucun projet ; qu'est-ce la vie sinon une possibilité d'avenir ?

Le suicide est complexe à saisir dans sa structure car les causes sont plurivoques. L'acte surgit lorsque la vie n'est plus totalisable et vise le projet de l'unité perdue, or cette unité, c'est "les autres". Ainsi, le suicide serait l'ultime réaction de l'isolé pour ressaisir le contact éclaté, même au prix de l'anéantissement. Le sens humain du suicide serait donc la quête de communication avec autrui, on se suicide donc contre quelqu'un et pour quelque chose. C'est l'intensité vécue d'une situation inacceptable qui conduit au geste ultime, c'est donc une porte de secours, (qui est en réalité une porte de sortie) qui résout malgré tout cette situation angoissante en l'anéantissant. La mort n'est donc pas une fin pour le suicidé, mais un moyen. Dans ces situations extrêmes, la distorsion du temps est quasi systématique. L'instant est dissout et perd son sens, le passé devient flou, la projection dans l'avenir impossible et le temps finalement se condense dans la douleur du présent. Puisque la mort est naturelle et inéluctable pour tous, elle doit, pour le suicidant, avoir un sens, un but qui certes, nous échappe à priori, mais l'acte rétablit une certaine logique face à une situation dans laquelle aucune logique ne semble jamais apparaître. Dans ces conditions, la mort est donc la réalisation du triomphe sur la vie, une volonté de vie plus qu'une volonté de mort. Ce qui est recherché dans le désir de mort est l'annulation des tensions, le besoin d'être passif voire le sommeil. C'est un fantasme qui selon Freud se rapproche du fantasme sexuel jusqu'à l'orgasme qui génère l'apaisement semblable au nourrisson qui retourne au sein de sa mère... Le suicide serait donc un retour à une association bienheureuse, en cela c'est un retour à la vie.

Le désir de tuer n'est pas dissocié du suicide, et cette composante ressort le plus souvent dans la déchirure passionnelle du couple où le meurtre précède souvent le suicide, l'autre étant l'objet incorporé à soi. L'ambivalence préside dans des pulsions contradictoires dont Freud aurait montré le fondement prégénital doublé d'une structure narcissique comme deux caractéristiques de la personnalité de nature à faire sourdre l'estime de soi qui de facto repose en partie sur l'estime de l'autre. Ainsi le suicidaire est particulièrement dépendant de son objet et donc exposé à la frustration extrême. Dans ces catégories, il est clair que la menace de suicide est un moyen, souvent vain, de récupérer l'amour de son objet. Dès lors, la mort n'est plus l'épuisement, la consomption absolue, puisque le suicidaire ne la subit plus, il y aspire comme un retour vers un état antérieur. Pour Freud toujours, la motivation au suicide se ramènerait à l'anxiété, manifestation psychobiologique inhérente à la nature psychique de l'homme, elle n'est donc pas pathologique dans ce cas. Les expériences psychologiques montrent en effet, que lorsqu'un nourrisson est soumis à une carence affective totale et prolongée, il entre dans un marasme au cours duquel il se montre très agressif envers lui-même (frappant sa tête contre les barreaux, morsures...). Ainsi, dans les situations hautement anxiogènes, l'homme envisage la "solution suicide" sans pour autant passer toujours à l'acte. C'est donc une solution dont l'acte apparaît compréhensible et même logique. Dans tout désir de mort, l'individu veut aussi vivre, il est partagé par cette ambivalence qui augmente l'angoisse et la confusion. Mais à tout moment, il attend quelque chose de contingent, de casuel dont l'espoir naitra d'une reconnexion favorable avec le monde des hommes.

"Il n'y a qu'un problème philosophique vraiment sérieux : c'est le suicide. Juger que la vie vaut ou ne vaut pas la peine d'être vécue, c'est répondre à la question fondamentale de la philosophie [...] Et s'il est vrai, comme le veut Nietzsche, qu'un philosophe, pour être estimable, doive prêcher d'exemple, on saisit l'importance de cette réponse puisqu'elle va précéder le geste définitif."
Tels sont les premiers mots d'Albert Camus dans son "Mythe de Sisyphe".
Il est vrai, au-delà des aspects historiques, anthropologiques, sociologiques, psychologiques, moraux, psychiatriques, ou psychanalytiques, qui tous éclairent le thème du suicide de leur recherche respective, nous pouvons néanmoins ressentir avec une certaine amertume un vide ontologique sur le sujet traité. Ces angles de vue pourtant riches en informations, ne peuvent s'exempter de corrélats techniques. Une fois encore, seule la philosophie est capable de les surpasser puisque c'est précisément la discipline qui se propose d'abolir un à un tous les présupposés. Tenter de traiter le suicide philosophiquement, et le plus profondément possible, c'est circonscrire le sujet au seul rapport qu'il y a entre une pensée individuelle et son mouvement performatif, c'est à dire le passage à l'acte de mort. Ainsi éclairé, le sujet se concentre en son point focal et racinaire susceptible de parfiler un nœud somme toute existentiel. C'est à présent la direction que va tenter de prendre cet écrit.

    A n'en pas douter la question du suicide est la question des questions philosophiques car il est relativement difficile de poursuivre un raisonnement logique aux confins de la pensée, mais semble impossible de le maintenir jusqu'au désert infécond d'une mort volontaire. Par contre et parce qu'un homme nous demeure à jamais inconnu et qu'il y a toujours quelque chose en lui d'irréductible, tout jugement moral négatif comme positif sur ceux qui ont franchi le pas, devient singulièrement indécent, pour le coup immoral. Faire preuve d'épochè serait plus juste, car le suicidé était-il un désespéré notoire, un valeureux héros, un grand lucide à la conscience hors norme, le plus abouti des êtres, peut-être même le plus heureux ou le plus sage ? Certes, il peut paraître difficile de mettre en perspective une origine commune au suicide mélancolique d'un chagrin intime et désespéré à celui d'un suicide politique dit de protestation observé dans la révolution chinoise par exemple. Pour autant, serions nous peut-être surpris d'extraire un ADN à toutes ces catégories, ce que Nietzsche a fait indirectement par une entremise extra-morale.

Choisir de mourir volontairement, c'est avouer que la vie nous dépasse, qu'elle devient incompréhensible, ou bien au contraire, c'est avoir la lucidité qu'elle ne peut en aucun cas être compréhensible. Dans cette dernière posture, persister immuablement à vouloir faire les gestes quotidiens que l'existence impose, se révèle absurde à la conscience qui souffre elle-même de ce vibrionnisme insensé.

Absurde est bien le terme qui convient lorsqu'en conscience l'homme accomplit le geste ultime dont il sait qu'il conduira au néant absolu. Mais absurde aussi, lorsque l'homme-acteur, que nous incarnons tous sur les planches du théâtre de la vie devient lucide face au rôle qu'il incarne. Et souvent, cette lucidité le conduit irrémédiablement à l'exil lorsque cessent les lumières de l'illusion sur lesquelles repose tout son être entier. De toute évidence, il demeure un lien indéfectible entre le sentiment de l'absurdité universelle et l'appel au néant. Qui d'entre-nous n'a pas un jour mis en scène son suicide en pensée comme solution à l'absurde ?

Nous pouvons tout à fait admettre comme axiome qu'un homme doué de raison, lucide, exigeant, honnête, ne trichant pas, disposé à se mettre en accord avec lui-même, doit ajuster son action à ce qu'il tient fondamentalement pour vrai de la vie, en l'occurrence son évidente absurdité, fût-elle illusion donc erreur. Ce qui revient à dire que l'étant absurde prétend trouver sa solution dans un acte absurde. Et nous ressentons bien qu'inéluctablement, ce raisonnement aboutit à une pensée circulaire, un chilligone, une figure problématique que nous pouvons nous représenter par une vision finie mais qui pourtant ne trouve pas sa solution.

Privé d'aboutissement intellectuel, il nous faut ajouter un corps qui recule devant l'inexorable sénescence progressive qui nous précipite un peu plus tous les jours vers la fin donc la mort. C'est d'ailleurs la plus solide des certitudes dont l'homme est capable. Étrange certitude tout de même car elle réfute toute démarche scientifique, puisqu'elle se passe d'expérience ! Car en effet, est expérimenté ce qui a été vécu et rendu conscient. Or, nous pouvons tout juste et par une vue de l'esprit seulement, parler de la mort des autres. Cela explique sans doute que nous vivons pour beaucoup comme si nous ne savions pas... Dans ces conditions, en quoi serait-il inestimable de se rendre maître d'un processus naturel en précédent ce que la fatalité a décidé pour nous ?

Nietzsche : « *Abstraction faite des exigences qu'impose la religion, on est autorisé à se demander : pourquoi y aurait-il plus de gloire pour un homme devenu vieux, qui pressent le déclin de ses forces, à attendre son lent épuisement et sa dissolution, qu'à se fixer lui-même un terme en pleine conscience ? Le suicide est dans ce cas une action toute proche et toute naturelle, qui, étant une victoire de la raison, devrait en équité susciter le respect : et le fait est qu'il le suscitait, au temps où les chefs de la philosophie grecque et les patriotes romains les plus courageux avaient coutume de mourir par suicide. Au contraire, est beaucoup moins respectable la soif de se prolonger, de jour en jour par la consultation inquiète des médecins et le régime de vie le plus pénible, sans la force de se rapprocher du terme propre de la vie. - Les religions sont riches en expédients contre la nécessité du suicide : c'est un moyen de s'insinuer par la flatterie chez ceux qui sont épris de la vie.* »[212]

Cependant, et avant de connaître une santé cacochyme, refuser un sens à la vie ne conduit pas nécessairement à déclarer qu'elle ne vaut pas la peine d'être vécue. En effet, puisque l'illusion, donc l'erreur donc l'absurde est l'essence même de la vie, au trébuchet du jugement (non moral), il n'y a à priori, aucune tendance valable à donner une valeur supérieure au maintien de l'existence, pas plus à son arrêt volontaire.
La pleine conscience de l'absurdité de la vie exige, certes qu'on lui échappe mais pas obligatoirement par un suicide choisi pour fin.

---
[212] F. NIETZSCHE : Humain trop humain, "Vieillard et mort", aphorisme 80.

L'espoir, la transcendance, le surpassement de celle-ci représentent d'autres possibilités tout aussi valables.

Absurde avons-nous dit, tout n'est qu'absurdité !

Nietzsche : *« Parménide a dit : on ne pense pas ce qui n'est pas ; nous sommes à l'autre bout et disons : ce qui peut être pensé, doit sûrement être une fiction. »*[213]

Lorsque l'esprit humain s'analyse lui-même, il s'effondre sur lui-même. Déjà depuis Aristote, aucune philosophie rationaliste ne résiste à tel point que l'homme par sa réflexion sur l'esprit semble secréter de l'incohérence dans ses heures les plus lucides. Tous les savants discours sur l'esprit peuvent sans coup férir affirmer leurs opposés. Tant que l'esprit s'acharne dans le monde statique de ses espérances, tout se reflète et s'ordonne dans l'unité de son fantasme. Quelles que soient la complexité des combinatoires du langage et les contorsions de l'esprit des plus évoluées, comprendre se réduit à unifier. Or, face à l'univers, cette exigence de clarté pousse indubitablement l'esprit humain à le marquer de son sceau, en d'autres termes, la pensée ne peut être qu'anthropomorphique, c'est un truisme péremptoire. Dès lors, la réalité de l'Un, d'un Parménide par exemple, devient une ridicule contradiction par un esprit qui affirme l'unité totale et prouve par son affirmation même, sa propre différence et la diversité qu'il prétendait résoudre. Entre la certitude que nous avons de notre existence et le contenu que nous essayons de donner à cette assurance, le fossé ne sera jamais comblé, et s'il fallait écrire l'histoire de la pensée humaine, assurément, se réduirait-elle à son impuissance. Nous restons des étrangers à nous-mêmes, armés pour seul secours d'une pensée qui se nie elle-même dès qu'elle affirme. La conscience de cette absurdité messéante que nombre de penseurs ont atteint, déchire à tout jamais l'homme entre son appel à l'Unité (ou Vérité), et la vision claire qu'il peut avoir des chaînes qui l'entravent.

Cioran : *« L'histoire montre que les penseurs qui gravirent jusqu'à la*

---

[213] F. NIETZSCHE : Fragments Posthumes (16, 47).

limite l'échelle des questions, qui posèrent le pied sur le dernier échelon, sur celui de l'absurde, n'ont légué à la postérité qu'un exemple de stérilité [...] Cette observation d'une dernière frontière, ce progrès dans le vide entraînent la forme la plus dangereuse de stérilité, auprès de laquelle le néant semble une promesse de fécondité.»[214]

Cette réelle lucidité procède de la crainte originelle de l'homme qui lorsqu'elle devient consciente, se transforme en un fardeau d'angoisse. Dès lors, comment les ultimes et illustres raisonnements ne deviendraient-ils pas eux-mêmes absurdes ? Ainsi Heidegger n'hésite pas à nous apprendre que le caractère fini et limité de l'existence humaine est plus primordial que l'homme lui-même. Jaspers avoue que toutes ses certitudes sont devenues pierre. Kierkegaard prétend que le plus sûr des mutismes n'est pas de se taire, mais de parler. Pour Husserl et les phénoménologues, le pétale de rose, la borne kilométrique ont autant d'importance que l'amour ou les lois de la gravitation. Quant à Levi-Strauss, le chef de file du structuralisme n'hésite t-il pas dans son "Tristes Tropiques" à écrire que : « *Pour atteindre le réel, il faut d'abord écarter le vécu.* »[215]

Ainsi les esprits arrivés aux confins de leur possibilité logique ne font que souligner le chaos, l'irrationnel, la contradiction, le déraisonnable, le néant quétaine, face auxquels l'homme tire du cercle qui n'en finit pas de tourner sur lui-même, la clairvoyance de son absurdité... pour les plus lucides ! Dans ces conditions, pas étonnant donc que le suicide devienne pour d'aucuns l'acte salutaire par excellence. Que pourrait-on opposer à cela ?

L'absurde naît de la recherche de la Vérité en produisant une pensée circulaire ou pensée aporétique, ce que d'aucuns ont nommé diallèle de l'esprit. Le raisonnement ultime sur la quête de Vérité revient à son point initial, ni se rejette, ni s'affirme. Dès lors, absurde et Vérité sont consubstantiels dans l'illusion, car toutes deux sont anthropomorphiques, nous l'avons dit. En effet, la Vérité universelle ou vérité en soi comme pureté intemporelle, Graal de la connaissance du Grand Tout ou encore Unité originelle, n'est jamais atteinte à cause

---
214 E.M. CIORAN : Précis de décomposition, Gallimard 1977, page 116.
215 Claude LEVI-STRAUSS : Tristes Tropiques, page 50.

de l'interprétation de l'homme par le canal (ou interface) de ses cinq sens. Dès lors, ce que nous considérons comme vérité inébranlable, n'est que le résultat d'une interprétation arrangée par des processus psychologiques, donc une illusion, donc une falsification, donc une erreur. (Certaines théories de la physique moderne, n'hésitent d'ailleurs pas à poser comme hypothèse que notre monde et l'univers ne sont qu'une projection fantasmée de notre conscience.)

Nietzsche : « *Les habitudes de nos sens nous ont enveloppés dans un tissu de sensations mensongères qui sont, à leur tour la base de tous nos jugements et de notre entendement. Il n'y a absolument pas d'issue, pas d'échappatoire, pas de sentier détourné vers le monde réel ! Nous sommes dans notre toile comme des araignées et quoi que nous puissions y prendre, ce ne sera toujours que ce qui se laissera prendre à notre toile.* »[216]

Conscients de cette réalité (sic), nous pouvons relever deux aspects importants. Le premier est que la lutte pour la vaine Vérité est malgré tout nécessaire car productive d'effets qui élèvent notre conscience et nous éloignent de ce qui nous détermine. Le deuxième est que nous devons mettre un terme à cette recherche une fois la conscience de l'absurde atteinte car, par le processus même de la vie, l'interprétation de l'homme est une condition nécessaire à sa stabilité.

Nietzsche : « *Celui qui nous dévoilerait l'essence du monde, nous donnerait à tous la désillusion la plus fâcheuse, car ce n'est pas le monde comme chose en soi, mais le monde comme représentation donc comme erreur qui est si riche de sens, si profond, si merveilleux.* »[217]

Dès lors, comment donc atteindre la Vérité (qui n'est plus à souhaiter) puisque la pensée, qui ne peut se réaliser que dans les conditions de vie qui elle-même est interprétation donc erreur, demeure nécessaire à la vie ? Dit inversement, comment avec la non connaissance de la Vérité en soi, la connaissance d'un type de vérité serait possible ?

---
216 F. NIETZSCHE : Aurore, aphorisme 117.
217 F. NIETZSCHE : Fragments Posthumes (2, 47).

Ainsi, nous nous heurtons sans cesse à la dualité de la Vérité, d'une part comme erreur conditionnant la vie, d'autre part comme vérité du savoir de cette erreur nécessaire. Entre les deux, le va-et-vient se perd dans l'infini (raisonnement circulaire, diallèle de l'esprit). Relevons pour la forme l'étymologie grecque du mot "en-cyclopédie" qui témoigne à lui-seul !

Cette conscience de l'absurde devient un mur infranchissable qui stoppe tout mouvement intellectuel, où l'esprit ne peut que constater son impuissance ; un miroir où l'âme se fige dans le paroxysme de l'ignorance ; un vortex de l'obscurité qui nous entraîne dans un tourbillon sans fond, sans limite, nous invitant à l'inéluctable et ultime démission ; une désorientation spatiale où tous nos sens sont répudiés dans les cordes d'une intolérable contradiction. Désormais, cette quête de la Vérité pourtant si réjouissante, se mue en un déchirant cri de désespoir où cette conscience de l'absurde devient presque un péché sans Dieu.

Nietzsche : « *La vie est la condition de la connaissance, l'erreur est la condition de la Vérité et cela dans son fondement le plus profond. Le savoir de l'erreur ne se transcende pas... Nous devons aimer l'erreur et veiller sur elle, c'est le sein maternel de la connaissance.* »[218]

De ce dernier développement, nous nous consolerons de pouvoir au moins éclairer certains paradoxes nietzschéen sans risquer le contre-sens ! Pour exemple : «*Celui qui est véridique finit par comprendre qu'il ment toujours.*»[219]

Nous pouvons donc conclure que la Vérité en soi est un danger mortel car toute vie humaine étant profondément dépendante de l'erreur, s'en extirper reviendrait à se nier entièrement. Nietzsche parle de "fatale curiosité" et nous précise qu'il y a sagesse à accepter l'ignorance et vouloir ne pas savoir car dans ces conditions l'illusion est une protection, la détruire pour la Vérité c'est détruire la vie. Subséquemment, il nous faut chercher désormais, non plus ce qui est vrai, mais ce qui est souhaitable.

---

[218] F. NIETZSCHE : Fragments Posthumes (72, 49).
[219] F. NIETZSCHE : Fragments Posthumes (12, 293).

Vivre sous le poids étouffant de l'ignorance ou de la certitude de l'absurdité de l'universel, c'est impliquer qu'on y reste ou qu'on en sorte. Dans le premier cas, on s'accommode des vicissitudes de la vie dans le marécage d'une conscience qui s'élève à hauteur des coléoptères, ce qui n'exclura pas des tourments mélancoliques susceptibles de conduire au suicide. Dans le second cas, comment en sortir en dehors d'une réponse suicidaire somme toute logique mais peut être emprunte d'ignorance ? Car en effet, l'absurde n'est pas un état de fait, il ne réside pas dans l'univers pas plus que dans l'être humain, mais naît de la confrontation des deux, due à leur présence commune. En poussant cette logique sur l'absurde (qui elle-même est condamnée de facto à l'absurde !) nous pouvons certes prétendre que tout espoir est vain, mais aussi qu'il n'implique pas nécessairement le désespoir, et de conclure à l'extrême de la logique que l'absurde n'a de sens que lorsque l'on n'y consent pas. Ainsi, convenue, la conscience de l'absurde n'est plus un tyrannicide mais devient moteur générant un mouvement psychique indispensable au maintien de la vie. Cependant, l'essence de ce mouvement n'a été jusqu'ici qu'un réflexe de survie par une fuite aveugle dans le néant, l'ultime déni orgueilleux de l'homme, un grand écart dans le vent, un saut dans le vide insondable, un bond contradictoire dans l'inconnu, un tremplin vers l'illogisme nécessaire, une caricature du rien, un curieux subterfuge inné, un imaginaire supra-humain, une intermission du néant, un dithyrambe du vide... plus connu sous le nom de transcendance.

Jaspers : « *L'échec ne montre t-il pas, au-delà de toute explication et de toute interprétation possible, non le néant mais l'être de la transcendance, cet être qui soudain et par un acte aveugle de la confiance humaine, explique tout [...] c'est l'unité inconcevable du général et du particulier.* »[220]

Ainsi, cette impuissance à comprendre le monde, génère une couche supplémentaire d'absurde qui devient Dieu (sens large). De quoi régénérer l'homme humilié dans toute sa subtile profondeur !

---

220 Karl JASPERS : De la vérité (1947).

Et Jaspers de poursuivre : « *La seule vraie issue, est précisément là où il n'y a pas d'issue au jugement humain. Sinon, qu'aurions-nous besoin de Dieu ? On ne se tourne vers Dieu que pour obtenir l'impossible.* »[221]

Insupporté devant le constat péremptoire de l'absurde, l'homme crée donc son absurdité qu'il superpose à la première, comme pour mieux la masquer, en n'oubliant pas au passage d'y ajouter son désir d'éternité (rien de moins) à la fois singulièrement incompréhensible mais suprêmement satisfaisant...
Nous pouvons saisir que dès l'instant où l'homme bondit dans cet imaginaire fantasmé, l'absurde échappe à sa lucidité. Il n'est plus cette évidence qu'il constate sans pouvoir y consentir. Par-là, l'homme fait disparaître son inepte déchirure, son divorce au monde ineffablement insupportable, son opposition indiciblement intolérable. Cependant, cette page blanche métaphysique que l'homme noircit d'une chimère anthropomorphique mi-homme, mi-créature distillée par les religions et leurs fictions étayées d'unités de lieux et de temps, n'est-elle pas une transcendance de pacotille ? Pire un suicide, si l'on considère que l'esprit humain est volontairement plongé dans un coma artificiel dont toutes ces fadaises servent à alimenter l'assistance respiratoire. L'inscience de l'homme (nous savons que nous ne savons pas) suffit à déclencher chez lui l'ultime irrationnel, le paroxysme de l'absurde, une machination diabolique prétendant l'affranchir de son angoisse existentielle en faisant fi de la portion de liberté qui lui était originellement consentie. L'irrationnel qui décharge, soulage, a donc le pouvoir de détourner de l'absurde un esprit sain et clairvoyant... Après tout, la réconciliation par l'absurde, c'est encore de la réconciliation...
Aux fariboles transcendées baptisées Dieu, Saint, tétramorphes et autres gadgets mystiques qui tous enchaînent corps et esprits, n'est-il pas préférable de sauter à pieds joints et en pleine conscience de la roche des Aïeux ? Puisque le chrétien nous assure que la mort n'est nullement la fin et implique même infiniment plus d'espoir et de satisfaction que ne peut en apporter une vie entière fût-elle débordante

---
221 Ibidem.

de santé et de force, pourquoi donc ne pas se suicider en pleine conscience, de préférence en masse, collectivement, tous en cœur ? Se nier de cette manière et à ce point, ne représentera à jamais qu'une métaphysique de consolation spécieuse car la raison s'y perd et se délivre en se niant, alors que l'absurde non transcendé se résume à la seule raison lucide qui constate ses limites. Certes, l'homme par cette transcendance, a trouvé une parade à sa "docte ignorance" pour citer Nicolas de Cues, par-là il s'est sauvé de la plus appropriée des réponses qui était de se précipiter volontairement dans la mort. Pour autant, le contenu même de ce surpassement, ne résout en rien son appétit d'Absolu et d'Unité. L'homme se perd dans l'irréductibilité de son monde insensé avec lequel il devrait plutôt se réconcilier par un principe rationnel et raisonnable autant que possible. Appliquer sur soi-même des préceptes fictionnés et castrateurs, se rendre à ce point esclave, fautif et coupable pour servir la cause d'un Dieu qui a sauvé les hommes d'eux-mêmes, est un principe qui certes a fonctionné durant deux millénaires avec toutes les horreurs que l'on sait, mais aujourd'hui, l'homme ne retrouve t-il pas sa clairvoyance avec toute sa révolte ? N'a-t-il pas désappris d'espérer en retrouvant son royaume du présent devenu enfer ? Tous les problèmes existentiels de l'homme ne retrouvent-ils pas aujourd'hui leurs tranchants acérés ?

Nietzsche : *« C'est lors des tragédies, des combats de taureaux et des crucifixions que l'homme s'est jusqu'ici, senti le mieux sur terre ; et lorsqu'il s'inventa l'enfer, voyez, ce fut son paradis sur terre. »*[222]

Puisque la nécessité d'une transcendance s'avère efficiente à l'homme lucide, pourquoi ne passerait-elle pas par une construction de formes à sa mesure exempte de tout anathème ? Pourquoi ne pas soutenir le pari déchirant et merveilleux de l'absurde qui demeure le seul postulat raisonnable de l'homme ? Face à la transsubstantiation, pourquoi l'homme n'opposerait-il pas le pain de l'absurde et le vin de l'indifférence pour nourrir ses rêves de grandeur ? A cette rhapsodie métaphysique du bourreau et de l'aliénation que l'homme s'est inventé, une "transcendance terrestre" ne serait-elle pas propédeutique à

---

[222] F. NIETZSCHE : Ainsi parlait Zarathoustra, "Le convalescent".

l'endroit même de son problème existentiel récurrent ?
Assurément, l'absurde du monde devant lequel il s'agit pour l'homme de faire face, nous renseigne sur un point déterminant : la certitude qu'il n'y aura pas de lendemain pour lui, constitue la raison profonde de sa liberté. Sur l'horloge de la terre foulée par l'homme depuis ses origines, la vie de chacun se résume au plus à quelques minutes, après quoi, le néant s'impose inéluctablement. Dès lors : "Memento-mori".

Nietzsche : « *La vie sur terre est un instant, un accident, une exception sans suite.* »[223]

C'est pourquoi, rajouter des chaînes à l'homme par un virus métaphysique, en plus de l'hétéronomie induite, c'est l'affaiblir, dessécher sa nature, réduire ses chances d'expansion, ses possibilités de création et anéantir sa possible autojustification au regard de l'univers. Inversement et parce que notre liberté n'a de sens que par son destin limité, il conviendrait plutôt de mourir au monde ici-bas irréconcilié avec notre absurdité pleinement assumée. Appauvrir cette réalité, c'est appauvrir l'homme. De cette réalité assertorique, l'homme peut en extraire sa force, et son refus d'espérer à des Atlantides célestes pour l'éternité.

Kierkegaard : « *On doit frapper à mort l'espérance terrestre, c'est alors seulement qu'on se sauve par l'espérance véritable.* »[224]

La vie dans ces conditions ne signifie rien d'autre que l'indifférence pour les avenirs lointains et la passion farouche d'épuiser les combinatoires ici et maintenant de l'univers fût-il absurde, pour en faire des jubilations. Ainsi, la conscience de l'absurde (l'Insolence) se réduit à son indifférence en pleine clairvoyance, induit la création (transcendance) par sa volonté de puissance (pulsion des instincts de vie). Il ne peut exister en l'homme de plus grande justification du monde que lorsqu'il lutte avec tout ce qui lui est donné de conscience face à sa réalité qui le dépasse. Ce spectacle de la volonté qui se forge pour consentir au duel avec cet absurde qui nous échappe, cette

---
223 F. NIETZSCHE : Fragments Posthumes (13, 364).
224 S. KIERKEGAARD : Traité du désespoir (1849).

expansion créative dans toute l'innocence de l'homme, désigne la seule transcendance à envisager.

Nietzsche : « *Dans l'homme, créature et créateur son réunis.* »[225]

Dans ces conditions, l'expérience de l'absurde éloigne du suicide qui n'est plus l'aboutissement logique mais son contraire par le consentement possible qu'il propose. Il devient illogique car la condition de notre liberté dépend du maintien de la clairvoyance de l'absurde. Conscient d'être nés en prison, les épaules ravagées du poids de nos pensées, en aucun cas nous ne pourrions atteindre le terme d'une seule journée si la possibilité d'en finir ne nous incitait à renoncer le jour d'après...

Cioran disait que l'air irrespirable de ce monde nous ôte tout, sauf la liberté de nous tuer ; et cette liberté nous insuffle une force et un orgueil tels qu'ils triomphent des poids qui nous accablent. Mais pouvoir disposer absolument de soi-même et s'y refuser, est-il don plus mystérieux ? La consolation par le suicide possible élargit en espace infini cette demeure où nous étouffons. Nietzsche avait pour coutume de dire que l'idée du suicide nous évite les nuits blanches ! En effet, l'idée de nous détruire, la multiplicité des moyens d'y parvenir, leur facilité et leur proximité nous réjouissent et nous effraient ; car il n'y a rien de plus simple et de plus terrible que l'acte par lequel nous décidons irrévocablement de nous-mêmes. En un seul instant nous supprimons tous les instants. Ce monde peut tout nous prendre, peut tout nous interdire, mais il n'est du pouvoir de personne de nous empêcher de nous abolir. Tous les outils nous y aident, tous nos abîmes nous y invitent, cependant tous nos instincts s'y opposent. C'est cette contradiction qui développe dans l'esprit un conflit sans issue. Lorsque nous réfléchissons sur la vie et commençons à découvrir cet infini de vacuité, nos instincts se sont déjà érigés en guides et facteurs de nos actes, ils réfrènent l'acte ultime, mais jusqu'à quel point ?

Camus : « *Notre destin est en face de nous et c'est lui que nous*

---
[225] F. NIETZSCHE : Fragments Posthumes (7, 181).

provoquons. Moins par orgueil que par conscience de notre condition sans portée. Nous aussi, nous avons parfois pitié de nous-mêmes. C'est la seule compassion qui nous semble acceptable : un sentiment que peut-être vous ne comprenez guère et qui vous semble peu viril. Pourtant, se sont les plus audacieux d'entre-nous qui l'éprouvent. Mais nous appelons virils les lucides et nous ne voulons pas d'une force qui se sépare de la clairvoyance. »[226]

C'est ainsi qu'il existe un salut métaphysique à soutenir l'absurdité du monde. Le vouloir créateur en pure perte car voué au néant, est le plus haut hommage que l'homme rend à son existence d'où il se sait d'avance vaincu.

<u>La clef nietzschéenne.</u>

Les religions soutenues par une quantité innombrable de philosophes comme Platon, Pascal, Kant... développent donc deux mondes, l'ici-bas, monde de l'apparence et malgré tout immanent, et l'au-delà, monde rendu vrai par la transcendance, pourrions-nous dire. Observation faite du retournement de valeur, pour Nietzsche ces deux mondes ne sont qu'apparence donc pour lui le dédoublement est superfétatoire. Il ne nie pas un nombre infini de mondes, mais en quoi cela nous concerne t-il ? Le réel problème réside dans le fait que l'homme pour se transcender fantasme sa subsistance impérissable par une fuite dans un monde idéal. Assurément, c'est la caractéristique d'une vie mal assumée, une lassitude de vivre qui conduit au nihilisme.

Nietzsche : « *A partir du moment où l'on inventait l'idée de nature pour l'opposer à celle de Dieu, le mot "naturel" devenait forcément condamnable. Tout ce monde de fiction prend ses racines dans la haine du naturel (la réalité !); il est l'expression d'un profond malaise devant le réel... Mais cela explique tout. Qui donc a intérêt à s'évader de la réalité par le mensonge ? Celui qui souffre de la réalité. Mais souffrir de la réalité, cela veut dire être une réalité manquée... c'est la*

---
[226] Albert CAMUS : "Le mythe de Sisyphe" (1942).

prédominance des sentiments désagréables sur les sentiments agréables qui est la cause de cette morale et de cette religion fictive : mais cette prédominance nous donne aussi la formule de la décadence... »[227]

Est-il sain en effet que le monde que nous connaissons tous, soit déprécié en devenant la valeur inférieure d'un monde imprécatoire considéré comme pertinent et vrai ? N'est-il pas pure folie que deux mondes coexistent pour conduire une guerre picrocholine, que l'ici-bas soit discrédité, non essentiel aux yeux des croyants à l'au-delà ? Comme le dit très justement Nietzsche : « *Tel a été jusqu'ici notre attentat le plus dangereux contre la vie.* »[228]
Le vrai monde fût-il erreur est inéluctablement notre monde ici-bas, le plus pertinent dont nous disposions. Il se résume à la vie qui l'anime, notre devenir et ce que nous percevons de l'organique et de l'inorganique. Il s'agit donc de congédier toutes fariboles célestes et revendiquer un athéisme sans compromis, seule condition de possibilité d'un homme qui se saisit dans sa source, prend conscience de son essence pour devenir producteur d'effets pour lui-même. Que l'homme prenne conscience de son essence, signifie qu'il refuse l'encratisme d'une transcendance métaphysique (céleste) pour se maintenir dans toute sa raideur face au monde absurde qui est son illusion, son absolu, et finalement son réel.

Nietzsche : « *Nous ne croyons plus que la vérité reste sans ses voiles... Les Grecs savaient cela, rester à l'épiderme, adorer l'apparence, les Grecs étaient superficiels par profondeur.* »[229]

Il convient donc de nous réconcilier avec un réel constitué d'organique et d'inorganique autrement dit la nature, tout en pratiquant une sorte d'acquiescement de la conscience lorsqu'elle atteint le point zénithal de ses possibilités. Le but, face à notre posture imbriaque, étant de ne pas nous exclure de ce réel omniprésent, à notre portée, accessible. A ce stade, l'homme est à la deuxième étape d'un processus pré-

---

227 F. NIETZSCHE : L'Antéchrist, aphorisme 15
228 F. NIETZSCHE : Fragments Posthumes (16, 79).
229 F. NIETZSCHE : Fragments Posthumes (5, 11).

transcendant (antépénultième) par la conscience de l'absurde causée par un raisonnement circulaire qui ne permet pas d'atteindre la Vérité (première étape) et par son acceptation à revendiquer le monde ici-bas, à sa portée mais dont il sait qu'il est lui-même illusion (deuxième étape). Ce qui revient à dire que : « *C'est l'apparence donc le mensonge que l'on doit adorer, c'est lui qui est divin, pas la Vérité.* »[230]

Cependant, notre instinct de connaissance est trop développé pour que nous puissions apprécier un bonheur sans connaissance, de même, nous ne pouvons nous contenter d'un bonheur de l'illusion, beaucoup trop insatisfaisant au regard de notre entendement. Il nous faut admettre il est vrai, que nous courons à notre ruine si nous acceptons l'idée d'une coexistence entre l'être-vrai, être de l'interprétation, donc de l'erreur et l'être-là, être reconnaissant l'Erreur. En aucun cas nous ne pouvons bâtir notre existence sur des bases aussi contradictoires et absurdes d'une pensée impuissante à expliquer la prolixité du monde et réduite à sa modeste description. Il devient inenvisageable de persister dans ce raisonnement circulaire, il nous faut d'urgence un subterfuge qui briserait le cercle infernal. En aucun cas l'homme ne peut se contenter d'un tel pis-aller défini par cette seule constatation qui inéluctablement trouverait sa solution dans l'évidence d'un suicide.

A ce stade, Dieu n'est pas loin par le réflexe de l'homme à la transcendance qui n'a été jusqu'ici, rien d'autre qu'une digression inappropriée dans l'inconnu visant à se soumettre à un pouvoir tutélaire et fantasmé, une métaphysique inadaptée, incongrue, en dehors de tout entendement, mais qui a malgré tout le mérite de sauver l'homme de son effondrement psychique en donnant à l'absurde l'image d'une barbe blanche à tête d'homme ! Comme le dit Pyrrhon, haut représentant de l'école sceptique (4ème siècle de l'ère ancienne) : se taire ou rire ne serait pas la plus mauvaise philosophie ! Car, une nouvelle fois, ce réflexe de survie de courte vue ne résout rien et ne constitue en rien la solution de salut des plus lucides d'entre-nous.

S'il faut admettre que revendiquer un athéisme farouche signifie se mettre en accord avec une logique apodictique, à la lumière d'une

---

230 F. NIETZSCHE : Fragments Posthumes (16, 365).

réflexion qui dépasse le premier degré et que nous n'avons que partiellement exposée ici, il semblerait qu'il ne puisse en aucun cas se suffire à lui-même. N'en doutons pas, le philosophe allemand, auteur de l'Antéchrist en a tout à fait conscience. Nietzsche est face à cette équation résolue par l'incohérence d'une métaphysique que pourtant ne peut contenir un esprit matérialiste comme le sien.
La plus célèbre des déclarations que Nietzsche déclame au 19ème siècle : "Dieu est mort", est manifestement hâtive à son époque. Il s'agit plus d'une déclaration de guerre que d'une constatation. Certes, l'homme à cette époque devient moins crédule aux billevesées bibliques, éclairé il est vrai par l'esprit des lumières au siècle précédent, porté essentiellement dans sa finalité matérialiste et athéiste par le quatuor composé du baron d'Holbach, Helvétius, Diderot et La Mettrie. Aussi, Nietzsche n'hésite t-il pas à nous faire savoir que Dieu n'est qu'une mue et réapparaitra (chapitre Volonté de Puissance), ce qui annonce déjà son modèle transcendant qui n'est plus la projection d'une entité imaginaire, un dieu anthropomorphe, mais l'homme lui-même devenu dieu. Pour la forme, nous relèverons que le philosophe, dans "Ecce Homo" qualifie lui-même son Zarathoustra de cinquième évangile...

Nietzsche : « *Nous ne nous laisserons pas prendre les avantages qu'il y a à ne pas savoir grand-chose et à vivre dans un tout petit coin de l'univers. L'homme a le droit d'être insensé, il a aussi le droit de se sentir Dieu, ce n'est qu'une possibilité entre tant d'autres.* »[231]

Pour lui donc, rien n'est résolu. Le christianisme, le brahmanisme, le bouddhisme sont des solutions nihilistes car elles glorifient toutes des concepts opposés à la vie, avec le néant comme but, comme bien suprême. Ces religions proposent toutes en premier plan, le leurre de l'esthétisme, le rafraichissement par effet de manche rhétorique, l'illusion de la guérison et de l'apaisement des craintes en faisant fi de la mort, « *... de la pitoyable comédie que le christianisme a fait de l'heure de la mort.* »[232], alors que nous savons tous que la mort appartient à la vie. Pour autant, il nous faut admettre que l'athéisme

---
231 F. NIETZSCHE : La Volonté de Puissance, 1884 (14, 1ère parie &25).
232 F. NIETZSCHE : Fragments Posthumes (8, 144).

conduit exactement au même nihilisme, seule la voie diffère mais en rien ne peut résoudre cette capitulation intellectuelle que le mur de l'Absurde impose. Pire, sans transcendance, Nietzsche constate que l'athéisme développe des comportements ordaliques qui aboutissent tous au modèle dit de "Saint Pétersbourg" qui conduit la foi en cette incroyance jusqu'au martyre en faisant de la Volonté de Puissance une force de destruction et non de création. C'est la raison pour laquelle en tout athéisme, est indispensable un besoin de foi, d'appui, d'épine dorsale, d'axis mundis, de soutien, comme nous l'exprime ce court aphorisme :

Nietzsche : « *Homme de refus, veux-tu porter un refus universel ? Qui t'en donnera la force ? Quelqu'un a-t-il encore cette force ! »*[233]

Il convient donc de nous extraire de cet état de conscience qui, sans transcendance, conduit à la pulvérulence des esprits clairvoyants. Il nous faut désormais envisager un modèle à notre mesure, de nature à briser cette Circé nihiliste pour créer l'émergence d'une vie stabilisée et créative. Nietzsche souhaite résoudre cette voie phtisique par une transcendance sans métaphysique. Si nous voulions jouer de l'oxymore, nous pourrions dire de la solution du philosophe qu'elle est une transcendance immanente. Immanente car le philosophe s'attache à l'être-soi interprétant sans cesse (rappelons que, pour lui l'interprétation de l'homme donc son erreur est son essence et sa condition de vie). Mais Nietzsche croit à d'autres interprétations possibles qui briseraient la gangue nihiliste de l'anesthésie religieuse. Puisque la foi en l'existence de Dieu est pour lui calomnie du monde, de la vie, une fuite pour se détacher du monde réel, il cherche à réaliser ici-bas ce qui est possible en l'homme par une volonté créatrice. La transcendance est certes inévitable, mais Nietzsche veut l'accomplir dans le contenu de l'être-soi. Pour cela, il reconnaît dans la Grèce antique, un point d'appui essentiel, une épine dorsale. *« C'est l'unique peuple génial de l'histoire universelle. »*[234] nous dit-il. C'est en effet par l'être-soi que tout doit repartir, par la création mue par la Volonté de Puissance (volonté de vie des instincts). La figure tutélaire

---

233 F. NIETZSCHE : Fragments Posthumes (5, 216).
234 F. NIETZSCHE : Fragments Posthumes (10, 396).

de cette volonté de vie que Nietzsche a élue, ne pouvait être que Dionysos, ce dieu brocardé par les autres dieux car symbole de l'ivresse, de l'extase, de l'instinct sexuel, de toutes les libations, de tous les excès, du combat, de l'exubérance, de la victoire sur l'ennemi, de la plénitude, du renouveau, du printemps... dieu adulé par les athéniens eux-mêmes lors des "fêtes de Dionysos" durant lesquelles la tragédie permettait la catharsis, le piaculaire, l'abréaction dont avaient tant besoin les Grecs.

Nietzsche : « *De cette hauteur de joie où l'homme se sent lui-même tout entier, comme une forme divinisée et comme une autojustification de la nature, jusqu'à la joie des paysans sains et saines créatures qui sont moitié homme, moitié animal : ce long et incroyable dégradé de lumière et de couleur de bonheur, les Grecs l'appelaient Dionysos.* »[235]

Par cette voie métaphorique, Nietzsche éclaire magnifiquement la conscience héroïque de l'existence indépendante, la vérité de l'être humain développée dans la conscience de sa propre essence pour son Devenir dans l'Amor Fati (acceptation de la fatalité donc de la mort, amour de son destin). Par cet état, l'homme transfigure la réalité en apprenant à se transfigurer lui-même. C'est en effet la logique la plus saine possible et Nietzsche l'incarne parfaitement. La vie devient donc pure immanence, un état dionysiaque que nous pouvons ressentir puissamment dans "le chant de la danse" ou "l'autre chant de danse" de son Zarathoustra où le philosophe fait constamment l'éloge de la légèreté face à la lourdeur des esprits ("de l'esprit de pesanteur", intitulé d'un autre chapitre magistral de son Zarathoustra). C'est un modèle qui prend appui sur l'inorganique, seul référent stable de l'homme. Cette vision du monde est donc perspectiviste où la Volonté de Puissance (essence de la vie) se superpose au monde phénoménal (monde vrai, interprété et inorganique) et prend la figure de Dionysos. Nietzsche crée donc l'expression grandiose de cet athéisme dans toute son incroyable ambiguïté. Par cette formule, il saisit le vrai dans une pure splendeur transfigurée, mais dans la conscience constante qui est

---
235 F. NIETZSCHE : Fragments Posthumes (16, 388 sq).

à la fois savoir de l'Erreur et savoir du dépassement de celle-ci. L'immanence devient état dionysiaque créant sans cesse le monde en l'interprétant par le moteur de la Volonté de Puissance et qui au final, permet à l'homme de se conserver. La vie n'est donc plus une lutte pour la vérité, mais une lutte pour la puissance où la pensée est pour l'être qu'un instrument du Devenir vital qui se crée son horizon nécessaire. Le but n'est plus la mort mais son dépassement avec la conscience de la fin.

La réponse de Nietzsche à la métaphysique des religions qui elles, proposent une fuite éperdue dans un néant où le repos des âmes tourmentées est synonyme de soumission, de statisme, d'absence totale de création, donc de mort, est un combat permanent pour la vie exubérante, pour l'action débridée et le danger dont le but est la création (art entre autres), le surpassement de soi et le triomphe. Cet autodépassement pour Nietzsche, a clairement comme but le Surhumain, objet de nombreuses polémiques tristement célèbres et injustifiées.

Nietzsche : « *Le secret pour récolter la grande fécondité et la jouissance est de vivre dangereusement.* »[236]

Sous cet angle, la vie devient exaltante et héroïque pour la volonté de sa propre perte dans l'amor Fati, ce qui signifie qu'il est nécessaire à présent de vouloir le Vouloir qui nous veut.

Nietzsche : « *L'héroïsme est le sentiment d'un homme qui fait des efforts pour un but vis à vis duquel il n'entre plus en ligne de compte. L'héroïsme, c'est la bonne volonté de périr.* »[237] D'autant plus que « *L'homme le plus sage est la plus grande erreur de la nature et auto-contradiction (l'être qui souffre le plus) : la nature se dégrade jusqu'à ce point. L'organique comme dégénérescence.* »[238]

Cependant, à ce stade de la posture nietzschéenne une contradiction semble demeurer. L'action dionysiaque et héroïque de l'homme suffit

---
236 F. NIETZSCHE : Fragments Posthumes (5, 215).
237 F. NIETZSCHE : La Volonté de Puissance, 1882-1885 (14, 2ème partie & 332).
238 F. NIETZSCHE : Fragments Posthumes (12, 359).

certes, à sa transfiguration (non pas à sa transvaluation pour reprendre un terme mystique) puisque rappelons-nous, le Devenir étant nécessité, il échappe à la volonté de l'être (chapitre Innocence du Devenir) ; d'autant plus que, le devenir n'est pas atteint par l'activité de la raison, « *Notre intellect n'est pas organisé pour concevoir le devenir, il tend à prouver la fixité universelle.* »[239]

En effet, nous ne pouvons admettre que quelque chose "soit" puisque tout est évolution incessante, l'impermanence universelle est donc consubstantielle à l'étant (y compris l'inorganique). Or, notre condition pour penser et raisonner est soumise à la connaissance d'un "étant". Nous somme donc dans l'obligation d'admettre que « *La connaissance et le Devenir s'excluent.* »[240] et de poursuivre « *Nous ne saurions nous dissimuler la vérité sur le cours des choses, nos organes pour vivre, sont organisés en vue de l'Erreur.* »[241]

Sans la fiction de quelque chose qui est, il n'y a donc pas de vie possible pour l'homme. Nous sommes à nouveau en proie au raisonnement circulaire, une voie sans issue. Cependant, Nietzsche décèle la lueur qui accomplit définitivement la transvaluation si indispensable à l'homme lucide. En effet pour Nietzsche, le Devenir n'a jamais été héraclitéen, il n'a jamais été cette flèche de Xénon tendue dans l'espace où passé, présent et avenir s'ordonnent pour constituer un sens directionnel. Le Devenir est pour lui, le cercle de l'Éternel Retour, un Ouroboros où le point de contact caractérise le passage du Tout à l'Un et de l'Un à Tout. Dès lors, l'être authentique n'est pas inscrit sur le Devenir au sens où nous l'entendons classiquement, car il n'est pas devenu et ne le sera jamais dans ce principe de palingénésie.

Nietzsche : « *Le cercle n'est pas quelque chose qui est devenu, il est la loi fondamentale. Tout devenir est à l'intérieur du cercle.* »[242]

Sous cet angle, le présent n'est plus immuablement dissout dans un passé qui n'est plus, mais devient futur potentiellement imprimé par la

---
239 F. NIETZSCHE : Fragments Posthumes (12, 35).
240 F. NIETZSCHE : Fragments Posthumes (16, 31).
241 F. NIETZSCHE : Fragments Posthumes (12, 48).
242 F. NIETZSCHE : Fragments Posthumes (12, 61).

Volonté de Puissance de l'instant. En effet, toutes actions, toutes pensées, chaque souffle si infime soit-il a une conséquence infinie sur la chaîne causale des nécessités (la cause engendre la conséquence, puis la conséquence devient à son tour cause d'une autre conséquence et ainsi à l'infini). Les scientifiques appellent cela "l'effet papillon", c'est à dire que : *Toute action humaine a une influence illimitée sur tout ce qui arrive.* »[243] Mieux, le simple fait d'en avoir conscience influence infiniment l'action.

Sous cet aspect, l'Éternel Retour transvalue, en prenant un caractère de libération et de salut, au même titre que l'innocence de l'être engendrée par le Devenir qui est nécessité. Aussi, par cette transvaluation, la mort de Dieu est définitive et le néant dépassé dans l'Amor Fati (le grand OUI à la vie). Ainsi, la transvaluation de Nietzsche est donc bien existante et exprimée par un langage immanent souvent pris au premier degré. Dieu est congédié par l'être lui-même (les femmes et les hommes de notre monde ici-bas) et l'être se transcende lui-même dans son être-soi, être-là, son dasein. Sa foi en l'Éternel Retour est sa métaphysique, le ressort du Devenir est la Volonté de Puissance incarnée par le symbole de Dionysos et le sens de l'être devient le Surhumain, son but ultime le Grand Midi (la symbiose cosmique) dans l'Amor Fati (acceptation de la mort en pleine conscience). La transcendance de Nietzsche est donc bien une "métaphysique immanente" que nous pouvons qualifier de transvaluation puisqu'elle se caractérise par une oscillation entre être authentique et pensées qui transcendent. La Volonté de Puissance exprime une série d'aller-retour entre possible réalité et projection lointaine sans empirisme, sans direction déterminée.

Le génie de Nietzsche nous propose un Graal : tuer Dieu et le remplacer par le Surhomme, c'est à dire par chacune et chacun d'entre-nous, pour atteindre le Grand Midi. Quel peut être meilleur projet de vie que celui-là ? Par la Volonté de Puissance, l'homme agit pour se créer Surhomme et se replace donc dans l'action qui est création, ce qui précisément lui donne un sens qui n'existait pas sous la dépendance de Dieu. Par-là, nous pourrions dire de la création du Surhomme qu'elle élève l'homme jusqu'à son dépassement pour

---

[243] F. NIETZSCHE : Fragments Posthumes (13, 74).

atteindre un degré de vérité jamais atteint et qu'il ne pourrait jamais atteindre s'il restait sous le joug des religions, dominé, inférieur, soumis...
L'athéisme de Nietzsche révèle donc l'être authentique, un éthos véridique contre les dangers niveleurs et mortels du mensonge en la croyance avilissante en un Dieu oppressant qui conduit inéluctablement au suicide pour tout esprit clairvoyant.

La transcendance de Nietzsche qui est transvaluation : « *Elle est la religion des religions.* »[244]

Maintenant, il s'agit de vivre.

Nietzsche : « *Tous ces hardis oiseaux qui s'envolent vers des espaces lointains, toujours plus lointains, il viendra certainement un moment où ils ne pourront aller plus loin, où ils se percheront sur un mât ou sur quelque aride récif, bien heureux encore de trouver ce misérable asile ! Mais qui aurait le droit d'en conclure qu'il n'y a plus devant eux une voie libre et sans fin et qu'ils ont volé aussi loin qu'on peut voler ? Pourtant tous nos grands initiateurs et tous nos précurseurs ont fini par s'arrêter, et quand la fatigue s'arrête elle ne prend pas les attitudes les plus nobles et les plus gracieuses ; il en sera ainsi de toi et de moi ! Mais qu'importe de toi et de moi ! D'autres oiseaux voleront plus loin ! Cette pensée, cette foi qui nous anime, prend son essor, elle rivalise avec eux, elle vole toujours plus loin, plus haut, elle s'élance tout droit dans l'air, au-dessus de notre tête et de l'impuissance de notre tête et du haut du ciel elle voit dans les lointains de l'espace, elle voit des troupes d'oiseaux bien plus puissants que nous qui s'élanceront dans la direction où nous nous élancions, où tout n'est encore que mer, mer, et encore mer ! Où voulons-nous donc aller ? Voulons-nous franchir la mer ? Où nous entraine cette passion puissante, qui prime pour nous toute autre*

---
244 F. NIETZSCHE : Fragments Posthumes (12, 415).

passion ? Pourquoi ce vol éperdu dans cette direction vers le point où jusqu'à présent tous les soleils déclinèrent et s'éteignirent ? Dira-t-on peut-être un jour de nous que, nous aussi, gouvernant toujours vers l'ouest, nous espérions atteindre une Inde inconnue, mais que c'était notre destinée d'échouer devant l'infini ? Ou bien, mes frères, ou bien ? »[245]

---

[245] F. NIETZSCHE : Aurore, "Nous autres aéronautes de l'esprit", aphorisme 575.

METAPHYSIQUE D'UNE CONTRE-VIE

« *Il faut porter un chaos en soi pour mettre au monde une étoile dansante.* »[246]

---

[246] F. NIETZSCHE : Ainsi parlait Zarathoustra, "Prologue à Zarathoustra."

Tout au long de l'écriture de ce livre aux zéphyrs très nietzschéen, m'est parvenue à de nombreuses reprises, l'idée d'un rattachement des thèmes traités par le philosophe allemand à un autre courant historique tout aussi réactionnaire, subversif et semble-t-il mal connu. Au risque de me brûler les ailes, je tente ici le syncrétisme léger tant je le perçois comme éclairant la genèse de l'homme dont il serait bon parfois de la considérer autrement que par les canons imposés primitivement par les Pères de l'Église. Dans son œuvre, Nietzsche mentionne ce courant à plusieurs reprises sans pour autant y attacher une dilection particulière. Et pourtant, son Zarathoustra en procède au moins pour l'origine du titre qui désigne une figure iranienne du 6ème siècle de l'ère ancienne du nom de Zoroastre, digne héritier des Rig-Véda, datant de plus de vingt siècles. Dès lors, je m'interroge sur la parenté des thèmes engagés par ce courant religieux, ou plutôt sectaire, aux notes ésotériques dans lesquelles il est question comme pour Nietzsche d'insoumission, de fractalité, d'illusion sur le monde, de cosmologie, de matérialité, d'hyper-conscience, de célébration des corps, de philosophie antique, d'existentialisme, d'institutions fallacieuses, de crainte originelle, de retour éternel, et d'un combat mené contre la chrétienté.

Des nécropoles et des tombes présentes sporadiquement sur les hauts plateaux d'Herzégovine en Serbie, posent une énigme archéologique de par les sculptures dont elles sont ornées. Leur nombre atteste d'une communauté importante et organisée qui échappait à l'autorité des églises orthodoxes et catholiques. D'après les experts, ces curieux édicules seraient attribués aux "Bogomiles" (amis de Dieu), une secte gnostique héritière des traditions néo-manichéennes apparues au 9ème siècle dont le courant originaire date d'avant notre ère et connut un point d'orgue au 2ème siècle. Loin d'être une doctrine clandestine des déserts syriens et égyptiens, la gnose enracine son immense expansion partout où la chrétienté s'implante, formant des communautés d'insoumis à tout pouvoir temporel. Un véritable contre-pouvoir dressé contre l'Église officielle semble avoir développé des axes de pensées sémillants, des foyers de rebellions politiques, des édifices religieux et d'innombrables créations artistiques. En effet, des sociétés gnostiques sécrètent, par leur étendue tentaculaire et leur succès, une histoire dont l'existence fût certes tragique mais puissante et très énigmatique car ésotérique. Tragique car, de ces sociétés, il ne reste quasi rien aujourd'hui, à cause des mesures de répressions sanglantes qui consistaient à anéantir ceux qui refusaient d'abjurer, brûler leurs églises, incendier leurs villages, raser leurs forteresses et ériger partout les bûchers dans lesquels les Bogomiles eux-mêmes se jetaient par centaines dans les flammes. Pire, la gnose n'est nulle part enseignée de nos jours, sinon dans des universités destinées à quelques curieux.

Qui étaient donc ces hérétiques pour provoquer une telle répression, un tel acharnement, un tel oubli aussi, alors qu'ils ne prônaient que le refus de toute compromission avec un monde maudit contaminé par le mal et le diable, alors qu'ils refusaient la croix symbole du supplice, conspuaient le travail synonyme d'asservissement, objurguaient les honneurs des distinctions sociales se considérant égaux entre eux, honnissaient l'ancien testament comme le nouveau pour leur lecture dogmatique et génocidaire et préféraient la licence scandaleuse et les allégresses jusqu'à plus soif ?

Aux yeux des gnostiques, le vice entache l'homme dans sa création, l'aliène au plus profond de son âme, de son esprit et de sa chair, jusqu'à rendre impossible toute conscience nécessaire à son salut. Fortes de ce constat, ces sociétés secrètes se vouent donc par des voies singulières qui scandalisent bien des contemporains, à édifier leur conscience qui permet de conférer à leurs pensées et à leurs actes la rigueur nécessaire pour échapper aux rets du monde imposés et profondément iniques.

La recherche historique ne se contente que d'une quarantaine d'écrits gnostiques dont la valeur pour l'humanité est semblable, à mes yeux, au "papyrus Bodmer" daté de 135 et découvert en haute Égypte en 1956. Papyrus, rappelons-le, le plus vieux de l'historiographie chrétienne jamais retrouvé et qui s'apparente à l'évangile johannique, soit plus d'un siècle après la mort de Jésus... Une quarantaine d'écrits gnostiques donc, dont le plus connu reste la "Pistis Sophia" (Foi et Sagesse), écrit en langue Copte et découvert au 18ème siècle également en Égypte. A cela, il faut ajouter les études figurant dans les livres de la Patristique consacrées aux hérésies. En effet, en tant qu'hérésie la gnose fait partie de l'histoire du christianisme, mais elle échappe néanmoins à cette histoire par son contenu, son sillage philosophique hors de la vision archétypale, et ceux qui s'y intéressent furent presque tous des historiens du christianisme ne ménageant guère les gnostiques de leurs critiques acerbes.

Ces textes gnostiques décrivent de manière étonnamment minutieuse les multiples cercles échelonnés séparant notre monde du plérôme ainsi que le voyage initiatique du Christ lors de son ascension dans les splendeurs des cieux, jusqu'à son retour où le paraclet répond aux questions des disciples durant douze ans. Ainsi, c'est une véritable cosmologie qui décrit la totalité des mondes où l'on apprend la complexion de l'univers, sa genèse, la nature et le rôle des Éons. Ce besoin de compréhension rationnelle est un des aspects essentiel de la gnose. Car au-delà du mysticisme mêlé (ou puisé) au christianisme qui n'est pas encore religion d'état au 2ème siècle, l'aspect particulièrement pratique, hautement philosophique, demeure l'essence de ces écrits qui distillent des explications sur le mal, l'injustice, la violence, l'existence des espèces animales et végétales, le pourquoi de la lumière et des ténèbres... Là où le christianisme avec sa mythologie compensatrice castre les hommes et élude les problèmes du quotidien en nous imposant de perpétuer, jusqu'à notre époque, l'acceptation de toutes les injustices mortelles liées à la soumission totale du pouvoir en place, les gnostiques, eux, n'ont de cesse de prôner l'insoumission à l'égard de toute forme de pouvoir chrétien ou païen, les deux ne faisant point contraste à leurs yeux. Aussi, adoptèrent-ils des postures logiques, parfois radicales il est vrai, mais parfaitement conformes à leurs sentiments profonds, et justes pour le coup, ceux d'être des hominiens pseudo-pensants, des êtres aliénés et condamnés inéluctablement tant qu'ils n'auront pas cette conscience sagace et absolue de ce sommeil léthargique semblable aux protées des grottes : inertes, aveugles, figés, quasi morts. Là où le chrétien impose par la violence et les torrents de sang son illusion sur le monde singulièrement hystérique pour asservir du quidam par million, jusqu'à ne plus penser par eux-mêmes, le gnostique lui, s'affranchit de toute force extérieure pour vivre seul l'angoisse existentielle d'un réel qui dit la vie de manière icastique et met en place toutes les stratégies possibles pour l'appréhender et ainsi se sculpter à l'image de ce qui le travaille, donc à la grandeur de l'univers.

Voilà qui n'est pas sans rappeler un certain processus cher à Nietzsche : "l'Amor Fati" d'abord, "le Surhumain" ensuite, autrement dit, la recherche de la pleine conscience du Tragique de la vie, avant la sculpture de Soi en artiste dionysiaque.

Mais la gnose va bien au-delà du seul point de vue radicalement différent de penser Dieu, car pour un gnostique, l'homme est un esclave à échelle cosmique, le prolétaire d'un bourreau démiurge, un exilé dans un monde soumis à la violence, l'étranger sur sa propre terre, le sédiment d'un ciel perdu. Du ciel justement, dont nous avons pour la plupart d'entre-nous, une vision laudative, hautement enthousiaste, parfois même extatique face à ces milliards de points lumineux qui scintillent par nuit claire. Nous pensons en effet le ciel sous l'angle des planètes, du système solaire ou des galaxies constituées d'astres, de supernovas, de constellations... mais rarement pensons-nous le ciel par ce qui le caractérise le plus, c'est-à-dire les espaces entre tout ce qui nous est perceptible matériellement, et qui forment ce grand rideau noir qui nous recouvre. Cette plage obscure, ce tissu ténébreux, cette ombre interstitielle où les étoiles semblent être cousues comme des boutons incandescents sur une queue-de-pie, est-il vide ou matière ? Par ce regard uchronique, les gnostiques se trouvent déjà confrontés à la matière ultime du réel. Existe-t-il une matière tour à tour vide et pleine, lumineuse et obscure ? Ces abîmes noirs sont-ils néants, une absence de lumière ou matière concrète qui s'interpose entre notre terre et les feux lointains qu'elle obstrue ?

Pour la pensée gnostique, l'homme est un fragment de l'univers et le corps de l'un procède de la même matière que l'espace de l'autre, tout deux sont donc régis par les mêmes lois. Ce qui revient à dire de l'homme, qu'il est un miroir où l'on peut découvrir l'image condensée du ciel, un cosmos vivant, intégrant en son corps les zones d'ombre et de lumière, les formes sécables d'une énergie unique.

Là encore, la matérialité, l'existentialisme, et la fractalité développées par Nietzsche dans son œuvre ne sont pas en reste de la vision gnostique.

Cette interrogation sur le ciel par ces sectes réactionnaires, implique plusieurs univers étagés de sept cercles, le nôtre étant le dernier totalement obstrué par cette barrière d'ombre compacte et dans laquelle règne la condition de notre destin maléfique par la pesanteur, à l'issue de laquelle, les particules célestes se sont peu à peu densifiées jusqu'à chuter au fond de l'abîme matérialisé par notre planète. Accepter la pesanteur, y collaborer par l'absorption de nourriture ou par la procréation qui alourdit la terre de son accroissement démographique, c'est collaborer à notre destin maléfique, c'est s'associer à l'œuvre de mort de celui ou ceux qui l'ont entreprise pour provoquer cette scission tragique ; c'est donc accroître notre entropie. Quant au septième cercle, par opposition au nôtre, lui est hyper-monde, la résidence de l'état suprême du Dieu premier capable de toute puissance, du devenir, feu "princepsment" intelligible, détenteur de la semence de tout qui par la suite chute sous l'effet de la gravité, aux cercles inférieurs jusqu'à atteindre le dernier, le moins enviable, le nôtre.

La tache du gnostique consiste donc, ribon-ribaine, à inverser le chemin fatal imposé selon un vecteur unidirectionnel et descendant pour regagner au fur et à mesure de son allègement au sens figuré comme au sens propre, un monde supérieur duquel il n'aurait pas dû chuter. Car la loi de la gravité, selon la gnose, est l'Erreur d'un des habitants de l'hyper-monde qui provoqua une fibrillation de la matière ignée entrainant sa descente progressive et sa dégradation vers les cercles inférieurs, un peu à la manière d'une décantation. Mais par chance, ces déchirures qui brillent dans cette grande hâche noire qu'est notre ciel, constituent l'espoir de possibles voies de rédemption et de salut.

Nietzsche : « *[...] que tout jusqu'à nous est chute, est tout aussi démontrable. L'homme, et justement l'homme le plus sage, est la plus grande erreur de la nature et auto-contradiction (l'être qui souffre le plus) : la nature se dégrade jusqu'à ce point. L'organique comme dégénérescence. »*[247]

Cette situation terrestre est donc l'œuvre d'un affreux démiurge sadico-pervers, un ignoble Éon à l'origine de la pesanteur, de la matière solide et du temps ! Tout ce qui existe sur terre est donc le mal précipité au sens biologique du terme, mais nullement au sens moral puisque l'homme n'en est pas responsable.

Certes, nous pouvons estimer cette approche du ciel sous des auspices de créatures illuminées, de misologues verbeux, mais cette compréhension de l'univers ne serait-elle pas irénique à l'endroit même où le christianisme instille un message belliciste de haine ? Là en effet où les livres du Pentateuque fustigent l'homme d'un état fautif, responsable du péché originel et le condamne au calvaire d'une vie terrestre pour le rachat de ses fautes, la gnose elle, le déresponsabilise totalement et lui suggère plutôt de se libérer de sa condition, de s'élever, de se "créer liberté".

Là encore, "l'innocence du Devenir" de Nietzsche ne semble pas très éloignée de l'angle de vue gnostique.

Car enfin, si ce monde était l'œuvre d'un Dieu de bonté et de justice (comme le pense tout chrétien), et non celle d'un démiurge inexpert et foncièrement mauvais, il faudrait alors lui attribuer les pensées les plus fourbes, les songes les plus inavouables, les refoulements nauséabonds les moins extirpables. Comment un Dieu aurait-il pu concevoir les mécanismes incroyables de destruction, de massacre, d'anéantissement qui constituent l'exercice même de la vie ? Dieu est-il "amour" lorsqu'il conçoit la reproduction de la mante religieuse qui consiste après accouplement à décapiter le mâle par la femelle qui le dévore ? Quel sadique a pu imaginer le Cercéris qui, d'un triple coup d'aiguillon détruit méticuleusement les trois centres nerveux du Bupestre et l'emporte pour que plus tard, sa larve puisse consommer tout frais le malheureux insecte paralysé tout en choisissant méthodiquement les bouchées qui ménagent avec une dextérité atroce les centres vitaux pour garder chez sa victime, la vie jusqu'à sa dernière particule de chair ? Quel pervers rendit possible l'existence du Leucospis ou l'anthrax dont le vers s'applique tout simplement au

---
247 F. NIETZSCHE : Fragments Posthumes (12,359). Extrait du livre de Karl JASPERS : "Nietzsche, Introduction à sa philosophie" Gallimard 1950.

flanc de la larve du Chalicodome et le suce à travers la peau, aspire et pompe cette bouillie vivante gardée savamment fraîche jusqu'à plus soif. Quelle divinité de la création a pu rendre possible l'existence du Philanthe, assassin de l'abeille qui avant même d'emporter sa victime, lui fait dégorger son miel et suce la langue de la malheureuse agonisante, étalée, déroulée hors de sa bouche ? Ne nous sommes-nous pas bercés d'illusion en réfutant cette immanité originelle qui ronge notre planète jusqu'à notre ciel, qui imprègne nos plus petites cellules, investit le moindre interstice ne notre pensée ? Comment ne pas rendre compte de ce feu obscur dont dépend notre terre : réserve d'un mal moléculaire ubiquiste qui recouvre et oblitère jusqu'à notre façon d'agir ?

Nietzsche : « *Tu ne déroberas point, tu ne tueras point ! - jadis de telles paroles passaient pour sacrées ; devant elles on fléchissait le genou et on baissait la tête et l'on enlevait ses souliers.*
Mais moi, je vous demande : où n'y a-t-il jamais eu de meilleurs brigands et de meilleurs assassins au monde que ne le furent les paroles sacrées de cette sorte ?
N'y a-t-il pas en toute vie elle-même – brigandage et assassinat ? Et que de telles paroles aient été considérées comme sacrées, n'a-t-on pas, par là, assassiné la vérité elle-même ?
Ou était-ce un prêche de la mort de tenir pour sacré tout ce qui contredisait et tout ce qui déconseillait la vie ? - Ô mes frères, brisez, brisez, brisez-les-moi, ces vieilles tables. »[248]

Il y a dix-huit siècles pourtant, les gnostiques étaient habités de cette "connaissance génésique", définition même du gnosticisme. Ils savaient cette planète maudite, perdue dans l'infini, lucide sur ce monde rongé par la rouille céleste, séparé du royaume des lumières par ce verrou cosmique, ils savaient l'injustice qui gouverne l'univers où tout ce qui se fait et se défait porte la trame d'une fragilité immonde comme si la matière était le fruit d'un scandale au sein du néant. Dès lors, comment ne pas consentir à l'évidence et reconnaître par exemple dans tout pouvoir quel qu'il soit, une source d'aliénation

---

[248] F. NIETZSCHE : Ainsi parlait Zarathoustra, "Des vieilles et des nouvelles tables."

par le système d'asservissement qu'il induit ? Et comment ne pas vouloir s'en affranchir pour qui en a la conscience ?

A ce stade de l'anthropologie, la voie gnostique paraît évidente. L'homme doit se créer, s'élever par lui-même, pour lui-même, se dégager de ce qui le constitue secondairement, de sa gangue matricielle, de sa boue cloacale, de sa matière borborienne, et en rien la sanguinaire entreprise chrétienne avec son étendard moraliste brandie sur le pic de la culpabilité n'a d'intérêt dans cette mission. C'est pourquoi le but du gnostique est de réinvestir les splendeurs du haut ciel perdu en luttant contre l'inertie du sommeil de l'âme, de la conscience sclérosée, des relations hypo-intelligentes, en pratiquant le réveil physique et mental par une sorte de dérèglement de tous les sens afin de contrarier l'ordre matériel et spirituel de ce monde, bref en menant une contre-vie.

Nietzsche : « *Il faut parler à coup de tonnerre et à coups de feux d'artifice célestes aux sens avachis et endormis.* »[249]

Dès lors, la pensée gnostique se révèle dans l'action de ceux qui croient aux réjouissances de la vie plutôt qu'à la fatalité d'un crucifié, à la posture altière plutôt qu'à la courbure gibbeuse des opprobres, à la réalité des maux qui peuvent être dépassés plutôt qu'à la voie du doux déni qui conduit aux pires catastrophes sur notre terre d'apocalypse.

« *Contre qui mener la lutte et où diriger l'assaut quand l'injustice hante l'air de nos poumons, l'espace de nos pensées et la stupeur des astres ?* »[250]

Palestine, Syrie, Samarie, Égypte et Anatolie sont donc les lieux communs des religions judaïques et gnostiques que l'on connaît le plus souvent par la condamnation des Pères de l'Église qui luttent eux aussi pour leur survie. Car à peine vingt ans après la mort de Jésus en trente-trois (trente selon certains), jamais Dieu n'eut autant de prêcheurs de sauveurs, de descendants célestes, de prophètes, de messies, de dieux incarnés qui tous, tentent de convertir à coup de

---

249 F. NIETZSCHE : Ainsi parlait Zarathoustra, "Des vertueux."
250 E. M. CIORAN : Précis de Décomposition. Gallimard 1977, page 60.

miracles et autres tours de passe-passe les foules bonifaces.

Au 1er siècle, Simon le Mage est un prophète parmi tant d'autres, mais son discours radicalement différent de la prédication apostolique suscite l'écoute attentive sur les places de villages. Il ne nie pas le comportement du Dieu Yahvé, Jéhovah ou Elohim, Dieu des juifs, en tyran cosmique en réaction aux crimes des hommes, mais il fait le constat d'un Dieu vengeur incompatible avec celui d'un Dieu créateur de la vie, un Dieu bon ; et conclut que ce premier ne doit pas être le vrai, mais un faux démiurge que la bible décrit d'ailleurs comme un être vindicatif, coléreux et jaloux. Nul doute qu'un tel enseignement devait paraître non seulement révolutionnaire mais proprement scandaleux, impie, intolérable. En s'appuyant sur les textes de la Genèse, Simon le Mage prêche la matrice de l'Éden, du nombril de vie d'où l'homme naquit. Ce nombril est à comprendre au sens propre tant l'homme est une réduction de l'univers en un point focal, mais aussi et en toute logique pour Simon le Mage, l'univers est un homme agrandi, un anthropos géant. Tout ce qui se trouve dans le ciel a son double ou son reflet en l'homme. L'Éden est donc la matrice vivante qui nourrit et irrigue notre terre et avec elle, l'argile dont l'homme fut tiré du Fleuve qui se divise en quatre sous-fleuves d'où Simon reconnaît les quatre artères, deux d'air et deux de sang irriguant nos systèmes, respiratoire et sanguin. L'homme porte donc les fleuves de l'Éden en son corps comme il porte l'étincelle venue du vrai Dieu en sa psyché. Chaque homme contient en lui la puissance créatrice qui est celle de l'univers dont le principe premier et unificateur est le feu, comme Empédocle le présocratique l'avait défini. Pour Simon ce feu divin se décline sous deux formes, l'un physique, le sang, l'autre psychique, le désir, notamment celui d'engendrer. Cette conception d'un homme brasier vivant où circule le feu divin est en effet loin des prédications évangéliques communes et se caractérise très singulièrement par le fait que l'homme est nanti d'une parcelle de divin. L'homme et la femme ! Car face à l'image tronquée et inoculée par la bible d'une femme coexistant à l'homme, Simon oppose celle d'un couple primordial au sein duquel homme et femme partagent le même désir de fusion des corps et des âmes pour l'ordre réinvesti du monde dans ses droits essentiels et créateurs. Dès lors, et très concrètement, le mystère simonien comme d'aucuns aiment à le nommer à l'époque, consiste en la pratique de l'amour libre à outrance pour exercer cette puissance créatrice : "Toute terre est terre et qu'importe où l'on sème. La promiscuité des hommes et des femmes, voilà la véritable communion", prône-t-il à ses disciples.

Ce désir de briser les codes d'une nature institutionnelle aboutit à une première victoire sur le monde dont les fondements bibliques sont à l'inverse de la séparation, de la division, de l'éparpillement dans la pesanteur matérielle. Lutter pour le rassemblement des étincelles éparses de chacun, combler les abîmes qui rendent sécables les êtres entre eux, démanteler les cercles qu'un démiurge a imposés pour maintenir chacun dans sa solitude aliénante, tel est le sens de cette phrase aux yeux des initiés. C'est ainsi que ce visage des couples exaltés de désir comme feu premier du monde, source de libération qui descend peu à peu sur terre, est sagesse génésique, splendeur divine.

Après la mort de Simon le Mage, de grands disciples se sont détachés pour perpétuer son enseignement. Ménandre et Saturnin en sont les emblèmes héraldiques, bien qu'il soit très difficile de dresser l'histoire du gnosticisme pour au moins deux raisons : l'une par l'enseignement aux pratiques très personnelles des prêcheurs, l'autre par l'absence du désir de postérité qui n'a aucun sens pour la gnose. Car seule l'action au présent est essentielle, il convient de transmettre l'angle de vue du Grand Tout, pour le reste, tout se joue dans un réel débridé, exacerbé et personnel, qui ne laisse aucune place à l'élaboration d'un dogmatisme. Sauf peut-être en Égypte au 2ème siècle de l'ère vulgaire, où la gnose connait un développement fulgurant avec un enseignement assuré à Alexandrie par des gnostiques notoires comme Basilide, Carpocrate ou Valentin. Dès 130, en effet, Alexandrie devient un incroyable et flamboyant creuset d'où se jouent tous les syncrétismes connus à ce jour : paganisme grec et romain, christianisme copte, judaïsme, philosophie néoplatonicienne, hermétisme, cynisme, stoïcisme... Cependant, la gnose semble imperméable à toute forme de mélange ou d'influence pour suivre et pratiquer intacte sa singularité dont elle puise pourtant son inspiration dans l'œuvre de la Patristique. C'est donc une pensée neuve et mutante qui n'hésite pas à se laisser surpasser par sa propre synergie due, sans doute, à une absence totale de soucis de devenir, on l'a dit.

Ainsi, des formes radicales de la gnose peuvent apparaître comme celles du RIEN de Basilide : « L'accomplissement et la perpétration de n'importe quelle volupté sont indifférents », car en effet, il fut un temps où rien n'était, si bien que Dieu est logiquement appelé : "celui qui n'est pas !" Mais comment donc ce monde est-il possible si rien ni même Dieu n'exista pour le créer ? Basilide y répond : « Le Dieu qui n'a jamais été fit le monde qui n'a jamais été et donc n'est pas !» A ce stade, la pensée devrait rencontrer quelques difficultés ! Mais pas nécessairement puisqu'elle n'est pas ! En fait, Basilide élève ici la totalité du monde au niveau d'un fantasme cosmique, engendré par le sommeil planétaire des faux vivants. Basilide affirme donc que le monde n'existe qu'en tant qu'illusion, mirage d'un autre monde non créé, non engendré et dont on se demande si justement il n'est pas du ressort du gnostique de le susciter par la connexion des consciences à l'état latent.

Là aussi, cette pensée que l'on pourrait qualifier de billevesée, rejoint vingt siècles plus tard quelques hypothèses sérieuses de certains physiciens modernes comme celle de Max Planck, proposant le monde comme étant une interprétation de la conscience au point où cette dernière ne produirait qu'un fantasme ; somme toute l'ultime retranchement logique d'une thèse très nietzschéenne...

Nietzsche : *« La dégénérescence de la vie est essentiellement conditionnée par l'extraordinaire capacité d'erreur de la conscience [...] Toute action parfaite est inconsciente [...] Il nous faut chercher la vie parfaite, là où la conscience est la plus faible »*[251]

ou

« La connaissance et le devenir s'excluent... C'est une sorte de devenir qui doit créer l'illusion de l'être »[252]

Mais à l'extrême aboutissement de la pensée basilidienne cette

---

[251] F. NIETZSCHE : Fragments Posthumes (16, 137), (15, 356), (15, 469). Extrait du livre de Karl JASPERS: "Nietzsche, Introduction à sa philosophie" Gallimard 1950, page 318.

[252] F. NIETZSCHE : Fragments Posthumes (16,31). Extrait du livre de Karl JASPERS: "Nietzsche, Introduction à sa philosophie" Gallimard 1950, page 217.

dernière éventualité est même inenvisageable. Aussi cette impossibilité engendre-t-elle le silence, cher aux gnostiques qui, à l'exemple de Pythagore, le préconisaient sur des périodes parfois longues de cinq ans... Lorsque le verbe devient inepte et devant un état corpusculaire cosmologique "hapaxien", le silence en effet peut révéler une forme puissante de nature à susciter une conscience accrue, une charge de pensée visant le point d'acmé, une sorte d'hyper-conscience menant, en niant le monde, au contre-monde tant recherché par la gnose. Mais là encore que devient la connaissance engendrée par de telles postures si tout est monde d'illusion et si la logique elle-même est aporétique ? Pris au piège sans doute par ses néguentropie successives, Basilide tempère quelque peu le refus de toute connaissance et va jusqu'à prêcher l'ultime ascèse de la morale qui est une contre-morale. On le sait, Basilide prônait l'union libre mais laissait la liberté totale de choisir la voie jugée la plus adaptée à chacun.

Celle des Euchites était dans leur comportement quotidien plutôt insolite. Cette secte gnostique du 4ème siècle considère non seulement les bases communes de leur doctrine, mais va au-delà en affirmant que, puisque l'univers est en l'homme, l'œuvre ou l'Erreur du démiurge doit l'être aussi nonobstant l'innocence de l'homme. En d'autres termes, la nature diabolique est consubstantielle à l'âme de tout être humain. Il s'agit donc de s'en prendre à l'âme elle-même, et de mener au diable un combat sans ménagement, en priant "Notre Père" sans intermission, jusqu'à épuisement, vertige, convulsion voire perte de conscience, le tout dans un vagabondage perpétuel sans feu ni lieu. Avec les Euchites, la licence ne suffit plus, il convient d'utiliser l'arme de la prière chrétienne incantatoire en combattant physiquement contre l'empire du démon qu'on extirpe par un véritable exorcisme. En dehors de cette pratique, aucune de leurs contingences ne les tient en souci, préférant le refus de toute compromission avec toute organisation qu'elle soit de nature institutionnelle ou privée. Hommes et femmes vivent en commun, pratiquent la mendicité au hasard des routes et dorment en plein air dans une totale promiscuité, ce qui en font des insoumis radicaux. On devine alors dans les témoignages des auteurs chrétiens, un agacement devant ces libertaires de la gnose qui en dehors du psittacisme de leur unique prière ne pensent qu'à dormir. Comme l'avait conseillé Basilide aux gnostiques d'Alexandrie deux siècles avant, et pour ne pas disperser ses forces dans des conflits sans intérêt, les Euchites n'hésitent pas, le cas échéant, à abjurer, à subir le baptême, à communier, à faire acte de contrition, et une fois laissés libres après ces épreuves de soumission, à reprendre aussitôt leur vie errante et leurs pratiques. Qu'on excommunie les Euchites ou qu'on les force à communier, demeurent-ils des relapses récurrents et rien n'a aucun sens dans ces conditions, l'homme est possédé par le diable et ni baptême, ni sacrement, ni l'Église ne peuvent l'en délivrer. Seule la prière perpétuelle peut faire entrer en eux l'Esprit Saint et les débarrasser de leur démon pour accéder au monde des lumières dont ils commettront plus tard l'erreur de dire qu'ils voient Dieu avec les yeux du corps, ce qui les conduira au bûcher...

Les textes gnostiques, bien que peu nombreux, sont d'une incroyable richesse et complexité d'où peut-être des pratiques qui peuvent paraître dissonantes mais pourtant très unanimes dans leur fondement. Nous vivons dans le monde de la mort, une mort à la fois matérielle et cosmique dont la matière inerte est le signe le plus tangible. Et ce n'est qu'en la partageant, en l'émiettant, en la dissolvant peu à peu, en consumant toute substance de ce monde que l'homme parviendra à s'arracher aux cercles de la grande Erreur princeps. « Il faut vous partager la mort afin de l'épuiser, afin de la dissoudre pour qu'en vous et par vous meure la mort » dit Valentin à ses disciples. C'est la seule possibilité à l'homme hylique (matériel) de retrouver son état d'homme pneumatique (ouranien) donc indestructible car aucun acte en ce monde ne pourra le corrompre une fois l'état salutaire désormais atteint. Pour le gnostique, se savoir indestructible par le culte de l'Éros, de la femme, du sexe orgiaque, est une voie qui vainc toute entreprise de mort. Cette attitude de doute, de refus, d'insoumission à l'égard des mécanismes institutionnels aliénateurs est donc loin d'être une posture de résistance mais au contraire une interrogation lucide qui ne veut rien laisser dans l'ombre, une sorte de radicalisme intransigeant sur les questions et réponses philosophiques et religieuses proposées jusqu'alors à l'homme.

Une liste inexhaustive de soixante sectes gnostiques est dressée dès le 4ème siècle. En dépit de leur totale indépendance, toutes sont bâties sur les mêmes archétypes, le même schème directeur, fondées sur la même Erreur première, la même scission de l'univers et ses mondes étagés, la même angoisse existentielle, ce même refus radical du monde "doxament" imposé, ce même sentiment de devoir se créer rapidement une âme, et cette même conviction que tout est donné à l'homme dès sa naissance mais que rien n'est acquis pour autant. Seules les pratiques quotidiennes, les rites rassembleurs semblent jouir d'une liberté qui signe, très judicieusement à mon sens, l'absence de carcan dogmatique synonyme d'asservissement et de dérive. C'est ainsi, que les Ophites, les Séthiens, les Pérates utilisent le serpent comme animal symbolisant l'Ouroboros, le cercle constitué d'un serpent se mordant la queue. Cette figure exprime en effet le devenir de l'univers par le cycle perpétuel de l'Un au Tout qui revient du Tout à l'Un.

Serpent, rappelons-le, tout droit sorti du bestiaire nietzschéen et qui comme pour les gnostiques, symbolise entre autres pour le philosophe allemand, la variation temporelle, l'intuition de l'Éternel Retour, c'est à dire un principe de palingénésie.

Aussi, cet animal exprime-t-il par ses orbes, les sept mondes, cercles planétaires allant de la terre à Saturne ou bien encore l'intestin humain, la rotondité d'une femme gravide, lieu de métamorphose et de vie... Partout on retrouve l'image du serpent, de la terre aux confins de l'univers en passant par le corps de l'homme. Il est source de vie qui protège par la connaissance génésique, se joue de la mort par la métamorphose qui en procède. C'est lui toujours qui se dresse contre l'autorité de Jéhovah, le faux dieu donc, et livre à l'homme dans l'Éden, le secret de son destin. Pour la gnose, le serpent représente plus encore, car il est en son pouvoir de libérer Adam et Ève dans l'Éden en séduisant Ève, c'est à dire en la pénétrant. Ainsi, à la connaissance qui n'est plus un péché, vient se mêler le plaisir. Cet acte pour les gnostiques avait valeur d'exemple et nul doute que certains ont pratiqué la sodomie comme ascèse répétitive de l'acte premier du singulier animal. Voilà de quoi horrifier plus d'un Chrétien ! Coït "normal", lesbianisme, fellation (à l'image du serpent se mordant la queue) et vraisemblablement sodomie, telle était l'ascèse orgiaque susceptible de consumer toutes les variations sur le thème de l'Éros et de nature à opérer une totale inversion des valeurs, du rapport entre l'homme, le monde et ses semblables. Ainsi, et au-delà du symbolisme, se répète partout sur terre, au pied de l'arbre de vie ou dans les eaux près des rivages du premier monde, le coït reptilien auquel nous devons notre existence. L'histoire mystique se mue donc en une contre-histoire qui met en scène les premiers rebelles car Sath, le serpent et Caïen sont les grands maudits de l'historiographie chrétienne à l'endroit même où les gnostiques leurs consacrent, au premier plan des instances rituelles, toutes leurs intentions pour les élever dans une dignité lumineuse.

Saint Épiphane rapporte que les Ophites se rassemblaient autour d'un autel où étaient disposés du pain et un serpent enfermé dans une boîte. On rompt le pain, chacun en mange un bout puis on libère le reptile pour le baiser tour à tour sur la bouche, ce qui a valeur d'eucharistie. Partout ces rites n'ont pour but que de vouloir reconstituer l'unité originelle du monde, de retrouver le temps où rien n'était encore divisé, de posséder à nouveau l'innocence édénique. Chaque secte choisit d'initier le rituel visant la fragmentation de ce monde d'où la diversité des rassemblements. Pour les Adamites dont parle Saint Augustin, la nudité était de mise, hommes et femmes écoutent les sermons nus, ils prient nus, ils célèbrent les sacrements nus et déclarent de leur église qu'elle est le paradis. Pour abolir la séparation entre riches et pauvres, les Sacophores préfèrent se vêtir de patchwork de défroque ou de sacs de jute ravaudés et bigarrés.

Cependant nombre de sectes gnostiques choisissent le terrain sexuel, lubrique, concupiscent, satanique diront les chrétiens. On les appelle les gnostiques licencieux, en tête desquels la secte Barbélognostique dont Saint Épiphane nous rapporte en 335 quelques pratiques rituelles. Cette secte tire son nom de Barbélo, puissance féminine résidant dans l'Ogdoade, cercle supérieur. Son fils Saboath se prit pour un vrai dieu et voulu régenter lui-même toute la création. Barbélo insupportée par cette insubordination décide de séduire un à un tous les archontes pour les soustraire à l'influence de Saboath. Le but étant de récupérer leur sperme pour ramener en elle la puissance dispersée, ce qu'elle fit.

Tel est l'acte premier par lequel s'inaugure le salut du monde. Il convient de réinvestir la puissance de Barbélo fragmentée en chaque être et reconstituer l'unité primordiale.
Dès lors, il n'est pas difficile d'imaginer le rite Barbélognostique ! La communauté se rassemble pour faire bombance de bonne ripaille... Une fois safrement repus, ils passent à la débauche, la fornication bat son plein, un peu partout les mains se joignent pour recueillir le précieux liquide spermatique. Puis, les mains hautes, en avant, la phrase magique est prononcée pour accéder à la transsubstantiation : "A notre père, nous t'offrons ce don, le corps du Christ", après quoi, se délectent-ils de l'eupeptique substance en l'avalant. La scène se répète avec les menstrues des femmes : "Voici le sang du Christ...", même délectation... Notons que ce rituel est strictement hétérosexuel et n'implique donc aucune sodomie. Notons également que si par erreur l'un deux laissait trop en avant pénétrer la semence et qu'une femme devienne gravide, ils font pis que pendre en extirpant l'embryon dès qu'ils le peuvent avec les doigts, puis le pilent dans un mortier, y mélangent miel, poivre et quelques condiments pour que chacun communie avec ses doigts de cette pâte d'avorton. Une fois le repas achevé, vient l'heure de la prière : "Nous n'avons pas permis à l'Archonte de la volupté de se jouer de nous mais nous avons recueilli l'erreur du frère." Ainsi l'ascèse ascensionnelle et libératrice prend fin !
Cette inversion consciemment revendiquée et lucidement vécue se situe au point de contact du départ revendiqué et de la fin du cycle, le fameux Ouroboros reptilien, où le jeu de miroir renvoie de l'une à l'autre pulsion inconsciente et revendication consciente, c'est à dire, inconscience fragmentée et conscience totalisatrice. La messe noire n'est pas loin du rite Barbélognostique, pas moins que ne l'est Saboath de Lucifer et ce n'est pas un hasard si certains aspects de ce rite se retrouvent jusqu'à nos jours chez les sectes lucifériennes agrémentées de démonologie kabbalistique ; l'ascèse austère et la débauche lubrique ayant la même valeur sotériologique.
Cependant chez les gnostiques qu'ils soient Barbélognostiques, Nicolaïtes, Phibionites, Stratiotiques, Lévitiques, Coddiens, Zachéens, Barbélites, Borborites... et au-delà du rite sexuel, la véritable

particularité novatrice demeure l'importance accordée à la femme qui joue un rôle de premier plan comme réceptacle de lumière et comme initiatrice. Les termes par lesquels les gnostiques la désignaient : "vase d'élection" ou "urne de félicité", en faisaient non seulement l'égal de l'homme, mais aussi détentrice d'une parcelle privilégiée de la Puissance Originelle. Nous sommes donc avec les gnostiques, en présence d'un des rares exemples de l'histoire où la femme apparaît investie d'un pouvoir régénérateur et d'une mission salvatrice.

La réalité des rites spermatiques, des inversions ou de la mythologie gnostique ne doit pas exclure leur socle fondamental. Les docteurs de la gnose sont de fins érudits qui portent en eux un regard hautement lucide et scrutateur sur l'univers. Leurs détracteurs, les Pères de l'Église, reconnaissent d'ailleurs en Basilide, Valentin, Carpocrate et bien d'autres, des hommes aux grandes qualités humaines et lumineuses, en dépit de leurs pratiques quotidiennes.

Connaissons-nous, dans l'histoire de la pensée occidentale, bien que la gnose ait aussi des racines orientales, de tentatives collectives de penser le monde plus prolifiques en révélations positives que celles des gnostiques ? Leurs chemins ne tracent-ils pas, finalement, la seule voie possible, la seule manière de se comporter face aux mystères de l'univers ? Quels choix valables sont possibles si l'homme ne se dépouille pas au préalable, de tout ce qui le conditionne et l'entrave dans son attitude ? Tout éprouver, tout exprimer, tout dévoiler pour mettre à nu la condition de l'homme, le dépouiller de ses vêtures organiques, sociales, historiques, psychiques, pour qu'il puisse rejoindre son destin en pleine conscience, n'est-il pas le seul prédicat possible ?

Telle a été la première des tâches pour Nietzsche en inaugurant son "école du soupçon", afin de remettre en cause l'amalgame perpétuel qui consiste à prendre pour fondement inextinguible ce qui, somme toute, n'est que construction, invention humaine à des moments précis et successifs de son histoire. Pour le philosophe allemand, l'homme doit absolument alléger son fardeau fait des valeurs artificielles en parfilant tout le processus de sa phylogenèse s'il veut atteindre son essence. Dans quel but ? Afin de tenter au mieux de répondre à la question : qui sommes-nous ? Et dans cet objectif, la licence gnostique n'existe que comme moyen de dépouiller l'homme de ses habitudes mentales et corporelles, secouer, réveiller la torpeur de son âme sclérosée.

    A ce stade et pour conclure ses lignes, j'aime à me demander dans quelle mesure la gnose a pu avoir une influence dans les écritures des Évangiles, sous l'angle d'une dichotomie étonnante avec les livres du Pentateuque. La question est ambitieuse, mais mérite d'être posée à mon sens. En effet, vers 140, des écrits nommés "Antithèses" sont publiés, doxographiés serait un terme plus adéquat au regard de l'époque. Ces textes qui ont mis en péril la vision chrétienne, sont attribués à Marcion, fils à Sinope d'un des Père de l'Église ; autant dire qu'il fut imprégné dès son plus jeune âge de pensées et de pratiques philologiques si poussées de la Bible et des Évangiles qu'on le qualifie de "véritable savant" de l'exégèse et de la scolastique. Pour autant, en 144, il est exclu de l'Église lorsqu'il expose son interprétation du monde qui selon lui doit présider à la création d'une nouvelle Église, semble t-il proche de l'esprit gnostique. Car pour Marcion, la lecture de l'Ancien et du Nouveau Testament est totalement incompatible. Les Évangiles en effet, révèlent un Dieu d'amour et de bonté dont le Fils est venu sur terre pour sauver les hommes et leur enseigner la fraternité, la miséricorde et l'amour du prochain. La Bible au contraire, révèle un Dieu de rigueur et de châtiment qui s'acharne contre l'humanité et n'apparaît qu'environné de foudre, d'éclairs et de tonnerre, ignorant la tolérance ou la clémence. L'histoire du monde et celle de l'homme telle qu'elle apparait dans la Bible est faite de crimes de sang, de massacres et manifeste un monde intrinsèquement mauvais, vicié, un univers indiscutablement manqué dans lequel baguenaude un homme raté, fustigé par Jéhovah qui, sans cesse menace, interdit, fulmine, conspue, exècre. Il est impossible, dit alors Marcion, que Jésus, Fils de Dieu, soit le Fils de Jéhovah exterminateur, que celui-ci soit le Père dont se réclame le Christ. Marcion aboutit donc aux mêmes conclusions que celles de Simon le Mage : Jéhovah n'est pas le vrai Dieu. L'implication des idées de Marcion simples mais édifiées sur une étude scrupuleuse de toute la Patristique, est révolutionnaire et fait écho sur près de trois siècles. La Bible ne saurait être un livre révélé, ni une écriture Sainte car ce qu'elle décrit n'est pas l'œuvre immense et grandiose de Dieu, mais la création bêtifiante du Mal. L'opposition est totale entre Ancien et Nouveau Testament et s'exprime à tous les niveaux, celui de la genèse de l'univers, et celui des textes qui la relatent. Devant l'évidence de deux mondes et de deux messages, seuls les Évangiles rapportent l'enseignement du vrai Dieu. La Bible doit être à jamais reléguée dans l'oubli et les Évangiles débarrassés des scories introduites par leur lecture "judaïsante". Voilà ce que propose Marcion dans les "Antithèses" où l'existence d'un Mal surgissant dans un monde tenu pour œuvres divines est proprement antinomique, davantage encore que l'existence d'un Mal en soi.

« Le monde se développe uniquement en fonction des hérétiques, en fonction de ce qui rejette le présent aux apparences inébranlables et infaillibles. Seuls les hérétiques découvrent des éléments nouveaux dans les sciences, l'art, la vie sociale. Seuls les hérétiques sont l'éternel ferment de la vie. »[253]

Ainsi, au plus profond de la nuit corporelle, dans ce monde de cendre et de boue dont chaque corps humain procède, seule l'ascèse intégrale de la concorde des unions fruitives, et le culte extasié de la femme et de l'homme, peuvent raviver l'étincelle fluente que nous gardons en nous. Telle est la vision gnostique, comme les braises rougeoyantes au cœur du feu mourant, étoile de la matière consumée et par là même enfin sauvée. Les braises mentales qui rougeoient dans la cendre du corps, libérées et sauvées par la gnose, sont pour le gnostique la certitude que son chemin le mènera un jour aux cercles des étoiles.
Sommes-nous vraiment au monde ? La vraie vie n'est-elle pas ailleurs ? Dix-sept siècles avant Rimbaud, les gnostiques ont posé ces questions radicales sur les rivages et dans les ruelles d'Alexandrie, face aux idoles d'un monde en perdition, face aux excès furieux d'un christianisme triomphant. Ces questions d'antan sont plus que jamais actuelles, l'injustice, l'intolérance, l'arbitraire, les inégalités mortelles, la souffrance... continuent de souiller notre monde. Alors où est

---

253 E. ZAMIATINE : "Nous autres".

l'issue ? Peut-on aujourd'hui encore suivre la voie des docteurs de la gnose pour échapper au rets d'un monde profondément inique et perclus de gravité, lourd ?

Comment mieux illustrer le premier drame du monde, qui était aux yeux des gnostiques la loi de la gravité, sinon par ce texte de Nietzsche s'intitulant : " De l'esprit de Pesanteur" tiré de son Zarathoustra ?

*****

«...Celui qui, apprendra aux hommes à voler, celui-là a déplacé toutes les bornes frontières : toutes les bornes vont, pour lui s'envoler, il baptisera la terre d'un nouveau nom, "la légère".

L'oiseau autruche court plus vite que le cheval le plus rapide, mais même lui fourre lourdement sa tête dans la terre lourde : ainsi fait l'homme qui ne sait pas encore voler.

Lourdes lui apparaissent la terre et la vie ; et c'est l'esprit de pesanteur qui le veut ainsi ! Mais celui qui veut devenir léger et oiseau, celui-là doit s'aimer lui-même, voilà ce que j'enseigne, moi.

Non, certes, de l'amour des malades et des mal-portants : car chez ceux-là même l'amour de soi pue !

Il faut apprendre à s'aimer soi-même, voilà ce que j'enseigne, d'un amour sain et bien-portant : pour que l'on puisse y tenir auprès de soi-même et ne point vagabonder.

Un tel vagabondage se baptise lui-même du nom d' "amour du prochain" : c'est à l'aide de ce mot que l'on a le mieux menti jusque-là et le mieux pratiqué l'hypocrisie et surtout du côté de ceux qui plus que quiconque pesaient à tout le monde.

Et en vérité ce n'est pas là un commandement pour aujourd'hui ou pour demain, apprendre à s'aimer. Bien au contraire, c'est le plus ténu, le plus subtil, l'ultime et le plus patient de tous les savoir-faire.

Pour celui qui possède quelque chose en propre, cela est, en effet, bien caché ; et de tous les trésors cachés, c'est le trésor propre qui est déterré en dernier, c'est là l'œuvre de l'esprit de pesanteur.

On nous met presque dans notre berceau déjà des mots et des valeurs pesants : "bien" et "mal", c'est ainsi que se nomme ce don que l'on nous fait.

En son nom on nous pardonne de vivre.

Et c'est à cette fin que l'on fait venir les petits enfants à soi, pour leur interdire en temps voulu de s'aimer eux-mêmes : telle est l'œuvre de l'esprit de pesanteur.

Et nous, nous traînons fidèlement après nous, les dons que l'on nous fait, sur des épaules endurcies et par-dessus d'âpres montagnes ! Et si nous transpirons, on nous dit : "Oui, la vie est un pesant fardeau ! "

Mais seul l'homme est lourd à porter ! Cela vient de ce qu'il traîne trop de choses étrangères sur ses épaules. Pareil au chameau il s'agenouille et se laisse bien charger.

Surtout l'homme fort, celui qui aime à porter de lourdes charges, celui que le respect habite : celui-là charge sur ses épaules trop de lourdes paroles, trop de lourdes valeurs qui lui sont étrangères, et voici que la vie lui paraît un désert !

Et en vérité bien des choses qui vous sont propres sont lourdes à porter ! Et beaucoup de ce qui est intérieur à l'homme est pareil à l'huître, à savoir répugnant et gluant et difficile à attraper.

De sorte qu'il faut l'intercession d'une noble coquille avec de nobles ornements. Mais il faut aussi apprendre ce savoir-faire là : avoir une coquille et une belle apparence et un sage aveuglement !

Mais une nouvelle fois ce qui trompe en l'homme sur maint point c'est que mainte coquille soit bien peu de chose et triste et par trop coquille. Bien de la bonté cachée et bien de la force cachée ne sont jamais devinées ; les friandises les plus délicieuses ne trouvent pas leurs gourmets !

Les femmes savent cela, elles, les plus délicieuses, un peu plus grasses, un peu plus maigres. Ô combien le destin dépend de si peu de choses !

L'homme est difficile à découvrir et pour lui-même encore le plus difficilement ; souvent l'esprit ment au sujet de l'âme. C'est là l'œuvre de l'esprit de pesanteur.

Mais celui-là s'est découvert lui-même qui dit : « ceci est mon bien et mon mal », par là il a fait taire la taupe et le nain qui disent : « Bien pour tous, mal pour tous. »

En vérité, je n'aime pas non plus ceux à qui toute chose paraît bonne et le monde le meilleur de tout.

Ceux-là, je les appelle des satisfaits de tout.

Cette satisfaction de tout qui sait goûter toute chose : ce n'est pas le goût le meilleur ! J'honore les palais et les estomacs récalcitrants et difficiles qui ont appris à dire « moi » et « oui » et « non ».

Mais à tout mâcher et tout digérer, - c'est là un vrai comportement de porcs. Dire toujours OU-I - C'est ce qu'ont appris les seuls ânes et leurs congénères !

Le jaune profond et le rouge chaud : c'est ainsi que le veut mon goût, - il mêle du sang à toutes les couleurs. Mais celui qui crépit sa maison ; celui-là, par là, trahit une âme crépie de blanc.

Les uns sont amoureux de momies, les autres amoureux de fantômes ; et tous deux pareillement ennemis de la chair et du sang, - ô comme tous deux vont contre mon goût ! Car j'aime le sang.

Et je ne veux pas demeurer là où tout un chacun crache et expectore : tel est mon goût, - je préfère encore vivre parmi les voleurs et les parjures. Personne n'a d'or dans la bouche.

Plus encore me répugne tous les lécheurs de crachats ; et le plus ignoble animal humain que j'aie trouvé, je l'ai baptisé parasite : il ne voulait pas aimer et pourtant vivre d'amour.

J'appelle malheureux ceux qui n'ont qu'un choix : devenir des animaux féroces ou des féroces dompteurs d'animaux : je n'aimerais pas me construire ma cabane auprès d'eux.

Malheureux, j'appelle aussi ceux qui sont toujours contraints d'attendre, - ils vont contre mon goût : tous les douaniers et épiciers, tous les rois et autres garde-pays ou garde-boutiques.

En vérité, moi aussi j'ai appris à attendre et je l'ai appris de fond en comble, - mais je n'ai appris à attendre que moi. Et surtout j'ai appris à me tenir debout, à marcher, à courir et à sauter et à *grimper et à danser.*

Mais voici ce que j'enseigne : celui qui un jour veut apprendre à voler, celui-là doit d'abord apprendre à ce tenir debout et à marcher et à courir, à grimper et à danser – ce n'est pas du premier coup d'aile que l'on conquiert l'envol !

J'ai appris à grimper à mainte fenêtre avec des échelles de corde, d'une jambe alerte j'ai escaladé de hauts mâts : être assis tout en haut des mâts de la connaissance ne ma paraissait pas une petite félicité !

Vaciller sur de hauts mâts pareils à une petite flamme : une petite lumière, certes, mais pourtant une grande consolation pour les navigateurs égarés et les naufragés !

Par bien des chemins et de bien des manières, je suis parvenu à ma sagesse : ce n'est pas par une seule échelle que je suis monté à la hauteur, d'où mon œil plonge dans mes lointains.

Et ce n'est que de mauvais gré que je demandais mon chemin, - cela allait toujours contre mon goût ! Je préférais interroger et essayer les chemins moi-même.

Une tentative et une interrogation, voilà ce que fut ma marche, - et en vérité il faut aussi apprendre à répondre à une telle interrogation ! Mais cela – c'est mon goût : - ni bon, ni mauvais goût, mais mon goût, dont je n'ai plus honte et que je ne cache plus.

« Or ceci est – mon chemin -, où est donc le vôtre ? » Voilà ce que je répondais à ceux qui me demandaient « le chemin ». Le chemin, en effet, - il n'existe pas ! »

Ainsi parlait Zarathoustra.

Pour aller plus loin dans la connaissance de la gnose, lire le livre de Jean DORESSE, "Les livres secrets des gnostiques d'Égypte". Éditions Plon.

SIX LIGNES DE CORDE

POUR ATTEINDRE LES HAUTEURS !

(Extraits et citations de Friedrich Nietzsche)

« *Il y a dans le monde un seul chemin que personne ne peut suivre en dehors de toi : où conduit-il ? Ne le demande pas, suis-le.* »[254]

---

[254] F. NIETZSCHE : Fragments Posthumes (1, 390), Extrait du livre de Karl JASPERS: Nietzsche, introduction à sa philosophie.

Par delà bien et mal

(& 72) Ce n'est pas la vigueur mais la durée du sentiment élevé qui fait les hommes élevés.

(& 78) Qui a pour soi du mépris s'accorde encore du prix comme auteur de ce mépris.

(& 108) Il n'existe pas de phénomènes moraux du tout, mais seulement une interprétation morale des phénomènes.

(& 136) L'un cherche un accoucheur pour ses pensées, l'autre quelqu'un qu'il puisse aider : voilà comment naît un bon dialogue.

(& 156) La folie est chose rare chez les individus, mais dans les groupes, les partis, les peuples, les époques, c'est la règle.

(& 183) Ce qui m'a ébranlé, ce n'est pas que tu m'aies menti, mais que je ne te crois plus.

Aurore

(& 243) Si nous essayons de contempler le miroir en soi, nous ne finissons par y trouver que les objets qui s'y reflètent. Si nous voulons saisir ces objets, nous revenons à ne voir que le miroir. Telle est l'histoire générale de la connaissance.

(& 347)   Lorsqu'on se tait pendant un an, on désapprend le bavardage et l'on apprend la parole.

(& 185)   Il faut supprimer les mendiants car on s'irrite de leur donner et de ne pas leur donner.

(& 447)   Il faut qu'un maître mette ses disciples en garde contre lui-même, cela fait partie de son humanité.

(& 418)   Il y en a qui sont véridiques, non parce qu'ils détestent simuler des sentiments, mais parce qu'ils réussiraient mal à le faire de façon convaincante. Bref, ils n'ont pas confiance en leur talent de comédien et ils préfèrent la probité : la comédie du vrai.

(& 340)   C'est une chose bien démontrée que les hommes sortent du ventre de leur mère : malgré cela les enfants devenus grands qui se trouvent à côté de leur mère font paraître très absurde cette hypothèse : elle a l'évidence contre elle.

(&380)   De tous les moyens de consolation, aucun ne fait autant de bien à celui qui en a besoin que l'affirmation que dans son cas, il n'y a pas de consolation. Il y trouve une telle distinction que, sans tarder, il redresse la tête.

(& 444)   Parce qu'une chose a fini par nous paraître transparente, nous nous figurons que dès lors elle ne pourra plus nous résister, et nous nous étonnons alors de voir au travers sans pouvoir la traverser ! C'est la même folie et le même étonnement qui s'empare d'une mouche lorsqu'elle est en présence d'une vitre.

(& 54)   Tranquilliser l'imagination du malade pour qu'il n'ait plus à souffrir des idées qu'il se fait de sa maladie, plus que de la maladie elle-même, je pense que c'est déjà quelques chose ! Et même ce n'est pas peu ! Comprenez-vous maintenant notre tâche ?

(& 120)   « Je ne sais absolument pas ce que je fais, Je ne sais absolument pas ce que je dois faire! » Tu as raison, mais n'aie à ce sujet aucun doute : c'est toi que l'on fait ! Dans chaque moment de ta vie ! L'humanité a, de tout temps, confondu l'actif et le passif, ce fut là son éternelle faute de grammaire.

(& 236)   Quelle singulière chose que notre façon de punir ! Elle ne purifie pas le criminel, elle n'est pas une expiation : au contraire elle souille davantage que le crime lui-même.

(& 285)   Cette femme est belle et intelligente, hélas! Combien elle serait devenue plus intelligente si elle n'était pas belle !

(& 415)   Il y a encore d'efficace contre l'amour, dans la plupart des cas que ce vieux remède radical : l'amour en retour.

(& 333)   Nous ne considérons pas les animaux comme des êtres moraux. Mais pensez-vous donc que les animaux nous tiennent pour des êtres moraux ? Un animal qui savait parler a dit : "l'humanité est un préjugé dont nous autres animaux, au moins, nous ne souffrons pas".

(& 356)   Le premier effet du bonheur est le sentiment de puissance : cet effet veut se manifester, soit vis-à-vis de nous-mêmes, soit vis-à-vis d'autres hommes, soit encore vis-à-vis de représentations ou d'êtres imaginaires. Les façons les plus habituelles de se manifester sont : faire des présents, se moquer, détruire, - toutes trois découlant d'un commun instinct fondamental.

(& 360)   "La puissance dont on dit beaucoup de mal vaut plus que l'impuissance à laquelle il n'arrive que du bien", - tel était le sentiment des Grecs. Ce qui veut dire que chez eux le sentiment de la puissance était estimé supérieur à toute espèce d'utilité ou de bon renom.

(& 393)   "Il n'oublie rien, mais il pardonne tout" – Alors il sera doublement haï, car il fait doublement honte, avec sa mémoire et avec sa générosité.

(& 397)   L'éducation est une continuation de la procréation et souvent une espèce de palliative ultérieure de celle-ci.

(& 420)   Il y a une triste astuce à vouloir se tromper sur quelqu'un à qui l'on s'est sacrifié, en lui fournissant l'occasion de nous apparaître tel que nous désirons qu'il fût.

(& 422)   Pourquoi faire plaisir est-il supérieur à tous les autres plaisirs ? Parce que de cette manière on peut faire plaisir en une fois aux cinquante instincts qui vous sont propres. Ce seront peut-être quelques très petites joies : mais si on les réunit toutes dans une seule main, on aura la main plus pleine que jamais, - et le cœur aussi !

(& 574)   Plus nous volons haut, plus nous paraissons petits à ceux qui ne savent pas voler.

(& 365)   La vanité est la crainte de paraître original, elle est donc un manque de fierté, mais point nécessairement un manque d'originalité.

Humain trop Humain

POUR SERVIR A L'HISTOIRE DES SENTIMENTS MORAUX

(& 67)   Toute vertu a des privilèges, par exemple celui d'apporter au bûcher d'un condamné son petit fagot à soi.

(& 79)   Que l'esprit humain serait pauvre sans la vanité ! Elle ressemble à un magasin bien rempli qui attire des chalands de toute espèce : ils peuvent presque tout acheter du moment qu'ils ont sur eux la monnaie qui convient : l'admiration.

DE L'ÂME DES ARTISTES ET DES ECRIVAINS

(& 147)   L'artiste aura à cœur de rendre l'humanité enfant, c'est sa gloire et sa limite.

(& 187)   L'antithèse est la porte étroite par où l'erreur se délecte de glisser jusqu'à la vérité.

CARACTERES DE HAUTE ET BASSE CIVILISATION

(& 283)   Celui qui n'a pas les deux tiers de sa journée pour lui-même est un esclave.

(& 303)   Parce que la vérité est interprétation, elle est aussi une sorte d'erreur.

(& 295) On peut parler d'une façon extrêmement juste, et de sorte, pourtant, que tout le monde crie au contraire ; c'est lorsqu'on ne parle pas pour tout le monde.

(& 296) Le manque d'abandon entre amis est une faute qui ne peut être reprise sans devenir irrémédiable.

(& 307) Pour gagner des gens d'esprit à une proposition, il suffit parfois de la présenter sous la forme d'un paradoxe monstrueux.

(& 311) Les gens qui nous donnent leur pleine confiance croient par là avoir un droit sur la nôtre. C'est une erreur de raisonnement ; des dons ne sauraient donner un droit.

(& 315) Qui ne sait pas mettre ses idées à la glace ne doit pas s'engager dans la chaleur de la discussion.

(& 320) On peut douter qu'un grand voyageur ait trouvé quelque part dans le monde des sites plus laids que dans la face humaine.

(& 325) On saute deux fois plus volontiers après un homme qui tombe à l'eau, s'il y a là beaucoup de gens qui n'osent pas le faire.

(& 330) Une âme délicate est gênée de savoir qu'on lui doit des remerciements, une âme grossière, de savoir qu'elle en doit.

(&179)   Il existe de singulières abeilles humaines qui, dans le calice de toute fleur, ne savent toujours puiser que ce qu'il y a de plus amer et de plus fâcheux. Il est vrai que demeure en toute chose, un rien de cet anti-miel. Mais laissons ces personnes penser du bonheur ce qu'elles voudront et laissons-les continuer à bâtir la ruche de leur déplaisir.

LA FEMME ET L'ENFANT

(& 379)   Les dissonances non résolues dans les rapports de caractère et de tour d'esprit des parents continuent à résonner dans l'être de l'enfant et produisent sont histoire passionnelle intérieure.

(& 390)   Des femmes peuvent très bien lier amitié avec un homme ; mais, pour la maintenir, il y faut peut-être le concours d'une petite antipathie physique.

(& 402)   La qualité d'un ménage se prouve à ce qu'il supporte une fois une "exception".

(& 411)   [...] Si, dans le choix de leur conjoint, les hommes cherchent avant tout un être profond, plein de sensibilité, les femmes au contraire un être habile, avisé et brillant, on voit clairement, au fond, que l'homme recherche l'homme idéal, la femme la femme idéale, qu'ainsi ils ne cherchent pas le complément mais l'achèvement de leurs propres mérites.

(& 502)   Après une querelle, une brouille personnelles entre une femme et un homme, l'un des deux souffre surtout à l'idée d'avoir fait mal à l'autre ; tandis que le second souffre surtout de n'avoir pas fait assez mal à l'autre, raison pour laquelle il s'évertue encore après coup à lui mettre la mort dans l'âme par force larmes, sanglots et mines défaites.

COUP D'OEIL SUR L'ETAT

(& 479)   [...] On apprend à se courber pour pénétrer dans les sentiers souterrains de la faveur.

(& 496)   C'est le privilège de la grandeur de procurer beaucoup de bonheur par des dons minimes.

(& 508)   Si nous nous trouvons tellement à l'aise dans la pleine nature, c'est qu'elle n'a pas d'opinion sur nous.

(& 509)   Dans les relations du monde civilisé, chacun se sent supérieur à tout autre en une chose au moins ; c'est là-dessus que repose la bienveillance générale, parce que toute personne peut à l'occasion rendre service et par conséquent, accepter sans honte un service.

(& 510)   Lors d'un décès, on a le plus souvent besoin de motifs de consolation, non pas tant pour adoucir la vivacité de sa douleur que pour avoir une excuse de se sentir consolé si facilement.

(& 515)   L'absurdité d'une chose n'est pas une raison contre son existence, c'en est plutôt une condition.

(& 520)   Nous sommes d'un temps dont la civilisation est en danger de périr par les moyens de civilisation.

(& 523)   L'exigence d'être aimé est la plus grande des prétentions.

(& 529)   Quand on a beaucoup de choses à y mettre, la journée a cent poches.

(& 535)   L'imagination de l'inquiétude est ce méchant gnome à figure de singe qui saute encore sur le dos de l'homme, juste alors qu'il a déjà le plus à porter.

(& 544)   Qui voit peu voit toujours trop peu ; qui entend mal entend toujours quelque chose de trop.

(& 556)   Zèle et conscience sont souvent antagonistes, en ce que le zèle veut prendre les fruits verts de l'arbre, mais que la conscience les y laisse pendre trop longtemps, jusqu'à ce qu'ils tombent et s'écrasent.

(& 560)   Avec un talent de plus, on est souvent sur un pied moins sûr qu'avec un talent de moins : de même que la table se tient mieux sur trois que sur quatre pieds.

(& 568)   On oublie sa faute quand on l'a confessée à un autre, mais d'ordinaire l'autre ne l'oublie pas.

(& 580)   L'avantage de la mauvaise mémoire est qu'ont jouit plusieurs fois des mêmes choses pour la première fois.

(& 581)   Le manque de scrupule de la pensée est souvent le signe d'une disposition intérieure inquiète qui cherche à s'étourdir.

(& 620)   Lorsqu'il y a le choix, le grand sacrifice est préféré au petit : c'est que pour le grand sacrifice nous nous dédommageons en nous admirant nous-mêmes, ce qui ne nous est pas possible dans le petit.

OPINIONS ET SENTENCES MÊLEES

(& 06)   L'imaginatif nie la vérité devant lui-même, le menteur seulement devant les autres.

(& 20)   La foi en la vérité commence avec le doute au sujet de toutes les "vérités" auxquelles on croyait jusqu'à présent.

(& 38)   Celui qui nie chez lui-même la vanité la possède généralement sous une forme si brutale qu'il clôt instinctivement les yeux devant elle, pour ne pas avoir à se mépriser.

(& 43)   Il est plus commode d'obéir à sa conscience qu'à sa raison : car, à chaque insuccès, la conscience trouve en elle-même une excuse et un encouragement. C'est pourquoi il y a encore tant de gens consciencieux pour si peu de gens raisonnables.

(& 48)   Qui a beaucoup de joie doit être un homme bon : mais peut-être n'est-il pas le plus intelligent, bien qu'il atteigne ce à quoi le plus intelligent aspire de toute son intelligence.

(& 68)   La pitié a pour compagne une insolence particulière : elle voudrait aider à tout prix, ce qui fait qu'elle ne s'embarrasse ni du remède ni du genre ni de l'origine de la maladie, elle fraude audacieusement sur la santé et la réputation de son malade.

(& 81)   Si l'on veut vraiment être un personnage, il faut aussi vénérer sa propre ombre.

(& 83)   Plus quelqu'un se laisse aller, moins les autres se laissent aller.

(& 86)   […] Nos défauts sont nos yeux par lesquels nous voyons l'idéal.

(& 244)   Rester enfant sa vie durant – comme cela semble touchant ! Mais ce n'est qu'un jugement à distance ; vu de plus près et vécu, c'est toujours : demeurer puéril sa vie durant.

(& 246)   La philanthropie du sage le pousse parfois à paraître ému, fâché, réjoui, pour ne pas blesser son entourage par la froideur et la circonspection de sa nature véritable.

(& 249)   L'importun nous rend avec une pièce d'or la monnaie de notre pièce conventionnelle. Il veut nous forcer, après coup, à excuser nos manières conventionnelles comme une erreur et à le traiter en exception.

(& 253)   L'impolitesse est souvent l'indice d'une modestie maladroite, qui perd la tête lorsqu'elle est surprise, et cherche à cacher cela par de la grossièreté.

(& 296)   Tous ceux qui sont habitués au succès sont pleins d'astuces pour présenter leurs défauts et leurs faiblesses toujours comme de la force apparente : d'où il ressort qu'ils connaissent ceux-ci particulièrement bien et qu'ils savent s'en servir.

(& 338)	Ou bien l'on cache ses opinions, ou bien l'on se cache derrière elles. Celui qui agit autrement ne connaît pas la marche du monde ou fait partie de l'ordre de la sainte témérité.

(& 340)	N'oublie pas qu'aussi longtemps qu'on te loue tu n'es pas encore sur ton propre chemin, mais sur celui d'un autre.

(& 348)	Dans la solitude, le solitaire se ronge le cœur ; dans la multitude, c'est la foule qui le lui ronge. Choisis donc !

(& 354)	Un bon maintien à cheval enlève le courage à l'adversaire, le cœur au spectateur, - à quoi bon alors attaquer encore ? Tiens-toi comme quelqu'un qui a vaincu.

(& 357)	Cela ne sert à rien : chaque maître n'a qu'un seul élève, - et cet élève lui devient infidèle – car il est aussi prédestiné à la maîtrise.

(& 367)	On comprend seulement combien peu d'importance ont les adhérents lorsqu'on a cessé d'être l'adhérent de ses adhérents.

(& 375)	Il arrive aussi à l'esprit le plus riche de perdre la clef du grenier où sommeillent ses trésors accumulés. Il ressemble alors au plus pauvre, forcé de mendier pour vivre.

(& 377)	Le fourreau doré de la compassion cache parfois le poignard de l'envie.

(& 391)	Le bien nous déplaît lorsque nous ne sommes pas à sa hauteur.

(& 395)   On utilise généralement mal ce qu'on a payé trop cher, parce qu'il s'y attache un souvenir désagréable, - et c'est ainsi qu'on a un double désavantage.

(& 399)   Lorsqu'on a atteint la maturité de la raison, on ne s'aventure plus aux endroits où poussent les fleurs rares sous les broussailles les plus épineuses de la connaissance, on se contente de jardins, des prairies et des champs, considérant que la vie est trop courte pour ce qui est rare et extraordinaire.

LE VOYAGEUR ET SON OMBRE

(& 15)   Que peu de plaisir suffit à la plupart pour trouver la vie bonne, quelle modestie est celle de l'homme !

(& 38)   Le remords est, comme la morsure d'un chien sur une pierre, une bêtise.

(& 47)   Prends garde à ne pas faire ressembler ton repos et ta contemplation à ceux du chien devant l'étalage d'un boucher. La peur ne lui permet pas d'avancer, le désir l'empêche de reculer, et il ouvre de grands yeux qui ressemblent à une gueule béante.

(& 209)   Notre temps ne tolère qu'une seule espèce de riches, ceux qui sont honteux de leur richesse...

(& 239)   Si toutes les aumônes n'étaient données que par pitié, tous les mendiants seraient déjà morts de faim.

(& 244)   Un véritable renard n'appelle pas seulement trop verts les raisins qu'il ne peut atteindre, mais encore ceux qu'il atteint et dont il prive les autres.

(& 263)   Une heure d'ascension dans les montagnes, fait d'un gredin et d'un saint deux créatures à peu près semblables. La fatigue est le chemin le plus court vers l'égalité et la fraternité – et durant le sommeil la liberté finit par s'y ajouter.

(& 341)   La roue et le frein ont des devoirs différents, mais ils en ont aussi un semblable : celui de se faire mal.

(& 342)   Tout ce qui l'interrompt dans ses réflexions (le dérange, comme on dit), le penseur doit le regarder paisiblement comme un nouveau modèle qui entre par la porte pour s'offrir à l'artiste. Les interruptions sont les corbeaux qui apportent sa nourriture au solitaire.

(& 344)   Il ne faut pas vouloir vaincre lorsqu'on a seulement la perspective de dépasser son adversaire d'un cheveu. La bonne victoire doit réjouir le vaincu, et avoir quelque chose de divin qui épargne l'humiliation.

(& 348)   Le surcroît de sagesse se laisse mesurer exactement d'après la diminution de bile.

(& 349)   Ce n'est pas du goût de tout le monde d'entendre la vérité dite d'une façon agréable. Mais personne ne doit s'imaginer que l'erreur devient vérité lorsqu'on la présente d'une façon désagréable.

(& 538)   Songeons que, grâce à Éros, deux êtres se donnent mutuellement du plaisir : quel aspect tout différent aurait sans lui ce monde d'envie, d'angoisse et de discorde !

Le Crépuscule des idoles

Ce qui ne me tue pas, me rend plus fort.
(Maximes et Pointes, & 8)

"Toute vérité est simple." – N'est-ce pas là un double mensonge?
(Maximes et Pointes & 4)

Le "monde-vérité" – inaccessible ? En tous les cas pas encore atteint. Donc inconnu. C'est pourquoi il ne console ni ne sauve plus, il n'oblige plus à rien : comment une chose inconnue pourrait-elle nous obliger à quelque chose ?...
(Comment le "monde-vérité" devint enfin une fable, Histoire d'une erreur, & 4)

Le "monde-vérité" – une idée qui ne sert plus de rien, qui n'oblige même plus à rien, - une idée devenue inutile et superflue, par conséquent, une idée réfutée : supprimons-la !
(Comment le "monde-vérité" devint enfin une fable, Histoire d'une erreur, & 5)

Le Gai Savoir

PLAISANTERIE, RUSE ET VENGEANCE

(& 10) Je laisse bien des choses tomber et échapper, c'est pourquoi vous me dites méprisant.
Mais qui boit à des verres trop pleins, en laisse beaucoup tomber et échapper, mais pour autant ne pense pas de mal du vin.

TROISIEME LIVRE

(& 121) Nous nous sommes arrangés un monde dans lequel nous pouvons vivre, en admettant des corps, des lignes, des surfaces, des causes et des effets, le mouvement et le repos, la forme et le contenu : sans ces articles de foi, nul homme ne supporterait aujourd'hui de vivre ! Mais cela ne revient pas encore à les prouver. La vie n'est pas un argument, parmi les conditions de la vie, il pourrait y avoir l'erreur.

(& 195) Regardez ! Regardez ! Il s'enfuit loin des hommes : mais ceux-ci le poursuivent parce qu'il court devant eux, tant ils sont troupeau !

(& 196) On n'entend que les questions auxquelles on est en mesure de trouver une réponse.

(& 205) Le besoin passe pour la cause de l'apparition : en vérité il n'est souvent qu'un effet de la chose apparue

(& 219) Le châtiment a pour but d'améliorer celui qui châtie, tel est l'ultime refuge des défenseurs du châtiment.

(& 264)   Ce que nous faisons n'est jamais compris, mais toujours simplement loué et blâmé.

(& 305)   […] on doit pouvoir se perdre soi-même pour quelque temps si l'on veut apprendre quelque chose de ce que l'on n'est pas soi-même.

(& 368)   […] Ma mélancolie veut se reposer dans des cachettes et les abîmes de la perfection : c'est pour cela que j'ai besoin de musique. Que m'importe le drame! Et les spasmes de ses extases morales où le peuple trouve sa satisfaction.... (Nietzsche parle de Wagner)

(& 485)   Il est de nobles femmes d'une certaine pauvreté d'esprit, qui ne savent exprimer autrement leur dévouement le plus profond qu'en offrant leur vertu et leur pudeur : ce qu'elles ont de suprême. Et souvent ce don est accepté, sans engager le donataire aussi profondément que le supposent les donatrices. Histoire fort mélancolique !

(& 497)   Le bon maître est celui qui apprend à ce que l'on se déprenne de lui.

Généalogie de la Morale

Élever et discipliner un animal qui puisse faire des promesses, n'est-ce pas là la tâche paradoxale que la nature s'est proposée vis-à-vis de l'homme ? N'est-ce pas là le véritable problème de l'homme ?
Deuxième dissertation : "la faute, la mauvaise conscience et ce qui leur ressemble." (& 1)

Fragments Posthumes

Une femme qui comprend qu'elle empêche l'envol de son mari doit s'en séparer. Pourquoi n'entend-on jamais parler de cet acte d'amour ?

"Voilà ce que j'ai fait" dit ma mémoire, "je n'ai jamais fait cela" répond mon orgueil en restant inflexible, et finalement, c'est la mémoire qui cède.

C'est finalement son désir que l'on aime et non l'objet désiré.

(3, 356)   Oui, pour devenir sage, il faut vouloir que certaines choses arrivent dans votre vie, donc se jeter dans la gueule des événements. Il est vrai que c'est très dangereux ; plus d'un sage y a été dévoré.

(15, 336)   L'homme le plus sage est le plus riche en contradictions... et ses grands instants sont ceux de l'harmonie grandiose.

(16, 31)   La connaissance et le devenir s'excluent... C'est une sorte de devenir qui doit créer l'illusion de l'être.

(12, 157)   Si l'humanité agissait véritablement selon sa raison, c'est à dire selon ce qui fonde sa croyance et son savoir, il y a longtemps qu'elle aurait disparu.

La Naissance de la Tragédie

Nous avons l'art pour ne pas mourir de la vérité.

La Volonté de Puissance
(Éditions Gallimard 1995)

... Ce qui fait le grand style : se sentir maître de son bonheur comme de son malheur.
1882-1886 (13 p 415)

Les grandes choses, il faut les taire, ou parler d'elles avec grandeur : avec grandeur, c'est à dire avec cynisme et innocence.
1885-86 (15, préface & 1)

Rien ne se passe dans le réel, qui corresponde rigoureusement à la logique.
1880-81 (11, 2ème partie & 65)

Quand on sait comment naît la gloire, on en arrive à se méfier même de la gloire dont jouit la vertu.
P.A 1887 (15 & 307)

...On développe toujours son moi aux dépens du prochain. La vie est toujours aux dépens d'une autre vie, quiconque ne comprend pas cela n'a pas fait le premier pas dans la probité envers soi-même.
1885-86 (15 & 369)

[…] L'humanité, d'une ardeur croissante, n'a jamais étreint que des nuages ; c'est son désespoir, son impuissance qu'elle a fini par appeler "Dieu".
P.1887 (15 & 360)

Ne pas se connaître soi-même, c'est la prudence de l'idéalisme. L'idéalisme : un être qui a des raisons de ne pas voir clair en lui-même et qui est assez intelligent pour ne pas tirer au clair ces raisons elles-mêmes.
1883-88 (15 &334)

Ils disent : Le monde n'est que pensée, ou vouloir, ou guerre, ou amour, ou haine. Mes frères, je vous le dis : tout cela, isolément, est faux ; tout cela, additionné, est vrai.
1882-84 (12, 2ème partie &7)

Au sujet de l'instinct le plus fort qui sert de régulateur suprême à notre moralité, il faut renoncer à poser un : pourquoi ?
1880-81 (11, 2ème partie & 114)

La "lutte pour l'existence" – cette formule désigne un état d'exception. La règle est bien plutôt la lutte pour la puissance, l'ambition d'avoir "plus" et "mieux" et "plus vite" et "plus souvent".
1885 (13 & 558)

Le but n'est pas le bonheur, c'est la sensation de puissance. Il y a dans l'homme et dans l'humanité une force immense qui veut se dépenser, créer ; c'est une chaîne d'explosions continues qui n'ont nullement le bonheur pour but.
A.1882 – P. 1885 (13 & 405)

Connaître, c'est comprendre toute chose au mieux de nos intérêts.
1882-84 (12, 2ème partie & 13)

Qu'est-ce la beauté sinon le reflet aperçu par nous d'une joie extraordinaire de la nature, parce qu'une nouvelle et féconde possibilité de vie vient d'être découverte ?
1875 (10, p 235)

A chaque moment de l'état d'un être, des chemins innombrables d'évolution s'offrent à lui : l'instinct dominant n'en reconnaît qu'un de

bon, celui qui va dans le sens de son idéal.
1881-82 (12, 1er partie & 155)

Contemple l'univers comme si le temps était révolu, et tout ce qui te paraît courbe se redressera.
1881-82 (12, 2ème partie & 3)

Il ne te suffit pas de reconnaître dans quelle ignorance vivent l'homme et l'animal : il te faut la volonté d'ignorer et d'apprendre encore. Il est nécessaire que tu comprennes que sans cette sorte spéciale d'ignorance la vie même serait impossible, que c'est une condition sans laquelle le vivant ne saurait se conserver ni prospérer ; il te faut autour de toi une grande et solide cloche d'ignorance.
1884 (16 & 609)

Protester contre les prétendus "faits de conscience". L'observation est mille fois plus difficile, l'erreur est peut-être la condition de toute observation quelle qu'elle soit.
1833-88 (16 & 472)

La forme la plus habituelle du savoir est celle qui ne s'accompagne pas de conscience. La conscience consiste à savoir que l'on sait.
1880-81 (11, 2ème partie & 82)

La nature d'une action est inconnaissable : ce que nous appelons ses "motifs" ne meut rien : c'est une illusion que de prendre le consécutif pour un rapport de cause.
1884 (13 & 581)

Choisir la logique pour unique maîtresse mène au mensonge ; car il n'est pas vrai qu'elle soit la seule maîtresse.
1872 (10 p 140 & 72)

Rendre le monde calculable, exprimer en formule tout ce qui s'y passe, est-ce vraiment le "concevoir" ? Qu'aurait-on saisi de la musique, une fois que l'on aurait calculé tout ce qui est calculable en elle et tout ce qui peut être abrégé en formule? Et puis les "causes constantes", les choses, les substances, l'être absolu : autant d'inventions. Qu'a-t-on atteint ?
1883-88 (16 & 624)

La coordination – à la place de la cause et de l'effet. Montrer avec une clarté croissante la succession des effets – cela ne s'appelle plus une explication !
1884-84 (14, 1er partie & 46)

Mon intention est de montrer que même dans le cas de l'action la mieux adaptée à ses fins, notre façon de la "concevoir" est une apparence et une erreur.
1884 (13 & 208)

Le plaisir, chatouillement de la sensation de puissance, supposant toujours une chose qui résiste et qu'il faut surmonter.
1887 (13 & 662)

Le besoin d'art et de beauté est un besoin indirect d'extases sexuelles qu'il transmet au cerveau. Le monde devenu parfait, par l'amour...
1883-88 (16 & 805)

Les jugements moraux sont des épidémies qui ne durent qu'un temps.
1881-82 (12, 1er partie & 160)

Ne vous y trompez pas ! Les peuples les plus actifs sont actuellement les plus las ! Ils n'ont plus la force d'être paresseux !
1882-84 (12, 2ème partie) & 603)

Hélas, il nous faut maintenant embrasser le mensonge, et c'est alors que l'erreur devient mensonge et que le mensonge d'autrefois devient une nécessité vitale !
1881-82 (12, 1er partie & 87)

Erreur très populaire : avoir le courage de ses convictions ; mais il s'agit d'avoir le courage d'attaquer ses propres convictions !
1888 (13 & 725)

Féconder le passé en engendrant l'avenir – tel est pour moi le sens du présent.
1882-84 (12, 2ème partie & 83)

On veut la liberté tant que l'on n'a pas la puissance. Quand on l'a, on veut la prépondérance ; si l'on n'y atteint point (si l'on est encore trop faible), on veut la justice, c'est à dire l'égalité de puissance.
1887 (16 & 784)

"L'homme tel qu'il doit être", c'est aussi absurde à nos yeux que "l'arbre tel qu'il doit être".
1887-88 (15 & 332)

Il faut respecter la fatalité ; cette fatalité qui dit au faible : péris !
1888 (15 & 116)

Toute action est nécessairement méconnue. Et si l'on ne veut pas être contrarié à chaque instant, il faut porter un masque. De même si l'on veut séduire. Plutôt fréquenter ceux qui mentent sciemment, parce qu'eux seuls savent aussi être vrais sciemment. La sincérité habituelle n'est qu'un masque dont on n'a pas conscience.
1882-87 (14, 1ère partie & 117, 2ème alinéa)

La volonté de parvenir à la vérité et à la certitude naît de la crainte que produit l'incertitude.
1884 (14, 1ère partie & 26)

Expliquer, c'est exprimer une chose nouvelle au moyen de signes qui désignent des choses connues.
1885 (14, 1ère partie & 86)

Ce que je ne veux pas que vous me fassiez, pourquoi ne devrais-je pas vous le faire ? Et, en vérité, ce qu'il me faut vous faire, c'est justement ce que vous ne pourriez me faire !
1882-1885 (14, 2ème partie & 120)

Quiconque n'est pas familier avec le sublime ressent le sublime comme inquiétant et faux.
1882-86 (12, 2ème partie & 425)

Pourquoi parler à tort et à travers des événements et des hasards ! Il ne vous arrivera jamais d'autre événement que vous-mêmes ! Et quand à ce que vous nommez le "hasard", vous êtes vous-mêmes le bien qui vous échoit et le malheur qui vous tombe dessus !
1882-1885 (14, 2ème parie & 36)

Le stoïcisme de tout supporter résolument est un symptôme de paralysie de l'énergie ; on résiste à la douleur par l'inertie – manque d'héroïsme, lequel lutte toujours (ne subit pas), et cherche volontairement la souffrance.
1881-82 (12, 1er partie & 254)

"Des sentiments élevés !"- Sur la hauteur on ne se sent pas haut, mais profond, et définitivement assuré sur un sol ferme ; du moins si

l'on possède la vérité innocente des cimes.
1882-84 (12, 2ème partie & 424)

L'amour de la vie est presque le contraire de l'amour d'une longue vie. Tout amour pense à l'instant et à l'éternité, mais jamais à la durée.
1882-84 (12, 2ème partie & 408)

A tous ceux auxquels je porte intérêt je souhaite la souffrance, l'abandon, la maladie, les mauvais traitements, le déshonneur ; je souhaite que ne leur soient épargnés ni le profond mépris de soi, ni le martyre de la méfiance envers soi ; je n'ai point pitié d'eux, car je leur souhaite la seule chose qui puisse montrer aujourd'hui si un homme a de la valeur ou non – de tenir bon.
1887 (16 & 910)

Naïveté de vouloir connaître les "biens les plus désirables" alors que l'on ignore le "pourquoi" de l'homme !
1887-88 (15 & 338)

Si vous voulez supprimer les forts antagonismes et les inégalités de rang, alors abolissez aussi le puissant amour, le haut idéal, le sentiment de soi.
1887-88(16 & 936)

Il ne faut pas chercher la satisfaction de l'instinct dans le résultat de notre activité, mais dans l'acte même. Le bonheur serait l'équilibre des activités qui assouvissent tous les instincts.
1881-82 (12, 1ère partie, & 238)

Si dans tout ce que tu veux faire, tu commences par te demander : "est-il sûr que je veuille le faire un nombre infini de

fois ?", ce sera pour toi le centre de gravité le plus solide.
1881-82 (1ère partie, &117)

    Il n'est pas vrai que le bonheur soit la conséquence de la vertu, mais l'homme puissant est celui qui décide que son bonheur est une vertu.
E. A. 1883 (16 & 1026)

    L'animal le plus souffrant qui soit sur la terre est celui qui a inventé le rire.
1885 (16 & 990)

Ainsi parlait Zarathoustra

    La femme, mieux que l'homme, comprend les enfants ; mais l'homme est enfant, plus que la femme. Tout homme digne de ce nom recèle en lui un enfant qui veut jouer. Allons, femmes, tâchez de découvrir l'enfant caché dans l'homme.

    […] Voyez les croyants de toute foi, les bons et les justes ! Qui haïssent-ils le plus ? Celui qui brise les tables de leurs valeurs, le destructeur, le criminel, - mais celui-là, je vous le dis, c'est le créateur...
Prologue de Zarathoustra.

    […] Le créateur voulu détourner son regard de lui-même – alors il créa le monde. C'est une joie enivrante pour celui qui souffre de détourner les yeux de sa souffrance et de s'oublier. Joie enivrante et oubli de soi-même, voilà ce que jadis le monde me parut être. Ce monde éternellement imparfait, reflet d'une contradiction perpétuelle...
Des prêcheurs d'arrière-mondes.

De tout ce qui est écrit, je ne lis que ce que quelqu'un écrit avec son sang. Écris avec ton sang : et tu verras que le sang est esprit.
Lire et écrire.

[…] le vent que nous ne voyons pas, tourmente l'arbre et le plie dans le sens qui lui plaît. Ce sont des mains invisibles qui nous plient et nous tourmentent le plus.
De l'arbre sur la montagne.

Il y a quelque part encore des peuples et des troupeaux, mais pas chez nous cependant, chez nous, mes frères : il y a des États.
De la nouvelle idole.

L'État, c'est ainsi que s'appelle le plus froid des monstres froids et il ment froidement, et le mensonge que voici sort de sa bouche : « Moi, l'État, je suis le peuple. »
De la nouvelle idole.

Il y en a toujours un de trop auprès de moi, ainsi pense l'ermite. Toujours une fois un, - à la longue ça fait deux !
De l'ami.

Vous vous pressez autour de votre prochain et vous avez pour cela de belles paroles. Mais moi, je vous dis : votre amour du prochain n'est que votre mauvais amour pour vous-mêmes.
De l'amour du prochain.

Ce n'est pas seulement la raison millénaire qui se manifeste en nous mais aussi la folie millénaire. Il est dangereux d'être héritier.
De la vertu qui prodigue.

Celui qui accède à la connaissance quand il se promène au milieu des hommes, il se promène réellement au milieu d'animaux.
Des compatissants.

Si tu as un ami qui souffre, alors sois un lieu de repos pour sa souffrance, mais sois un lit dur, un lit de camp : c'est ainsi que tu lui seras le plus utile.
Des compatissants.

Il faudrait que les prêtres me chantent des chansons meilleures pour que je croie en leur sauveur : il faudrait pour cela que leurs disciples aient davantage l'air délivré !
Des prêtres.

La terre a une peau, et cette peau a des maladies. L'une de ces maladies s'appelle "homme".
De grands événements.

Celui qui ne veut pas mourir de soif parmi les hommes, doit apprendre à boire dans tous les verres et celui qui veut rester propre parmi les hommes doit aussi savoir se laver avec de l'eau sale.
Du discernement humain.

La fierté de la jeunesse est encore sur toi, c'est tard que tu es devenu jeune : mais celui qui veut devenir un enfant, celui-là doit encore surmonter sa jeunesse.
L'heure la plus silencieuse.

Pour les petites gens, est vertu ce qui rend modeste et docile : ainsi ont-ils fait du loup un chien et de l'homme lui-même, le meilleur animal domestique de l'homme.
De la vertu qui rend petit.

Deviens qui tu es !
L'offrande de miel.

     Il y en a qui bombent le torse parce qu'ils ne mentent pas : mais l'impuissance à mentir n'est pas encore, et loin de là, amour de la vérité, Soyez sur vos gardes ! […] Celui qui ne peut mentir ne sait pas ce qu'est la vérité.
De l'homme supérieur.

     Tout grand amour ne veut pas d'amour, il veut davantage.
De l'homme supérieur.

Index des auteurs

Friedrich NIETZSCHE :
1872 : *La Naissance de la tragédie.*
1873 : *Considérations intempestives I - David Strauss.*
1874 : *Considérations intempestives II – Utilité et inconvénients des études historiques pour la vie.*
Considérations intempestives III – Shopenhauer éducateur.
1876 : *Considérations intempestives IV – Richard Wagner à Bayreuth.*
1878 : *Humain trop humain.*
1879 : *Opinions et sentences mêlées.*
1880 : *Le Voyageur et son ombre.*
Aurore.
1882 : *Le Gai Savoir (I à IV).*
1883 : *Ainsi parlait Zarathoustra (I et II).*
1884 : *Ainsi parlait Zarathoustra (III).*
1885 : *Ainsi parlait Zarathoustra (IV).*
1886 : *Par-delà bien et mal.*
1887 : *La Généalogie de la morale.*
Le Gai Savoir (V).
1888 : *Le Cas Wagner.*
Le Crépuscule des idoles.
L'Antéchrist.
Nietzsche contre Wagner.
Ecce Homo.
<u>Œuvre posthumes</u> : *La Volonté de Puissance(en quatre livres), le livre du philosophe, la Naissance de la philosophie à l'époque de la tragédie grecque, Fragments Posthumes, Correspondance de Friedrich Nietzsche, Paul Rée, Lou Andréas-Salomé.* (PUF)

Saint AUGUSTIN : *Les Confessions (GF-Flammarion 1993).*
Karl JASPERS : *Nietzsche, Introduction à sa philosophie (1950).*
De la vérité (1947).
Henri BERGSON : *Matière et mémoire (1886).*
Ludwig FEUERBACH : *L'Essence du christianisme (1841).*
Manifestes Philosophiques, traduction Althuser *(1960).*

Karl MARX : *Le manifeste du parti Communiste (1848).*
Sigmund FREUD : *L'Introduction à la psychanalyse (1909).*
 L'Avenir d'une illusion (1927).
Emmanuel KANT : *La Critique de la raison pure (1781).*
Filippo Tommaso MARINETTI : *Manifeste technique de la littérature futuriste (Le Figaro, 20 février 1909).*
Johann Kaspar Schmidt STIRNER : *L'Unique et sa propriété (1845).*
Karl Raimund POPPER : *Misère de l'Historicisme (1956).*
Thomas HOBBES : *Œuvres morales et politiques.*
 Le Léviathan (1651).
André GIDE : *Les nourritures terrestres (1897).*
Georges BATAILLE : *Lascaux ou la naissance de l'art (1955).*
François SOUDAN : *Les femmes et les enfants en dernier.*
Sebastiao SALGADO : *Une certaine Grâce (1990).*
ONU : *Article 11 du pacte international des soixante quatre États membres (16 Décembre 1966).*
 Résolution Millenium Development GOALS 2000.
 Rapport Falk Richard sur les territoires palestiniens occupés, 2014.
 Rapport commission d'enquête mandaté par le conseil des Droits de l'Homme, sur les territoires Palestiniens, New York 2009.
 Rapport Goldstone "les morts et les blessés", 2013.
 Déclaration de Berne, bulletin du 1 février 2009.
FAO : *Affamées mais dans leur propre maison, rapport Vérone, juillet, août 2013.*
GREENPEACE : *Dossier Areva / Niger, 6 mai 2010.*
Stéphane HESSEL : *Crimes de guerre, blocus de Gaza, Université de Genève 2011.*
Hans Kourad BIESALKI : *Micronutriments et nutrition, Septembre 2010.*
UNICEF : *Carences en vitamines et minéraux, évaluation globale 2014.*
 Conférence Einbeck-Northeim, Janvier 2011.
Food and Water Watch : *rapport Washington 2009.*
Margan DAN : *Movements of Grain, the Power and Profits of the five Giant Companies at the Center of the World's Food supply, (New York 2010).*
PAM : *Memorandum 5 décembre 2005.*
 La première ligne de défense, (Peter PIOT, Rome 2014).
IFAD : *rapport sur le pauvreté rurale, (Université d'Oxford 2014).*
Human Rights Watch : *rapport Berne, Avril 2013.*
Erns BLOCH : *Le principe espérance (de 1954 à 1959).*
Thomas MALTHUS : *Essai sur le principe de population dans la mesure où il affecte l'amélioration future de la société (1798).*
Arthur SHOPENHAUER : *Le Monde comme volonté et comme représentation (1818).* *Aphorismes sur la sagesse dans la vie.*
PANOFSKY et SAXL : *Dürers Melencolia 1.*

Marsile FICIN : *Da Vita triplici.*
Opera Omnia.
Docteur François-Nicolas MARQUET : *Nouvelle méthode facile et curieuse pour connoitre le pouls par les notes de la musique.*
P-J BUCHOZ : *Mémoire sur la manière de guérir la mélancolie par la musique (1769).*
Soren KIERKEGAARD : *Traité du désespoir (1849).*
Emile Michel CIORAN : *Précis de décomposition (1949).*
Levgueni Ivanovitch ZAMIATINE : *Nous autres (1920).*
Jean DORESSE : *Les livres secrets des gnostiques d'Égypte (Plon).*
Emile DURKHEIM : *Le Suicide (1897).*
Albert CAMUS : *Le mythe de Sisyphe (1942).*
Claude LEVI-STRAUSS : *Tristes Tropiques(1955).*

© 2021, Olivier Bizolon
Édition : BoD – Books on Demand,
12/14 rond-point des Champs-Élysées, 75008 Paris
Impression : BoD - Books on Demand, Norderstedt, Allemagne
ISBN: 9782322269792
Dépôt légal : Juillet 2021